经济管理学术文库·经济类

集群企业的竞合博弈及其案例研究

Co-opetiton Games Behavior between
Enterprises in Industry Park and Case Study

谢 品／著

图书在版编目（CIP）数据

集群企业的竞合博弈及其案例研究/谢品著. —北京：经济管理出版社，2016.6
ISBN 978-7-5096-4434-8

Ⅰ.①集⋯ Ⅱ.①谢⋯ Ⅲ.①工业园区—企业管理—研究 Ⅳ.①F270

中国版本图书馆 CIP 数据核字（2016）第 117913 号

组稿编辑：宋　娜
责任编辑：张巧梅
责任印制：黄章平
责任校对：赵天宇

出版发行：经济管理出版社
（北京市海淀区北蜂窝 8 号中雅大厦 A 座 11 层　100038）
网　　址：www.E-mp.com.cn
电　　话：(010) 51915602
印　　刷：北京九州迅驰传媒文化有限公司
经　　销：新华书店
开　　本：720mm×1000mm/16
印　　张：13.5
字　　数：214 千字
版　　次：2016 年 12 月第 1 版　2016 年 12 月第 1 次印刷
书　　号：ISBN 978-7-5096-4434-8
定　　价：88.00 元

·版权所有　翻印必究·
凡购本社图书，如有印装错误，由本社读者服务部负责调换。
联系地址：北京阜外月坛北小街 2 号
电话：(010) 68022974　　邮编：100836

总　序

　　一门学科与专业的发展，是否臻于成熟，主要体现在以下几方面：一是要有从本科、硕士、博士到博士后的一体化的人才培养平台；二是建成一支结构合理，既能洞悉学科研究全貌与前沿，又能善于并乐于传道授业解惑的高水平师资队伍；三是沉淀出一系列作为知识传承载体的学术论著与优秀教材。

　　作为一名立志在高校终身从事科研与教学工作的教师，其事业发展应包括：一是在科学研究领域能有一席之地，有一系列表达自己核心学术思想的专著；二是建成或隶属一个优秀的教学与科研团队；三是建立或隶属一个研究机构；四是有一本或一系列能不断总结自己科研工作与教学经验成果的优秀教材，从而在大学讲台上能有一席之地。因此，好的学术专著与教材，对于学科专业建设以及教师个人事业的发展，都是十分重要的：能反映学科全貌与最新学术前沿知识的专著与教材，能有效引导学生沿着正确的知识方向迈进科学殿堂；总结自身科研观点与教书育人心得的专著与教材，能驱使教师本人不断了解学科发展动向以免故步自封，能有效帮助教师对自己的日常点滴、教学心得加以总结，并最终系统化成一家之言。

　　对广西大学工商管理学科与专业发展而言，一方面由于广西地处南疆，属于后发展欠发达地区，长期缺乏经济社会发展的强力支撑；另一方面则由于人的主观思想观念等综合因素，使得我们在学术专著与专业教材建设方面相对滞后，尚未完成能涵盖工商管理专业主要核心课程的系列教材建设任务，更缺乏能入选国家规划教材的高水平精品教材和有社会影响力的学术名著。学术名著与高水平教材建设的相对滞后，已经严重地阻碍了广西大学工商管理学科与专业自身的进一步发展，一是授课教师个人学术思想与教学难以成一家之言，无法培育出有影响力的学术与专业教学名师；二是科研与教学团队建设往往流于形式；三是学科专业知识的传承缺乏载体，随着骨干师资的流动或退休，多年辛苦积累的学科专业教学知识也随之东流；四是人云亦云，学科专业的人才培养缺乏特色，更无法创新。

"十二五"、"十三五"期间，随着广西大学向具有区域特色的高水平研究型大学建设推进，以及国家中西部高校综合实力提升计划的实施，出版了一系列高水平的学术著作和特色教材，成为了广西大学工商管理科学专业发展的核心任务之一。

自2007年以来，随着教育部本科教学"质量工程"和"本科工程"的推进，广西大学工商管理学科专业获得了重要的战略发展机遇：一是2009年获得国家特色专业建设立项；二是2011年获得广西特色专业与课程一体化建设立项；三是2012年获得国家专业综合改革试点资格。以此为契机，本学科专业组织了一批教师，在10年内出版了一套《工商管理国家特色学科专业系列学术专著与教材》。这是本学科专业发展历程中的一件大事，而且这一出版计划也一定能圆满完成。第一，近10年来，本学科专业中的一批中青年教师不断茁壮成长，不仅勤奋刻苦从事科学研究工作，而且也不断地努力提高教学质量，教学与科研已呈齐头并进之势；第二，本学科专业经过长期积累，在中国—东盟研究与企业诊断学研究方面，以及创新创业教育方面，已形成了自身的特色优势。

本系列学术专著与教材，是国家特色专业建设项目（批准号：TS11670），广西高等学校特色专业及课程一体化建设项目（批准号：GXTSZY060），以及国家专业综合改革试点建设（批准号：ZG0421）的标志性成果。为此，特向每部学术专著与教材的写作团队，提出几点殷切期望：第一，希望能严格按照出版社的要求，严把质量关，做到精益求精；第二，优化学术专著与教材写作团队成员的组成结构，通过以出版学术专著和教材为契机，达到建设学科专业教学与科研团队的目的；第三，要有长远的战略意识与坚韧持续的毅力，在未来的5年、10年、20年甚至30年里，不断丰富、完善学术思想与教学体系；第四，要有眼光向外以及海纳百川的胸怀，努力吸纳区内、国内甚至海外高校同行的加入。

广西大学工商管理学科专业带头人、商学院院长

阎世平

2013年春于广西大学

前　言

作为我国发展产业集群的重要载体形式，工业园区的发展为推动我国经济社会发展起到了巨大的作用。同时，工业园区也是园区内部企业的重要组织形式，园区内部企业经济效益的好坏与否会直接影响到园区经济的发展。园区内部企业之间的竞合行为是影响工业园区竞争绩效的重要变量，同时，产业集群内部企业之间的竞合关系是集群文化的重要组成部分。要促进产业集群的持续健康发展，就必须构建产业集群主体之间和谐的竞合关系。工业园区是产业集群最主要的载体，工业园区和产业集群之间存在着相互作用的关系，并且产业集群同时也是推动工业园区持续发展的必然选择。当前，工业园区经济已经成为促进我国区域经济发展最具潜力和最具活力的增长极。由此，我国对工业园区的建设正在如火如荼地进行着。

但是在我国的一些地区，工业园区长期的粗放式经营不仅使得园区内部企业的外部交易成本以及内部生产的成本比原来提高了，而且还造成了工业园区产业配套的脱节，这些情形使得工业园区内整体的集聚效应不强，工业园区内部企业的竞争优势也在逐渐丧失。产业集群具有极大的竞争力和创新优势，因此应用产业集群理论来指导工业园区的发展和建设，会使工业园区在区域经济发展中发挥更大的作用。作为企业空间组织的一种特殊形态，产业集群在全球范围内的经济体系中表现出了非凡的活力。我国作为发展中国家，产业集群在我国的起步较晚，在改革开放和市场经济发展大潮之下才催生了我国的产业集群。虽然产业集群在我国的发展时间不长，但是这种特殊的企业空间组织形态的发展对我国的经济发展，尤其是对我国区域经济的发展做出的贡献是毋庸置疑的。在经济全球化的背景下，产业集群的强劲发展使得世界各国对于产业集群的关注越来越多。

产业集群是一个复杂的动态网络系统，是大量相关企业、辅助机构在细化分工的基础上进行地理集中的生产协作系统，具有经济属性特征，同时集群又嵌入本地经济行动者构成的关系网络以及区域规范、习惯之中，使其具有社会属性，而产业集群本身也是一个知识和信息网络。因此，集群网络是一个耦合网络，产业集群网络就应该是生产分工网络、社会关系网络和知识信息网络的耦合网络。集群网络结构也应该是一个多维结构的耦合。作为一个复杂网络系统的企业集群，其网络结构具有生产力功能，决定着集群的行为，影响集群知识系统配置和运行效率，进一步构成了集群动态能力的核心要素。集群的网络结构不是一个静态的概念，它既是集群要素之间动态博弈的过程，也是集群与外部环境的互动过程。产业集群的发展是一个内部网络结构逐步优化的过程。竞合关系是产业集群这一网络组织稳定存在并持续发展的基点和动力。

企业的空间聚集为产业集群中的企业带来了外部经济、区域创新机制、区域营销效应、降低生产成本等多方面的竞争优势。研究产业集群内部企业之间的竞合行为，对于集群内企业的发展，以及产业集群自身的发展都有着极其重要的意义。本书对我国园区内部企业之间的竞合行为及其影响因素进行了分析，并用建立博弈模型以及案例分析的方法提出了我国园区经济发展存在的问题及其对于企业竞合行为的影响。最后，在前述研究的基础上对集群内企业竞合行为的主要问题提出了治理的对策建议。本书致力于说明和解决的问题有三个：①园区经济与产业集群之间的关系；②产业集群网络结构的不同形成模式对园区内部企业之间的竞合行为的影响；③针对我国园区产业集群网络结构的发展现状与该现状下企业的竞合行为提出切实的建议。具体来讲，本书的内容共分为8章，内容如下：

一是导言。介绍了本书的研究背景、研究意义、研究方法、研究的主要内容及创新之处。研究方法有文献研究法、历史比较分析法、定性分析法以及案例分析法。本书的创新之处在于基于园区产业集群的视角对企业间的竞合行为进行研究，并采取案例分析的方法，以此来找出我国工业园区内部中小企业竞合行为的关键影响因素。

二是相关研究综述。本章对国内外产业集群、园区经济、园区集群网络结构、企业竞合关系以及集群网络结构与企业竞合关系的相关研究进行了概述，并进一步对这些相关研究进行了评述。

三是园区内集群企业的竞合分析。本章论述了我国园区经济的发展概况，主要分析了我国园区经济与产业集群的关系以及产业集群形式的园区经济发展情况，并在此基础上提出了园区集群企业的竞合动机和竞合优势。园区内部企业的竞合优势包括社会资本优势、学习创新优势、协同效应优势以及网络组织优势。

四是园区集群企业的竞合博弈模型。本章以企业的技术外溢为例，建立了园区企业群聚的动力模型，并且对园区内企业集群的形式、纵向产业集群形式以及横向产业集群形式进行对比，采用建立博弈模型的方式分析了不同集群形式下企业竞合行为的不同。

五是案例分析。本章以星火有机硅工业园区的基本情况与发展现状为例，分析了星火有机硅工业园区内企业间的网络结构以及企业间的竞合行为，并提出了该工业园区发展中出现的问题以及这些问题带给我们的启示。

六是我国园区存在的问题及其对企业竞合行为的影响。本章根据前文对星火有机硅工业园区的研究，分析并总结了我国园区经济发展中存在的问题，并分析了这些问题所带来的对园区内部企业之间竞合行为的影响，这些影响因素主要包括：园区网络结构的单一性、集群集聚优势不强、园区创新能力不足以及服务支撑体系不足等。

七是对集群内企业竞合行为主要问题的治理措施。本章根据前面的研究，提出了对集群内企业竞合行为主要问题的治理措施，这些治理措施包括塑造合作导向的集群文化、限制机会主义等投机行为、积极发挥政府以及中介组织的作用、改善园区的工作环境等。

八是研究的结论与展望。本章对主要内容作了简要的概括总结，也指出了研究的局限，并且从理论和实践两个方面对研究的展望进行了论述。

自　序

经济全球化的发展迫使企业摆脱过去孤立发展的局面，通过建立各种战略联盟来实现资源互补，增强自身的竞争实力。企业之间过分合作和过分竞争都是不利的，过分合作可能会导致其失去自身优势，甚至可能会培养更强大的竞争对手。更有甚者会导致过分的路径依赖，从而忽视自身核心能力的培养。而过分强调竞争，则会降低企业之间的凝聚力，分散资源，从而导致整体利益受损。因而需要在这两种极端力量之间进行权衡，只有当互相冲突的力量处于某种平衡状态时，往往才是获取双赢或者多赢的最佳途径。

竞争和合作是一对相互矛盾的力量，也是两种不同的基本战略。而竞合是有机统一的矛盾体，竞合之间并非相互冲突、相互替代，而是相互影响，相互转化。竞合和竞争、合作一样，都可以视为一种基本战略。

在这个背景下，本书的研究有着很重要的现实意义和理论价值。

我们从理论与现实的角度来分别论述本书的研究意义。从理论意义上来讲，以往的研究文献中缺乏考虑工业园区内企业的竞合行为，本书弥补了以往文献中的这个缺陷。工业园区是产业集群发展的一个重要平台，要保障中小企业的健康成长，产业集群的良好运行是重要的保障因素。保证工业园区的健康运行是一个涉及企业与政府之间、科研机构与高校之间竞合关系的系统工程。但是要做到这些并不容易，因为我国现有的工业园区建设中存在着这样的问题：战略趋同、规模偏小、大量企业群而不聚、信任问题、技术低下、创新惰性、市场柠檬化等问题，这些存在的问题在很大程度上影响了工业园区和园区内企业的可持续发展，这些问题都与企业竞合行为有很大的关联。在近期内对于企业竞合行为的研究中，很少考虑到工业园区内的企业，大多数研究都只是针对产业集群环境中的企业，然而，工业园区内企业的特殊性是很明显的，因此我们对它们的研究并不能一概而论地进行，而要具体问题具体分析。之前学者的研究都只是做一些片面的定性的描述，而没有人对这些因素进行实证研究并给出具体的答案。基于这个原因，本书的具体理论意义就在于：在对产业集群基本概念、集群竞争力、竞合理论、产业集群内企业竞合行为，以及竞合行为与竞争力之间关系研究的基础上，以提升集群竞争力为目的，着重从工业园区的角度对园区内企业之间的竞合行为进行了研究，并且对园区内企业的竞合关系区分了市场主导和政府主导的不同之处。从现实意义上来讲，本书的研究对我国产业集群竞争力的提升以及集群内企业的创新能力和市场竞争力的提升的研究都具有重要的现实意义。

本书的第二部分主要研究了当前比较热门的企业竞合案例，分别以滴滴快车和快的打车、阿里巴巴与亚马逊、腾讯与京东的竞合博弈为例讨论了这种关系对企业竞争带来的影响。我们看到竞合关系确实能为企业带来双赢的效果。企业应基于"互惠互信"的准则和良好的愿望出发，从合作中建立经营优势，增进企业效益。企业应充分认识到与其他参与者可能存在的利益冲突，并采取有效措施防范和化解冲突，确保合作的顺利进行。企业应根据不同内外部环境不断对竞合战略进行灵活调整，从而确保各方多赢、整体共赢的结果，因此竞合关系是一个长期的过程。

竞合关系作为一种高资源利用率的关系，势必会成为现代企业的转变方向。

谢品 于广西南宁
2016 年 5 月 1 日

目 录

第一部分 理论篇

1 导言 3
  1.1 研究背景与研究意义 / 3
  1.2 研究思路和结构安排 / 8
  1.3 本书的研究内容及研究方法 / 10
  1.4 本书的创新点与不足之处 / 11

2 相关研究综述 12
  2.1 产业集群的相关研究 / 12
  2.2 园区经济的相关研究 / 17
  2.3 园区集群网络结构的相关研究 / 23
  2.4 企业竞合关系的相关研究 / 28
  2.5 文献述评 / 38

3 园区内集群企业的竞合分析 40
  3.1 我国园区经济产业集群分析 / 40
  3.2 园区集群企业竞合动机分析 / 49
  3.3 园区集群企业竞合的优势分析 / 54

4 园区集群企业的竞合博弈模型 64
  4.1 园区企业群聚的动力模型（以技术外溢为例） / 64
  4.2 不同集群形式的企业竞合博弈模型 / 69

5 案例分析 ·· 80

5.1 星火有机硅工业园情况简介 / 80
5.2 星火有机硅工业园企业间网络结构 / 88
5.3 星火有机硅工业园发展存在的问题 / 93
5.4 案例启示 / 94

6 我国园区存在的问题及其对企业竞合行为的影响 ········· 99

6.1 园区结构单一对企业竞合的影响 / 99
6.2 园区产业集群的集聚优势不强对企业竞合的影响 / 101
6.3 园区经济创新能力不足对企业竞合的影响 / 102
6.4 服务支持体系不足对企业竞合的影响 / 102

7 对集群内企业竞合行为主要问题的治理措施 ············ 104

7.1 塑造合作导向的网络组织 / 104
7.2 限制机会主义等投机行为 / 106
7.3 积极发挥政府以及中介组织的作用 / 108
7.4 改善园区工作环境 / 110

8 研究的结论与展望 ·· 111

8.1 研究结论 / 111
8.2 研究局限与展望 / 112

| 第二部分　案例篇 |

案例一　滴滴快车和快的打车的竞合关系 ················ 117

1. 滴滴打车分析 / 117
2. 快的打车模式分析 / 125
3. 滴滴打车与快的打车合并分析 / 132
4. 滴滴打车和快的打车合并前的竞争态势分析 / 136
5. 启示 / 138

案例二 阿里巴巴与亚马逊的竞合关系 ………………………… **140**

    1. 引言 / 140

    2. 阿里巴巴企业简介 / 142

    3. 亚马逊简介 / 148

    4. 阿里巴巴和亚马逊的合作 / 153

    5. 阿里巴巴与亚马逊市场之争 / 157

    6. 启示 / 160

案例三 腾讯与京东的竞合关系 ………………………………… **162**

    1. 引言 / 162

    2. 案例陈述 / 167

    3. 案例分析 / 177

    4. 启示 / 183

参考文献 ………………………………………………………… **187**

后　记 …………………………………………………………… **199**

第一部分
理论篇

1 导言

1.1 研究背景与研究意义

1.1.1 研究背景

产业集群指的是同处于一个特定产业领域的一组在地理上相互靠近并且相互之间存在联系的关联机构和公司，这些关联机构和公司由于具有某种互补性和共性而相互联系在一起（Porter，1998）[①]，它是一种介于市场和科层之间特殊的产业组织形式。产业集群的出现有着深刻的社会背景和经济背景，它并不是偶然出现的一种经济现象，产业集群的出现是社会经济发展的产物，也是工业化生产发展到一定阶段而产生的经济现象。由于有利的世界经济环境，产业集群自形成以来得到了迅速的发展，这些有利的宏观环境包括世界经济一体化、区域经济集团化及科学技术的迅猛发展。在垄断经济时代，资本集中和生产集中曾出现相互推动的态势，从而促使产业集群模式在资本主义国家快速发展。对于产业集群的研究，学术界深入研究的领域主要集中在产业集群的产生及演化理论方面，在这些理论方面，许多经济学家都对产业集群发表了自己的见解，包括马歇尔、韦伯、佩鲁、克鲁格曼等。实际上，集群中的企业是处在一种既不同于市场又区别于科层的组织环境中，这些企业之间既存在竞争的内在动力和外在压力，又存在合作的可能性和必要性。一方面，产业集群可以促进产业以及

---

① Porter M. E. Cluster and the New Economics of Competition [J]. Harvard Business Review, 1998 (11/12): 77-92.

区域经济的快速发展，它是促进集群所在产业，乃至所在区域经济快速发展的重要动力。产业集群的形成可以为其企业之间提供良性的竞争与合作的环境和条件，从而使集群内的企业发挥更好的集群正效应，实现"1+1>2"的效果。另一方面，在产业集群的发展阶段，如果企业为了一己私利而采取不合作行为，则会阻碍整个产业集群的发展。

在现代的企业发展过程中，由于企业之间的激烈竞争，企业为了生存与发展，就会去寻求合作，因此企业会采取有效的合作和信任策略来找到真正的合伙企业，另外又可以通过自身独一无二且有价值的资源来获得竞争上的优势（Bamey 和 Hansen，1994）。但是，任何企业之间的合作都不是无止境的，它们之间不可能没有竞争，只有在利益趋同的时候企业之间才会有合作，当合作企业间的利益相悖时，则会出现竞争，因此，便出现一些合作的企业之间发生竞争或者一些竞争的企业之间发生合作的现象，即所谓的"竞合"概念。大量事实表明，政府已经将产业集群的发展作为衡量当地区域价值增长的一个重要指标了。下面我们以实例来说明，以广州为例。广州市政府重点扶持的三大汽车制造产业集群官方公开资料显示，2015年汽车整体产值有望超5000亿元。然而，集群的高失败率大概在50%~60%，问题不容忽视。一方面，企业间的合作使得集群成员通过功能的互补实现了资源的整合，从而使集群中的企业获取共同的经济利益。另一方面，这种共同的利益又会带来集群中企业成员之间的竞争，集群内企业之间的这种既相互合作又彼此竞争的关系必然会导致潜在的机会主义行为，这些潜在的机会主义行为会增加产业集群失败的概率①。这引发了政府管理者们的深刻思考：要促进当地区域经济的发展，应该如何将集群内企业的个体目标与产业集群的群体目标有效地协调起来？

"竞合"概念的首次提出是在亚当·布兰顿伯格和巴里·纳尔布夫的《竞合策略》中，其定义为：两个或两个以上的企业（组织）之间在一些活动或生产过程中进行合作，与此同时又在另一些活动或生产过程中展开竞争。企业之间的竞合行为实质上是指企业之间在互补各自企业的优势要素、提高双方竞争力的同时，又采取合作的战略来促使企业建立和加强其市场竞争力。价值网络的发展使得企业的竞争方式和经营模式发生了改

---

① Amaldoss W., Staelin R. Cross-function and Same-function Alliances: How Does Alliance Structure Affect the Behavior of Partnering Firms? [J]. Management Science, 2010, 56 (2): 302–317.

变,竞合是一种双赢理念,也是竞争的最高境界。在企业之间要先建立起一个动态有效的价值网络,在此价值网络下,构建企业间有效的竞合关系。因此,网络组织因企业合作而结成,但企业的合作并非都是稳定的,因此网络组织也缺乏稳定性。针对网络组织的稳定性问题,Abuja 和 Kathleen(2002)提出必须设计一套名为"结构嵌入"的网络组织治理机制。所谓的"结构嵌入"是指以市场交易为特征的网络组织的整体结构和布局,其包含四个要素:宏观文化、集体惩罚、限制性进入和声誉。只有这四个因素一起发挥作用时,尤其是声誉累积机制的建立,才能更加有效地去阻止个别企业的机会主义行为。在对企业竞合行为的结果变量进行研究时,我们提出一个问题,即企业竞合行为对企业的创新有什么影响呢?企业需要不断地创新来提高其竞争,同时创新因素又要求企业间能进行相互合作(汤长安,2005;郑春华,2005;魏江等,2005)。有的学者用实证研究的方法证明了竞合行为能够使企业的创新绩效显著提高(Cristina 和 Carlos,2004;余浩等,2009;徐亮等,2009)。正如 Porter 所定义的那样,在产业集群中,集群内企业之间既存在合作关系,也存在着竞争关系,关于企业竞合对于其创新因素的影响,许多学者都进行过研究,多数学者得出的结论是企业的竞合行为能促进集群内企业的创新。

虽然有很多学者对产业集群和集群内部企业之间竞合行为的关系做了研究,但是产业集群中的企业竞合行为是怎样影响企业的创新,从而影响到其企业创新绩效的呢?它有什么样的内部影响机制?而我们又应该怎样把它运用到企业的实践当中去呢?为了解决上述这些问题,我们应该寻找到产业集群和集群内企业竞合行为两者之间的那些中介变量,企业之间竞合行为的平衡会对其企业组织间的知识获取和泄露产生影响,从而进一步对组织所获得的知识来创造价值的潜力产生影响,并间接影响组织的创新绩效(刘衡,王龙伟,李垣,2009)。Tucci 和 Afoah(2001)将集群内企业间的竞合行为界定为创新和能力、组织学习、互补性产品、核心资源等的关键来源。Luo(2006)在对企业竞合行为的研究中发现,集群内企业部门间的竞合行为可以通过企业内部的组织学习所起的中介作用而产生促进企业的客户服务,进而产生财务绩效的正面效应。而组织学习的实质是以知识活动为基础,从而促使知识产生变化的一种学习机制(Garvin,1993),大量学者对组织学习的研究结果都得出了这样一个事实,那就是组织学习是企业进行创新的主要因素(Stata,1989;Mabey 和 Salaman,

1995；Hultetal，2004）。另外，由于组织学习的相关理论已经基本完善，其概念内涵、理论模型以及测量等都很成熟，同时在竞争性联盟中，大部分合作企业之间的相互学习是很重要的（Dussauge 和 Garrette，2007），而且在产业集群中，企业竞合行为对组织间的学习存在显著的正相关关系（黄寅晨，2011）。因此，学者的研究结果表明，将组织学习作为研究竞合行为的中介是非常可行的。

1.1.2 研究意义

我们从理论与现实的角度来分别论述本书的研究意义。从理论意义上来讲，以往的研究文献中缺乏考虑工业园区内企业的竞合行为，本书弥补了以往文献中的这个缺陷。工业园区是产业集群发展的一个重要平台，它的良好运行是保障中小企业健康成长的重要因素。而如何保证园区的健康运行，这是一个涉及政府、企业之间、科研机构及高校等本地和外部网络之间竞合关系的系统工程。然而我国现有的工业园区建设还存在着很多问题：战略趋同、规模偏小、大量企业群而不聚、信任问题、技术低下、创新惰性、市场柠檬化等，这些问题在很大程度上影响了工业园区和园区内企业的可持续发展，而这些问题都与企业竞合行为有很大关联。近阶段在对企业竞合行为的研究中，很少考虑到工业园区内的企业，大多数研究都只是针对产业集群环境中的企业，然而，工业园区内的企业具有明显的特殊性，因此我们必须具体问题具体分析。之前学者的研究中都只是做一些片面的、定性的描述，而没有人对这些因素进行实证研究并给出具体的答案。基于这个原因，本书的具体理论意义就在于：在对产业集群基本概念、集群竞争力、竞合理论、产业集群内企业竞合行为，以及竞合行为与竞争力关系的研究的基础上，以提升集群竞争力为目的，着重从工业园区的角度对园区内企业之间的竞合行为进行研究，并且对园区内企业的竞合关系分别论述了市场主导和政府主导的不同之处。从现实意义上来讲，本书的研究对我国产业集群竞争力的提升以及集群内企业的创新能力和市场竞争力的提升的研究都具有重要的现实意义。体现在：

第一，促进工业园区的发展。在我国政府的支持下，当前我国工业园区的数量得到了大幅的提高，然而这些数量众多的工业园区并不都能为企业的长期发展创造良好的条件，这就是很多园区衰落和退化的原因。要使工业园区促进企业的发展，就必须处理好园区中企业的竞合关系，只有处理好园区中企业的竞合关系，工业园区的发展才能进入良性轨道，才能使园区和企业的发展呈现出良性互动的关系。

第二，为政府的决策提出参考意见。政府的每一个决策都会给园区内部企业的发展带来巨大的影响，这是因为工业园区建设的过程本身就是在政府的引导下进行的。因此，政府若要促进工业园区的发展，做出更符合园区企业发展趋势的决策，就必须找出园区内企业竞合行为的关键影响因素，只有这样，政府在制定政策的过程中才能更有针对性。

第三，对国家整体经济实力的提高。由于我国各地的开发区、高新区等工业园区的快速发展，工业园区的发展承载了我国企业的发展，园区经济的发展是我国国家整体经济实力的重要影响因素。

第四，有助于管理者对企业的发展规律有深刻的认识，为企业的长远发展做出最有利的战略选择。对于竞合行为影响因素的研究可以使管理者认识到企业的哪些行为能够对竞合带来影响，并对这些影响行为进行强化，从而在遵循企业发展规律的前提下促进企业快速而健康的发展。

在市场经济体制中，企业由于不可能单独发展而不与其他企业进行联系，因此企业之间就会在利益相同时合作或者利益相悖时竞争，所以在市场经济中，企业会不断地进行竞争与合作，从而促进企业的发展。除此之外，虽然产业集群中的企业会因为规模经济、地理位置或共同的文化等原因聚集在一起，但是这些企业仍然不能摆脱其之间的利益争夺，它们之间会有竞争，也会有合作，这种既竞争又合作的互动关系将促使集群内的企业不断提高其创新能力，从而达到"双赢"或者"多赢"的局面。但是产业集群中的企业可能会与产业集群外的企业联系，而不单单是产业集群中的企业，不管是集群外还是集群内，企业都会不断地提升自己的创新能力，提高市场竞争力，从而在市场中立足。虽然通过研究发现企业竞合行为可以促使企业创新，但是创新应该如何通过企业竞合行为来促进呢？其中的具体过程是怎样的？因此，对产业集群竞争力提升以及集群内企业的创新能力和市场竞争力提升的研究具有重要的现实意义。

1.2 研究思路和结构安排

本书致力于说明与解决的问题有以下三个：①园区经济与产业集群的关系；②不同集群网络结构（政府主导和市场主导）的形成模式对园区内企业竞合关系的影响；③针对我国园区内产业集群网络结构的现状及该现状下企业的竞合关系提出切实的建议。

基于此，本书的结构是以工业园区内企业之间的竞合行为作为研究对象，通过对企业间竞合行为的动因、强度、地位等要素进行分析，从而为企业提出竞合策略供其参考。首先，以企业网络组织理论作为基础，结合产业组织理论、竞合理论以及社会网络相关的研究方法，建立了企业网络组织竞合行为分析的一般模型。其次，通过对工业园区内企业的竞合关系的分析，探讨了典型企业的竞合动因，分析了工业园区内企业竞合关系的现状和趋势。最后，在对工业园区内企业网络组织的具体分析中运用博弈论模型，区分不同的集群形成模式对工业园区内企业竞合关系的影响，这些不同模式的集群形式包括政府主导型和市场主导型。针对不同类型的工业园区企业，分别提出相应的竞合策略和形式，章节的具体安排如下：

一是导言。介绍了本书的研究背景、研究意义、研究方法、研究的主要内容及创新之处。文章的研究方法有文献研究法、历史比较分析法、定性分析法以及案例分析法。本书的创新之处在于基于园区产业集群的视角来对企业间的竞合行为进行研究，采取案例分析的方法，以此来找出我国工业园区内部中小企业竞合行为的关键影响因素。

二是相关研究综述。本章对国内外产业集群、园区经济、园区集群网络结构、企业竞合关系以及集群网络结构与企业竞合关系的相关研究进行了概述，并进一步对这些相关研究进行了评述。

三是园区内集群企业的竞合分析。本章论述了我国园区经济的发展概况，主要分析我国园区经济与产业集群的关系以及产业集群形式的园区经济的发展情况，并提出了园区集群企业的竞合动机和竞合优势。园区集群企业的竞合优势包括社会资本优势、学习创新优势、协同效应优势以及网络组织优势。

四是园区集群企业的竞合博弈模型。本章以企业的技术外溢为例,建立了园区企业群聚的动力模型,并且对园区内企业集群的形式、纵向产业集群形式以及横向产业集群形式进行对比,采用建立博弈模型的方式分析了不同集群形式下企业竞合行为的不同。

五是案例分析。本章以星火有机硅工业园区的基本情况与发展现状为例,分析了星火有机硅工业园区内企业间的网络结构以及企业间的竞合行为,并提出了该工业园区发展中出现的问题以及这些问题带给我们的启示。

六是我国园区存在的问题及其对企业竞合行为的影响。本章根据前文对星火有机硅工业园区的研究,分析并总结了我国园区经济发展中存在的问题,并分析了这些问题所带来的对园区内部企业之间竞合行为的影响,这些影响因素包括:园区网络结构的单一性、集群集聚优势不强、园区创新能力不足以及服务支撑体系不足等。

七是对集群内企业竞合行为主要问题的治理措施。本章根据前面的研究,提出了对集群内企业竞合行为主要问题的治理措施,这些治理措施包括塑造合作导向的集群文化、限制机会主义等投机行为、积极发挥政府以及中介组织的作用、改善园区的工作环境等。

八是研究的结论与展望。本章对主要内容作了简要的概括总结,也指出了研究的局限,并且从理论和实践两个方面对研究的展望进行了论述,如图1-1所示:

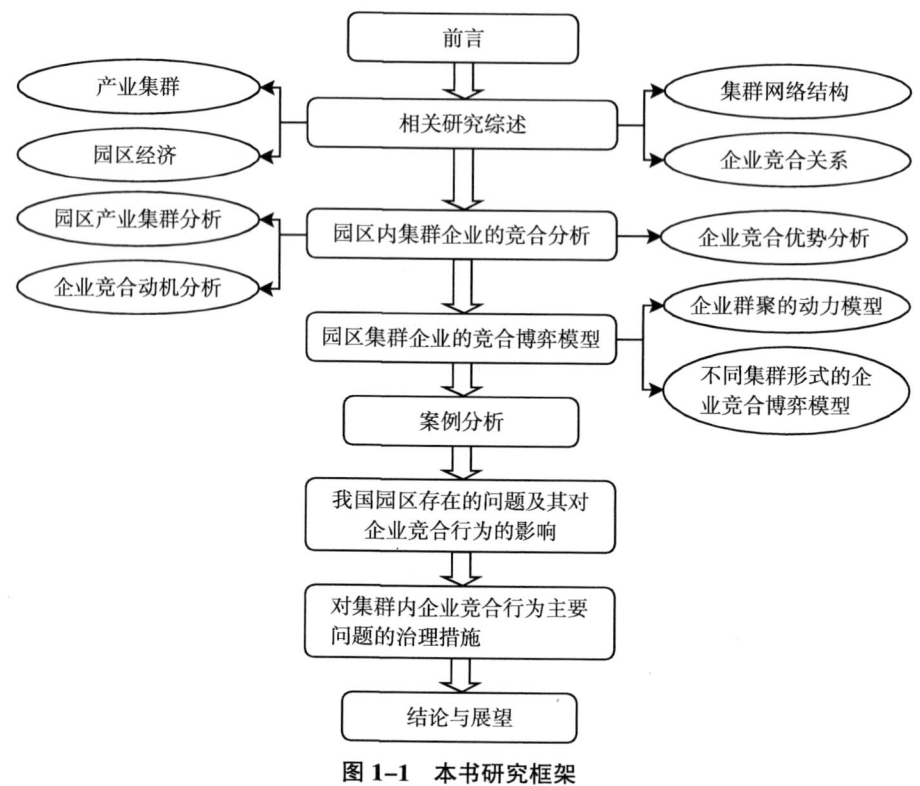

图 1-1 本书研究框架

1.3 本书的研究内容及研究方法

本书在文献梳理与理论研究的基础上，对需要使用的理论及相关变量或者概念进行归纳，并对它们之间相互的逻辑关系进行探讨，这主要是在对国内外数据库全面搜索的基础上，查阅近年来相关的资料，仔细阅读文献分析产业集群中企业竞合行为、组织学习和创新绩效的相关理论，对概念进行界定以及对案例的分析进行总结等，也为文章的研究打好基础。

研究的思路和方法主要有：①文献研究法与历史比较分析法。通过梳理社会网络分析、竞合关系研究、园区经济相关研究的现状与趋势，总结了现有研究中有待进一步深入的方面，为本书的研究指明方向。②定性分析法。通过对产业集群理论和组织行为学理论的梳理与结合，从经济学和组织行为学的角度出发，分析并提炼产业集群及其内部各个体的行为特征，用社会网络分析和博弈论等分析方法，建立集群内部合作互利机制（模型），以提高集群合作水平、改善区域合作、加强集群内部合作，减少集群内部冲突，提升产业集群的外部竞争优势。③案例分析法。基于对企业竞合关系的研究，以案例分析的形式指出问题的所在，进而引出相应的治理措施。

1.4 本书的创新点与不足之处

在对产业集群内中小企业竞合行为研究这一领域，理论研究和实证研究都比较充分。相比之下，针对园区环境下企业竞合行为的研究还是非常少，随着我国经济的发展，企业发展的园区模式已经成为不可忽视的一种模式，尤其是园区内的企业明显有其特殊性。因此本书的创新之处在于：

第一，结合中国社会的特殊国情，以工业园区内的企业为研究对象，探讨了园区内企业之间竞合战略的实施。

第二，在目前研究的基础上，系统地归纳了园区内部企业竞合行为的影响因素，并形成了一个影响因素的层次结构图。

第三，在归纳出的影响因素基础上，采取案例分析的方法，并对调查结果进行分析，找出影响园区中企业竞合行为的关键因素。

第四，根据案例分析的结果，结合园区中小企业竞合中出现的问题，提出了相应的对策。

本书的不足之处：

鉴于自身知识能力以及时间上的限制，一些企业竞合行为的潜在影响因素可能被忽略，对于一些影响因素的提取和分类可能也不是很完善，书中提到的影响因素在一定程度上可能也有所交叉，这些缺陷可能会导致所研究的结果存在一定的局限性。

2　相关研究综述

2.1　产业集群的相关研究

尽管对于产业集群的研究快速增加，但学术界对产业集群的概念还没有形成一致的看法，仍存在诸多疑问。因此，结合自身对产业集群的调研、思考以及研究并总结学术界以往对于产业集群的理解，从而对产业集群予以概念上的界定，是本书开展研究的一个重要的理论前提。产业集群作为一种产业组织形式，最初研究主要集中于对其内涵的界定方面。随后，人们又把研究的重点集中在产业集群的运行机制上，更多的人专注于产业集群强大竞争优势的来源。之后逐步扩展到产业集群的形成与发展机制、产业集群分类、产业集群升级，产业集群间企业关系等各方面。由于产业集群的理论研究涉及多个领域、多个方面，本书主要对产业集群的概念和产业集群对产业和经济的影响方式进行了归纳总结。

2.1.1　产业集群的定义

截至目前，国内外有关学者对产业集群主要的集中论述如表 2-1 所示。

2.1.2　产业集群效应

20 世纪 70 年代以来，随着意大利北部传统产业集群的迅速发展，其在国际竞争中凸显比较优势，从而引起人们对产业集群现象的关注。紧接着世界各国都涌现出大量的产业集群，形成了块状明显的经济"马赛克"。实践证明，凡是有产业竞争力的区域，肯定有一定程度的产业集聚。凡是有产业集聚的地区，其市场竞争力一般也比没有集聚的区域高。产业集群

2 相关研究综述

表2-1 产业集群的定义

学者	定义
马歇尔（1890）	首先从规模经济和外部经济的角度研究产业集群现象，认为产业集群是企业为追求共享基础设施、劳动力市场等外部规模经济而产生的聚集体
贝卡蒂尼 Becattini（1978）	依据马歇尔的产业区理论，提出了"新产业区"这个概念，他认为新产业区是由具有共同社会背景的企业和人们在一定自然地域上所形成的社会地域性生产综合体。认为产业集群具有以下特征：企业的空间集聚和部门集中；地方经济主体之间有社会文化联系，产生共同的行为准则；物品、服务、信息和人员基于市场和非市场交换的垂直和水平联系；在该区内有支持众多企业联系的公共网络。Becattini对产业集群的解释强调了产业集群中企业之间的竞争合作关系，产业集群的严格含义应该是企业间结体中已经同意建立一种合作机制来达到某种共同目的的一些企业的集合
迈克尔·波特（1990）	"某一特定领域（通常以一个主导产业为主）中的一组在地理区位上靠近，并且相互联系的公司和相关联的机构"，这些公司和关联机构因具有互补性或共性而组织在一起。通常产业集群包括互补产品的生产商、下游产业的公司、具有专业化基础结构的供应者和提供教育、培训、信息、技术和研究的其他机构
世界经济合作与发展组织（OECD）	由专业供应商、中介组织（更多意义上的营销中介组织，如经纪人、技术和咨询服务的提供者）、知识生产机构（如大学、研究所、提供技术的企业、知识密集型的商业服务机构）以及顾客等连接起来而形成的生产网络
瑞得曼（Redman, 1994）	产业链在地域上显著集中的现象，这种集中还包括与产业链相关的教育活动、基础服务和研究计划活动的聚集
高登和麦凯恩（Gordon 和 McCann, 2000）	企业在确定区域内的稳定的商业关系，这种企业之间的购买与销售关系决定了它们的区位性企业行为。由于在确定的区域内企业相互之间的商业关系可以得到巩固，而且使企业从中得到利益，所以，企业在某些地区形成产业集聚开始成为一种普遍的现象
王缉慈（1994）	"新产业区"现象，强调其专业化分工、网络协同、创新、区域社会文化环境的根植以及柔性生产地域的系统特征，并在《创新的空间——企业集群与区域发展》（2001）中称之为"地方产业集群"，不仅包括相互关联的企业，还包括支撑性机构，如大学、研究机构、咨询中介和政府服务部门等
仇保兴（1999）	由众多自主独立并相互关联的小企业依据专业化分工和协作的关系并在某一地理空间高度聚集而建立起来的产业组织，这种组织结构介于纯市场组织和纯科层组织结构之间，他还从集群内企业之间的关系角度出发将小企业集群划分为："市场型"、"锥型"（也称为中心卫星工厂型）和"混合网络型"三种类型的中小企业集群
翁智刚（2011）	全球价值网络中根植于某社会区域的一个竞争与协作并存、知识流动与创新频繁的生产与市场结点

续表

学者	定义
慕继丰、冯宗宪等	企业网络是指一批具有相互联系的企业和机构在某些地理区域的集中。他们借用了迈克尔·波特族群的概念，认为企业网络是许多相互关联的公司或企业及各类机构为解决共同问题并通过一段时间的持续互动而形成的发展共同体，企业网络包括三类相互联系、持续互动的组织：某类相似或相关联企业；政府有关部门和机构及其他中介机构；高水平研究机构和大学

在区域经济发展和产业发展中扮演着至关重要的角色。产业集群战略已经成为区域经济发展的一种有效战略模式。

集群能够产生各种效应。胡弗在其《经济活动的区位中心》中提出，聚集经济是生产区位的一个变量，并将产业集群的规模经济归纳为某产业在特定区域聚集体的规模所产生的经济。他提出了规模经济的三个不同层次，即对任何一种产业而言，都是由单个区位的规模来决定经济，单个公司的规模来决定经济和该产业某个特定区位的聚集体的经济构成。徐菱涓[①]（2004）认为产业集群能够释放出一种集群效应，体现在集聚经济效应、联合行动和组织形态效应，这些效应是产业集群存在的基础，也是其不断完善的推动力。产业集群对园区经济发展具有积聚资源，降低交易成本，促进创新，提升园区竞争力的作用。陈柳钦[②]（2007）认为，产业集群作为中间性组织形式之一，其存在和发展不仅可以用交易费用理论来解释，而且产业集群自身又可以降低费用，是有效降低交易费用的一种新制度形式。孟芳、臧良运[③]（2011）认为产业集群的竞争优势有合作—竞争效应、规模范围经济效应、外部经济效应、弹性专精效应、区域品牌效应和企业知识溢出效应。

产业集群集聚效应的产生是有原因的。张耀辉提出，每个地区都有一些相对其他地区的比较优势因素，即所谓的区位优势因素；同时为了缩减成本，企业也愿意向一些指向性因素靠近，区位优势和指向性因素相配合，形成了最早企业进入的动力。而这些企业又会吸引其他企业进入这一

---

① 徐菱涓. 产业集群：园区经济发展的战略选择 [J]. 中国科技论坛，2004（5）：25-28.
② 陈柳钦. 基于交易费用视角的产业集群成因分析 [J]. 中国石油大学学报（社会科学版），2007（4）：12-16.
③ 孟芳，臧良运. 产业集群分析与评价 [M]. 哈尔滨：哈尔滨工程大学出版社，2011：42-45.

区域，聚集在一个较小的空间范围内，从而产生集聚效应。刘斌（2004）在其著作《产业集聚竞争优势的经济分析》中提出"产业集群超强的竞争力来源于产业集群特质形成的集聚效应。产生集聚效应的原因有两个：一是要素之间可以相互组成一个有效结构，使要素的外部性能够得到最大的利用。二是可以利用共同资源，使共同资源得到最大限度地节约。集聚可以用多种方式表现出来，有在企业内部的集聚，也有在企业外部的集聚，不同的方式产生效应也不同。"这本书对产业集聚的特征、演化规律、影响因素和竞争力进行了分析，并剖析了产业集聚区域内的产品具有较高效能价格比的原因，指出了产业集聚产生的外部性主要包括创新的外部性、市场的外部性、范围经济和外部规模效应，在交易网络、技术网络和社会网络的系统性特征基础上构造了产业集聚区域创新系统模型。

产业集群能够提高集群竞争优势。波特认为，产业集群对于提高竞争优势是至关重要的。第一，产业集群能够提高集群内企业的持续创新能力并日益成为创新的中心；第二，产业集群能够降低企业进入的风险，促进企业的生产与发展；第三，产业集群能够提高集群内企业的生产率，使每个企业在不牺牲大规模企业所缺少的韧性的条件下从集群中获益，集群内企业之间的竞争及相互模仿推动了成本的下降与操作方法的优化。产业集群通常会在本地形成一个重要的市场，企业可以在集群所产生的联系中受益，而且产业集群可以扩大这种利益，从而使每一个企业都受益的竞争与合作的机会增加。甄翠敏①（2012）在《产业集群形成机理与运行机制》一书中指出产业集群的竞争优势包括社会资本优势、外部经济优势、创新网络优势和创新优势四个方面。社会资本优势包括企业家资源的培育、基于信任与承诺的合作关系、创业资源优势和共同的文化基础。外部竞争优势即所谓的规模经济、范围经济和劳动力市场共享的优势，通过这三种外部经济优势的相互作用从而降低集群产业的生产成本，有助于集群内企业实施低成本战略来提高市场竞争力，而且可以通过区域集群的品牌优势来促进营销。创新网络优势包括能力和资源互补优势，降低创新风险优势及集体学习优势。创新优势具体表现为创新的激励效应、学习效应和服务体系。

学者们对产业集群竞争优势产生的原因进行了研究。马歇尔发现，集中在一起的厂商比单个的厂商更有效率，他提出了以外部经济与规模经济

---

① 甄翠敏. 产业集群形成机理与运行机制 [M]. 北京：光明日报出版社，2012：93-104.

为聚集动因的产业集群理论。根据他的理论，企业大规模聚集于特定区域更容易享有外部经济。对于产业集群及其优势产生的原因和机理，韦伯在其《工业区位论》中用集聚因素作了解释。韦伯认为聚集分为两个阶段，第一阶段仅通过企业自身的扩大而产生聚集优势；第二阶段是各个企业通过相互联系的组织而集中化，从而形成最重要的高级聚集阶段，即所谓的产业集群阶段。关于产业集群要素，韦伯认为产业集群的要素分为以下四个方面：劳动力的高度分工要求完善灵活的劳动力组织，劳动力组织有利于聚集的产生；聚集可以产生广泛的市场化；技术设备的发展使生产过程专业化，而专业化生产部门更要求产业的聚集；批量购入和销售降低了生产成本，提高了效率。集群能够给工厂带来收益或节省成本。孟芳和臧良运在《产业集群分析与评价》（2011）中指出充分的信息和建立在合作基础上的信任关系降低了交易费用，入群企业只是产业集群价值链上的一环，通过密切合作、优势互补、知识的外溢、合作竞争提高了企业的创新能力，增强了产业集群的竞争优势，围绕着某一主导产业形成的多种产品的共同产出以及良好的产业文化，集群内企业可以充分享受到区域品牌所带来的益处。张国亭[1]（2009）从集群学习和创新角度、集群品牌角度、社会资本角度、政府角度这四个方面来论述产业集群持续竞争优势所形成的路径、原理和机制，从而得出以下结论：持续竞争优势的来源是集群对这四个方面的集成合力。

产业集群对区域经济的发展具有重要作用。佩鲁认为，某些主导部门或有创新能力的企业或行业在某些地区或城区聚集而形成经济中心，该经济中心资本与技术高度集中，具有规模经济效益，具有生产、贸易、金融、信息决策及运输等多种功能，并能够产生吸引或辐射作用，促进自身并推动其他部门和地区的增长。增长极理论认为，在地理空间上的增长不是均匀地发生的，它以不同强度呈点状分布，通过各种渠道影响区域经济，把推进性工业嵌入某地区后，将形成集群经济，产生增长中心，推动整个区域的增长。产业集群已经成为区域经济增长的重要动力和有效途径。肖立新[2]（2013）认为产业集群通过资产最佳配置、企业专业化分工与协作、知识交流等在实现自身发展的同时壮大区域经济，同时以产业集

---

[1] 张国亭.产业集群持续竞争优势研究［D］.山东大学博士学位论文，2009.
[2] 肖立新.产业集群效应促进区域经济发展的途径研究［J］.湖北社会科学，2013（2）：65-68.

2 相关研究综述

群效应和集群产业发展标准促进地方产业创新实现区域经济发展。

综上所述,产业集群具有竞争优势和集群效应已成为学术界普遍认可的观点。产业集群对于区域经济的发展也起到至关重要的作用。作为一种生产方式,产业集群可以被有效地用作实现某些目标的战略方式。

2.2 园区经济的相关研究

总体来看,国内外关于园区经济的研究目前还比较散乱,大部分是基于对园区经济发展状况、园区发展过程、园区发展存在问题、园区意义等的陈述与归纳总结,且多为定性研究,对园区经济的比较、评价等方面还很缺乏。

2.2.1 园区经济的概念

经济园区目前还没有标准的定义。经济园区是在一定地域空间内集聚的大量企业,以产业群集聚或产业链耦合为基础,吸纳生产要素集中投入,从而形成区内经济增长乘数效应的经济组织(向世聪,2006)。经济园区通常包括经济开发区、高新技术产业开发区、特色工业园区、工业团地、农业科技示范园区、科技园、科学城、技术城、创业园、现代物流园、经济特区、保税区、免税区、自由贸易区、出口加工区等。

最早的经济园区可追溯到古希腊时代,1574年建立在意大利西北部的热那亚湾雷格享自由港是世界公认的第一个"经济园区"。现代意义上的经济园区起源于20世纪50年代。自从1951年美国斯坦福大学在其校园内创办了世界上第一个科学研究公园——斯坦福研究公园(Stanford Research Park),即后来的硅谷,经济园区在世界各国得到了蓬勃发展。而随着园区的发展,学术界逐渐开始了对园区经济的研究。

1978年,Becattini提出了新产业区的概念。随后,许多学者对这一概念进行了拓展研究。随着研究的不断深入,出现了园区经济这一说法。联合国环境规划署(UNEP)认为,园区是集聚了若干产业或企业的空间区域,它具有这样的一些特征:有较大开发面积的土地;这些开发的土地上附属着多个建筑物、公共设施和工厂;详细的区域规划对园区环境规定了执行标准和限制条件；为履行合同与协议，控制与适应企业进入园区，制定园区长期发展政策与计划等提供必要的管理条件；对常驻企业、土地利用率和建筑等类型实施限制，而对于园区的"经济"就叫园区经济。20世纪90年代后，国内学者从分析园区经济的内涵出发，将园区经济看成是由市场机制决定的企业寻求外部经济以及聚集经济的自发聚集行为，并且这是由市场机制所决定的。但是由于该定义不适用于发展中国家园区经济的发展，这一定义并未得到广泛接受。伴随着印度、新加坡、中国大陆东部沿海等亚洲地区园区经济的发展，我国一些学者逐步开始了对园区经济的研究。

张克[①]（2004）指出经济园区是政府以行政手段在短期内聚集、整合各类生产要素的特殊模式，具有生产要素的集约性、开发的时效性、资源配置的倾斜性、边界与规模的适度性、产业结构的比较单一性和政策的相对独立性等特征。园区经济本质上是生产要素与产业的空间集聚。张克对经济园区和园区经济的定义是基于行政手段建立的园区，而随着工业园区多样化发展，工业园区的建立已不再单纯是行政手段。从这方面来说，其对园区经济的定义过于片面。向世聪[②]（2006）认为园区经济是指特定地域范围内的全部经济活动的总和，涵盖了内部经济（即园区各要素投入所创造的经济价值）和外部经济（即园区因要素或产业的空间集聚而带来的额外经济价值）两个最基本的经济内涵，包括六个要件：特定的地域空间、特殊的经济功能、一定的创新源、科研展示中心、产业组织和区位等外部经济以及政府和市场的双重支配。而基于产业集聚的园区经济，则是一种以产业群为特色的经济空间（园区）内经济聚集体所创造的价值总和。

赵波、徐云峰在《现代园区经济》一书中对现代园区经济进行了研究，指出"现代园区经济"既区别于一般的开发区经济，也区别于传统的园区经济，这是在经济结构调整和实现跨越式发展过程中产生的。园区经济是开发区经济发展的高级阶段，也是微观尺度的区域经济的现代形式，是一种新型的地域经济综合体，从表现形式上看，它形成了一个在地理空间上相对集中的企业群体。按照这个定义，他将园区经济分为以下几类（见表2-2）：

---

① 张克.园区规模经济 [M].大连：大连理工大学出版社，2004.
② 向世聪.基于产业集聚的园区经济研究 [D].中南大学博士学位论文，2006.

表 2-2　园区经济分类

分类标准	园区
以创新为主题	创新园（基地），研发基地
以招商为主题	苏州新加坡工业园区、台商工业园区、欧美工业园区
以资产重组和规模化为主题	企业集团园区
以构建生态经济为主题	生态经济园区
以营造创业热点为主题	创业园
以外贸加工为主题	出口加工园区
以科技教育产业化、现代化为主题	大学城、国家大学科技园、职业教育园区

从现有的研究看，园区经济还未有统一的、公认的定义。比较普遍的看法是，园区经济是一个国家或地区的政府根据经济发展的要求，通过行政和市场的多种手段，将各种生产要素集聚在一定空间范围内并进行整合，从而形成企业集聚发展的经济发展模式。

2.2.2　园区经济的发展研究

园区经济对区域经济发展的作用。张永军等[①]（2006）认为园区经济发展模式是提高农村工业化水平的高效途径。农村工业化面临结构、布局、技术、制度和环境的约束，而园区经济则可以克服农村工业化存在的这些劣势，提升农村工业化水平。刘争波[②]（2010）研究了园区经济与区域经济的互动发展，认为在当前我国区域经济发展差距不断加剧的情况下，应当促进园区经济与区域经济良好的互动发展关系。一方面，园区经济作为区域经济的增长极，能对区域经济发展起到良好的示范、辐射和带动作用，从而促进区域经济的迅速发展；另一方面，区域经济的迅速发展又反哺于园区经济，为园区经济的形成发展提供更好的条件，进而促进园区经济进一步发展与壮大。薛为昶[③]（2012）认为作为经济发展制度创新的一种优势模式，园区经济具有集聚效应、辐射效应和催化效应，能充分发挥各种资源优势，实现企业合理分工协作，产生规模经济和外部经济，从而

---

① 张永军，郑少锋，谢毅. 园区经济发展模式：提升农村工业化水平的高效路径 [J]. 西北工业大学学报（社会科学版），2006（26）：23-27.
② 刘争波. 园区经济与区域经济互动发展研究 [D]. 长沙理工大学硕士学位论文，2010.
③ 薛为昶. 园区经济的理论、实践与创新发展研究 [J]. 淮海工学院学报（人文社会科学版），2012（10）：50-54.

节省资源、降低成本等，以此推动区域经济的跨越发展。

特定区域的园区经济发展。仝恩[①]（2006）以增长极理论、工业化跨越式发展模式理论、产业集群理论和可持续发展理论为基础对长三角园区经济的运行绩效作了定量分析，并针对"园区问题"从可持续发展观、行政管理体制、经济增长模式、产业集群培育和循环经济发展五个方面提出了对策。赵斌[②]（2009）从区位选择、投资环境、特色产业集群和管理体制这四个方面总结了沿海园区经济发展的经验，以此为鉴针对我国内陆园区存在的问题提出了发展对策。高天禹[③]（2012）以经济增长理论为基础，运用C-D生产函数模型以资本、劳动力、科技进步等因素对中关村高新技术园区经济增长的决定因素进行了实证研究，结果显示，1993~2010年园区新技术要素投入产出率较高，技术进步要素对中关村高新技术园区经济增长贡献水平持续增长，园区经济增长模式正在由传统的资本、劳动力投入型增长向以技术进步为决定因素的经济增长模式加速转变。

产业集群视角下的园区经济。黄晓、胡汉辉等[④]（2013）对以园区为载体的产业集群空间转移进行了研究，认为从价值链角度出发，产业集群转移模式有复制性转移模式和选择性转移模式两种，前一种模式是价值链的整体转移，后一种模式是价值链低端环节的转移。同时，他们还将苏通科技产业园和苏宿工业园作为两种不同模式的代表园区，以实例对两种不同的产业集群转移模式下的园区经济进行了研究。王棉[⑤]（2008）认为产业集聚战略具有成本优势、技术创新优势和市场优势，实施产业集聚战略有利于增强企业竞争力，促进开发区"二次创业"，推动园区发展环境改善和促进园区经济持续发展，因此园区经济应实施产业集聚发展战略。田海宽[⑥]（2007）认为产业集群能够增强园区经济力，其主要途径体现在以下三个方面：产业集群有利于园区要素条件的改善、园区主导产业的培育

---

① 仝恩.浅析长三角园区经济的可持续发展 [D].上海海事大学硕士学位论文，2006.
② 赵斌.沿海地区园区经济发展的基本经验与启示 [J].产业与科技论坛，2009（12）：250-253.
③ 高天禹.中关村高新技术园区经济增长决定因素实证分析 [D].北京交通大学硕士学位论文，2012.
④ 黄晓，胡汉辉，吉敏.以园区为载体的产业集群空间转移：模式比较与案例分析 [J].科技进步与对策，2013：1-5.
⑤ 王棉.产业集聚优势在园区经济发展中的作用 [J].中北大学学报（社会科学版），2008（S1）：22-24.
⑥ 田海宽.产业集群：构筑园区经济新优势.京津走廊经济崛起与工业园区产业集群研究——纪念廊坊开发区建立十五周年暨工业园区产业集群专题征文研讨活动论文集，2007.

和园区创新体系的形成。

园区经济的运行机理。经济学对园区经济运行机理的研究散见于发展经济学、制度经济学、新竞争经济学和新经济地理学等学科分支。发展经济学强调创新的作用，认为园区经济模式是政府进行经济制度创新的结果，园区经济实质上是一种创新经济，是技术创新、企业创新、产业特色创新的产物；高效的园区经济运行机制是建立在以企业技术中心为主要形式的企业技术创新体系、以产—学—研结合为纽带的科技成果转化体系、以区域技术中心为主要载体的技术支持体系、以中小企业为主要对象的技术创新中介服务体系、以经济政策和法律手段为主要方式的政府技术创新调控体系"五大体系"基础上的（陆立军、裘小玲，2003）。针对园区发展的理论基础，一些学者也对其进行了研究。这些理论基础有：

一是"增长极"理论。佩鲁（Francois Perroux）于1955年在《略论"增长极"的概念》一文提出增长极理论。该理论的基本思想是：增长并非同时出现；在所有的地方，它以不同的强度首先出现于一些增长点或增长极上，然后通过不同的渠道向外扩散，并对整个经济产生不同的影响。园区可以看成是增长中心，它导致积聚经济的发展。

二是"核心—边缘"理论。由美国规划学家弗里德曼（Friedman）于1996年提出，该理论是解释空间结构演变的一种理论。该理论将一定空间地域分为"核心区"和"边缘区"，核心区积聚或扩散资源要素，引导或支配着边缘区；核心区新活动比较活跃，具有使边缘区服从或依附的权威或权利，能对边缘区施加影响，从而成为区域经济发展的源头；边缘区由于不断接受核心区的创新理论，与核心区相互依存和联系，自身不断发展，最终生成新的核心区。因此，作为一种新的经济形态，园区所具有的扩散效能和聚集效能是其他区域不可比拟的。

三是地区创造性理论。1934年，熊彼特提出，"企业家是创造新的产品与服务结合体的关键。"现代经济中则把企业家网络的扩展程度和企业家密度与经济增长联系起来。这个观点认为园区创造了培育新的公司、涌现出创新企业家的环境，从而获得了社会效益和经济效益。园区集聚大量工程师、企业家、科学家等人才，改善了园区经济的创新环境，带动了园区经济的创新发展。

四是孵化器理论。美国著名的孵化器专家Ruatam Lalkaka认为，企业孵化器是一种新型的社会经济组织。另外，通过提供研发、生产、经营的场地、通信、网络与办公等方面的共享设施，系统的培训和咨询，政策、融资、法律和市场推广等方面的支持，降低创业企业的创业风险和创业成本，提高企业的成活率和成功率。一个成功的孵化器离不开五大要素：共享空间、共享服务、孵化企业、孵化器管理人员、扶植企业的优惠政策。企业孵化器为创业者提供良好的创业环境和条件并帮助创业者把发明和成果尽快形成商品进入市场，提供综合服务，帮助新兴的小企业迅速长大形成规模，为社会培养成功的企业和企业家。

五是空间扩散理论。扩散是创新进行空间转移或传播的一个过程。对空间扩散的开创性研究最早是由地理学家完成的，哈格斯特朗（T.Hager-strand）的《作为创新过程的空间扩散》一书奠定了空间扩散的理论基础。该理论认为，创新能够提高运行效率和创造更高的价值，或者提供系统的质量而创造新的市场，或者能节约劳动和资本，因此创新者就会与周围的空间产生"位势差"。为了消除这种差距，周边地区就会学习、借鉴和模仿从而使创新向外扩散和传播。这种技术在创新空间上的扩散成为园区产生的重要基础。

园区经济的发展有着丰富的理论基础对其进行论证，从上文对园区经济发展的研究就能看出，"增长极"理论、核心—边缘理论、地区创造性理论、孵化器理论、空间扩散理论等都为园区经济的发展提供了依据，但对于园区经济的具体形成现有的研究还较少。园区经济是人力资源、技术、资金和其他生产要素的集合，同时是区域经济发展的增长极，对区域经济的建设和发展起着至关重要的作用，这已被实践和理论所共同证实。但对于园区经济如何作用于区域经济发展的研究还较少。现有的对园区经济发展的研究以园区经济运行、园区经济对区域经济作用、园区经济发展问题及对策和具体园区经济研究为主，对园区经济还未形成系统化的研究。从产业集群对园区经济进行的研究多以归纳总结产业集群对园区经济的重要性为主，从产业集群角度对园区经济主体竞争合作关系的研究较少。企业是园区经济的重要行为主体，既是园区经济的细胞，也是园区创新活力的源泉。良好的企业竞争合作关系有利于促进园区经济的健康发展。

2.3 园区集群网络结构的相关研究

2.3.1 园区集群网络结构的提出

产业集群是一个网络组织系统，这个网络组织的各节点之间并不是孤立的，它们之间基于市场交换或社会联结而产生各种各样的网络关系，通过这些网络关系彼此关联互动，由此形成特有的网络组织结构。产业集群的网络结构不仅取决于集聚企业的性质、位置、角色，更取决于纵横交织、相互关联的企业之间的配套合作关系。作为一个复杂网络系统的企业集群，其网络结构具有生产力功能，影响集群知识系统配置和运行效率，决定着集群的行为，并进一步构成集群动态能力的核心要素。集群的网络结构并不是一个静态的概念，它既是集群要素之间动态博弈的过程，也是集群与外部环境的互动过程。

集群企业以及企业网络化的形成是在20世纪80年代中后期。从本体论的角度来看，产业集群可以被看作是一个社会联系网络，因此，社会网络分析方法开始被用来研究产业集群。与此同时，网络分析方法也被用作研究园区集群网络，这是因为当园区集聚发展到一定阶段后就会发展为集群创新网络。同时，学者们还研究出了很多刻画网络结构的变量，这些变量包括描述网络的综合程式，这需要综合考虑网络关系联结的内容、规则、程度、形式和演变等因素，这是由Michael（1997）提出的，他认为网络结构的要素有四种，分别是动态要素、规则要素、资源要素和结构要素，并且把分析网络中流动着的资源和网络本身结合起来。

关于集群网络的研究是学者们关注的重要课题，大量学者对此进行了多角度、多学科的探索，概括起来可以归纳为以下几个主题：集群网络结构的内涵（Porter，1998；倪沪平，2005；等等）；集群网络结构的构成维度（Lynn Mutelka 和 Fulvia Farinelli，1998；Elisa Giuliani，2005；等等）；集群网络结构与企业绩效关系的研究（Lynn Mutelka，1998；李志刚等，2007）；集群网络结构的风险与危机（吴结兵等，2008）；集群网络结构的实证研究（Pietrobelli 和 Barrera，2002；李志刚等，2007；张世勋，2002）

等。Hirschman（1977）最先提出网络联结（Linkages）在企业成长过程中作用的理论，指出嵌入网络的企业能够取得更大成功。但由于当时网络分析方法和网络理论发展的缺失，早期研究局限于关系维度中关系类型这一特征变量，不具备真正意义上解释企业网络化成长的能力。20 世纪 80 年代中后期企业网络化成长和集群企业兴起。从本体论出发，产业集群可被看作是各成员通过社会联系构成的网络，学者们开始用社会网络分析方法来研究产业集群。而集群创新网络是园区集聚发展到一定时期的必然产物，对提升园区及区域经济效应起到了关键作用，因此网络分析方法也成为研究园区集群网络的重要工具。刻画网络结构的变量很多，如 Michael（1997）综合考虑网络关系联结的形式、内容、程度、规则和演变等因素，提出了一种描述网络的综合程式，认为网络由结构要素、资源要素、规则要素和动态要素构成，把分析网络本身和网络中流动着的资源结合起来。

Granovetter（1985）发展"嵌入性"概念后，界定了网络结构的关系嵌入与结构嵌入二维划分，其中关系嵌入是对嵌入网络中人际社会二元关系特征（包括关系疏密和关系质量等）的刻画，而结构嵌入是对行动者嵌入关系构成的网络总体结构描述。嵌入、关系、网络等概念受到经济学家和管理学家的关注。由于关系和结构两个维度的网络特征分析方法目前在国外研究中已经被普遍采用，本书在园区集群网络结构特征"关系"维度方面，侧重于考察网络二元关系特征，选取关系强度和关系质量两个变量；在"结构"维度方面，更多地从系统构成要素考察网络结构，选取网络规模、网络开放度两个变量。

2.3.2 网络结构对集群发展的影响

从网络化视角来看，产业集群是一个由相关行为主体（包括政府、科研院所、各社会中介组织和劳动者、各种企业等）组成的关系网络体，网络内部共同的规范体系通过内在、外在的引导、约束或制约个体行为主体的行为，从而促进整体协调、有序地发展。按照 Hakansson（1987）的观点，产业集群具备了网络的三个基本要素，因此也可以看作是网络。集群之所以能表现出外部效应和弹性，是因为建立在集群内部各组织之间以及组织与环境之间一定的关联上，企业的集聚过程实际也是这种关系形成的过程。因此，集群经济可以表现为集群内部独特的网络结构。在对产业集群进行研究综述时，Ronjohnston（2004）总结了产业集群中网络交互产生的三类主体之间的联系，这种联系分别是：基于联盟的交易联系、基于信任的社会联系以及基于契约的市场联系，这是对集群网络关系比较全面也比较抽象的分类。Geoffrey G. Bell（2005）在对多伦多共同基金企业集群内企业创新绩效与集群内外部的网络联系之间关系进行实证研究时，提出集群内所包含的网络有两种，分别是：企业之间正式联系的组织网络和企业经理人员之间非正式的经理人网络。他们的研究结论表明，正式的组织网络联系对企业创新和绩效之间的相互关系并不明显，相反，位于非正式的经理人网络中心的网络联系能够提升企业的创新能力和绩效。产业集群网络组织形式及其产生的组织关联将超越集聚经济效应而获得网络经济效应，而这正是产业集群发展的动力以及竞争优势的源泉。

在国内，蔡宁（2002）提出集群内部企业之间是非独立且相互依赖的，这就使得集群有了结构。集群的结构反映了集群内部资源整合中协同效应的深度。集群结构是通过以集群网络结构影响群内企业的行为作为实现途径来影响产业集群竞争优势的，企业的绩效则取决于结构与行为的交互作用。黄中伟（2004）是较早从网络结构的视角理解和分析产业集群的学者之一，他将集群网络分为社会关系网络和市场关系网络，并提出集群的网络结构是集群创新和绩效的来源。他认为网络结构降低了集群的创新成本和风险，提高了创新的成功率和效率，促进了企业集体联合创新，保持了集群内部企业创新的持续动力，通畅了集群的信息化知识流通渠道，促进了集群内部企业创新成果的快速扩散。李志刚等（2007）分析了集群创新网络的成员、联系、功能和结构，并以此探讨了集群网络结构变量对集群内部企业的创新能力以及创新绩效的影响程度。他们通过问卷调查的方式对所提出的假设进行了检验。检验的结果表明：企业所嵌入的网络的密度、联系强度、稳定性、互惠性、居间性以及资源丰富程度等因素都对企业的创新绩效存在着正向影响。邬爱其（2004）则构建了"网络—网络资源—企业成长"的理论框架，并提出在此框架之下，企业可以通过加入网络来获取相应的网络资源，但所获取的网络资源要受到网络特征的影响，并运用"结构—关系"的分析方法刻画了集群网络的特征。他还进一步构建了"集群网络特征—集群企业竞争优势要素—集群企业成长"的理论框架，通过此框架，他得出了集群网络特征产生作用的机理是，通过影响集群企业的竞争优势，进而影响集群企业的成长。

随着工业园区、产业集群的发展及其重要性的凸显，现有研究也越来越关注园区的集群网络结构,从理论和实证等多个角度论述了园区的集群网络结构特征及其对园区企业获取资源、实现创新和提高绩效的重要作用。(黄中伟,2004;李志刚,2007),认为网络结构能够使园区集群拥有通畅的信息和知识流动渠道,促进创新成果快速扩散。然而园区集群网络结构是否有效影响园区内企业对资源的获取还需要进一步实证验证。因此在以上文献整理的基础上,本书将集群网络结构划分为四个维度:关系强度、关系质量、网络规模和网络开放度。

第一,关系强度。网络关系强度(Intensity)或关系频率(Frequency)是表现网络特征的重要维度。根据组织间网络的相关文献,网络关系强度是两个因素的函数,一是关系所交换的资源数量,二是组织间接触的频率。根据关系交换资源数量多少和组织接触频繁程度,关系强度分为强关系和弱关系两种。"强关系通常会构成联系紧密、深度互动但范围较狭窄且涉及节点较少的关系网络;弱关系通常构成松散型网络,在网络规模及网络信息量方面范围更大。

第二,关系质量。关系质量是测度网络特征的一个重要指标。Naude 和 Buttie (2000) 认为关系质量是一个多维度结构变量,难以通过一个指标来测度,需要将不同的维度整合起来才能全面测量关系质量的内涵。很多学者认为 Walter 等 (2003) 在供应链管理研究中为关系质量的研究提供了经典的研究框架,他认为关系质量特征包括以下三个维度,即信任、承诺和满意。其中"信任"包含三个基本组织部分:①对合作者在其行为中表现出善意举动的信心;②诚实,对合作者可信赖程度的反应;③对合作者实现双方关系利益程度的信心。"承诺"通常意义上被描述为构建和维持一种长期关系的持久意图。"满意"是一个被广泛研究探讨的概念,Anderson 等 (1984) 将"满意"界定为通过评价合作方在关系中的表现而产生的一种良好积极的情感状态。

第三,网络规模。网络规模一般理解为焦点企业在技术创新过程中形成的网络关系数量总和的大小,也可以定义为在技术创新过程中,与焦点企业直接相关联的伙伴的数目。网络规模(企业合作关系数量)对企业创新和绩效存在积极影响(Batjargal, 2003)。这是因为网络规模的大小意味着焦点企业可以获取的创新资源的丰裕程度,网络规模体现出的网络异质性可以用伙伴的多样性程度来测度。Dyerhe 和 Singh (1998) 指出,企业间特定的联结是竞争优势的一种关键资源,这种关键资源可能会跨越企业边界，嵌入企业的惯例和过程中。Gulati（1999）将各企业之间纵横交错的联系视为一种不可模仿的资源，明确将其定义为网络资源。另外，从个人网络视角来看，网络规模一般是指组织中员工个人社会网络中关系数量的总和，而网络范围，是指组织中员工社会网络中关系的多样性，通常用网络关系所接触到的不同团队或人员种类的数量来衡量。

第四，网络开放度。Andreas B. 等（2010）将网络的开放度（Openness）定义为这样一个函数：①网络成员的多样性；②愿意接受新的成员；③拓展与集群以外组织联系的程度。拥有多样性和流动性成员特点的网络能够在促进产品开发和创造市场知识中具有获得更广泛范围的信息和资源的优势。相反，只停留在与少数伙伴进行交换的水平可能阻碍企业获取关键信息和新的机会（Burt，1992），从而对创新形成一种屏障。在网络各单元层面上，网络开放度主要表现为行为主体对网络联系的自主控制：即网络联结的建立与中断、加强与减弱；在网络整体层面上，网络开放度表现为网络边界的扩张与收缩：一方面，为了获取资源，网络需要吸纳其他行为主体，网络边界便自主扩张；另一方面，为了保持网络的效率，当某一联结变得无效或有害时，便会中断这种联系（特别是基于非正式契约的联系），表现为网络边界的收缩（王德禄，1999）。

集群网路结构与集群竞争优势之间存在着逻辑关系，集群网络的知识结构、分工结构和社会结构等一系列结构安排决定着集群的协调能力、创新能力和适应能力，不同的集群网络结构影响集群的竞争优势。网络成员联系在一起时，会导致额外的成本，另外，不完全契约、道德风险、机会主义和偷懒都会引起网络成本提高，从而削弱网络的优势。无论是静态概念的"锁定效应"、动态的"路径依赖"，还是"结构性风险"，都使我们不得不去寻求集群网络结构的"适应性"，即通过集群的动态演进去适应集群内外部环境的要求。

2.4 企业竞合关系的相关研究

2.4.1 竞合理论研究

合作竞争（Co-opetition）的概念最早是莱昂巴夫（Nalebuff）和布兰登勃格（Brandenburger）于1996年在他们的著作《合作竞争》中提出的。他们认为，其表示企业间存在既合作又竞争的复杂关系：当共同创造一个市场时，商业动作的表现是合作；而当进行市场分配的时候，商业动作的表现是竞争。企业间存在着竞争，而由于企业间的相互联系、相互关系又形成了企业间的合作网络，这种合作竞争关系可以把两家甚至多个相互合作的企业的核心能力有机地结合起来，形成比较竞争优势。Bengtsson 和 Kock（1996）也认为合作竞争是一种既包含竞争又包含合作的现象，在企业网络中合作是一种新的企业关系形态。普瑞斯（Preiss）、哥德曼（Goldman）和内格尔（Nagel）于1997年在《以合作求竞争》一书中提出，新型企业并没有清晰的界线划分，其运行系统、操作、作业过程及全体职工都应与供应商、顾客、合作伙伴及竞争对手相互作用有机联系起来，企业必须与其他企业相互联合，从而获取竞争优势。尼尔·瑞克曼（Neil Rackham）等认为：企业合作精神和合伙关系是企业竞争优势的新来源，其主要依据是：企业本身越来越雷同；许多企业产品的同质性越来越高；销售能力也越来越相似，企业的合作竞争能为企业带来实在的好处，且能以更好的效果方式促使企业发展。

我国学者刘衡、王龙伟、李垣[①]（2009）总结了企业竞合的内涵，对竞合的测量、竞合的前因变量和结果变量等问题进行了探讨，他们认为竞争与合作是一个矛盾的统一体，彼此并不排斥和否认，竞合理论强调的是两者的对立统一，两者共同发挥作用，企业在竞争中寻找彼此合作的机会，并通过合作进行竞争。任新建（2012）在《竞合论》一书中对竞争和合作的优劣势进行了分析，并对个体竞合和企业竞合行为进行了分析，实

---

① 刘衡，王龙伟，李垣. 竞合理论研究前沿探析 [J]. 外国经济与管理，2009（9）：1-8.

2 相关研究综述

证检验了竞合行为对绩效的影响，还研究了竞合理论在个体、企业、产业、区域和国家之间的运用。

一些学者对竞合的测量问题进行了实证研究。如 Luo etl[①] (2006) 认为企业竞合强度的测量变量包括跨部门合作强度、跨部门合作能力和跨部门竞争三个方面。Gnyawali (2006) 采用竞争行为数量和竞争行为多样性两个指标测量企业间的竞争行为。Tsai (2002) 认为组织内的合作是组织内部各部门间知识的分享，因此提出应从内部资源竞争和外部市场竞争两个维度测量竞合强度。Garcia 和 Velasco (2002) 提出测量竞合关系的五个指标——与直接竞争对手的合作、与上游合作方的竞争、与上游合作方的单纯合作、与下游合作方的竞争以及与下游合作方的单纯合作。我国学者李健和金占明 (2008) 提出用赫芬因德指数、集中度、企业间相互作用敏感度、企业数量（竞争因素）、合作产出比、资源投入、相互依赖程度和合作时间（合作因素）来评估竞合关系。徐亮等 (2009) 以市场共同性、资源相似性两个指标来反映企业间的竞争关系，以信任、承诺来反映企业间的合作关系，并以此来测量企业间的竞合关系。

还有一些学者对竞合理论在战略联盟中的应用进行了研究。陈菲琼、范良聪[②] (2007) 基于竞争与合作探讨了战略联盟的稳定性问题，他们认为合作与竞争是联盟中的一对矛盾统一体，所形成的张力内在影响着战略联盟的稳定性，合作与竞争同等重要，两者的失衡导致了联盟的不稳定。他们的研究结果证实，战略联盟内合作与竞争力量的差异程度越大，越会增大战略联盟的不稳定性。吴晓伟、楼文高[③] (2010) 认为战略联盟的社会嵌入性是合作竞争的主要形式，利用社会网络分析方法实证分析了国内上市公司的合作竞争模式，认为国内上市公司基于参股关系的社会网络密度较低、群聚系数较小，战略联盟的地域性很强，合作动机呈现出多样性，缺乏联盟与联盟之间的合作关系，联盟内成员的地位差异性较大。

---

① Luo etl. The Simultaneous Role of Cooperation and Competition within Firms [J]. Journal of Marketing, 2006, 70 (1): 67-80.
② 陈菲琼, 范良聪. 基于合作与竞争的战略联盟稳定性分析 [J]. 管理世界, 2007 (7): 102-110.
③ 吴晓伟, 楼文高. 基于社会网络分析的企业合作竞争研究及其实证分析 [J]. 情报理论与实践, 2010 (5): 52-57.

2.4.2 产业集群内企业竞合关系

2.4.2.1 产业集群内企业竞争研究

产业集群加剧了企业间的竞争。产业集群作为一种组织形式，提高了企业、地区甚至国家的竞争力。Michael E. Porter（1998）认为如果没有竞争，产业集群将走向衰落。产业集群内企业（尤其是生产相似品的企业）由于地理位置上的接近性，竞争更为激烈，表现为对集群内稀缺要素（土地、劳动力、资金等）以及市场的争夺。魏后凯[①]（2003）认为产业集群内企业由于地理上的邻近而集中在一起，形成了一种独特的竞争环境。各种信息的交流、对竞争对手的关注等比集群外企业更频繁，企业间的竞争也因此而更激烈和更显而易见。

产业集群内企业间的竞争表现为一种合作竞争，即通过合作促进竞争。张秀生、陈立兵[②]（2005）认为基于优势互补和资源互补基础之上的合作竞争，在实现集群企业规模经济的同时，更能够规范竞争秩序，由此实现"高层次竞争"。曹休宁、戴振[③]（2009）认为由水平合作和垂直合作两种合作创新方式所带来的创新优势可以转化为产业集群持续的竞争优势。这是因为，合作创新可以降低集群内企业的创新成本、解决创新的外部性问题，并有助于企业获取隐性知识和分担巨大的创新失败风险。产业集群内部各行为主体（企业、政府、大学、科研机构等）相互间的协同效应是集群竞争优势的源泉。由于企业面临环境的复杂多变和不确定性，企业所面临的竞争也日益呈现动态化。余秀江、王秀娟[④]（2010）指出企业合作促进创新的行为通常表现在通过合作研发进行技术创新取得竞争优势。合作创新水平的强弱直接影响着产业集群的创新能力和竞争力。金潇明[⑤]

---

① 魏后凯. 对产业集群与竞争力关系的考察 [J]. 经济管理，2003（6）：4-11.

② 张秀生，陈立兵. 产业集群、合作竞争与区域竞争力 [J]. 武汉大学学报（哲学社会科学版），2005（5）：294-299.

③ 曹休宁，戴振. 产业集聚环境中的企业合作创新行为分析 [J]. 经济地理，2009（8）：1323-1327.

④ 余秀江，王秀娟. 发达地区集群企业的合作创新：珠三角11个镇样本 [J]. 改革，2010（6）：111-117.

⑤ 金潇明. 产业集群合作创新的螺旋性知识共享模式研究 [D]. 中南大学博士学位论文，2010.

(2010)认为具有互惠共生性、协同竞争性、资源共享性和低成本性特征的产业集群合作创新能够促进竞争。杨蕙馨、冯文娜[①](2010)在研究中指出,合作性竞争强调的是企业为了提高竞争,就必须学会合作和妥协,建立起一种相互受益的合作竞争关系,在竞争的同时能够寻找一切合作机会,进而起到在合作过程中强化竞争的作用。合作性竞争通过扩大产品的差异化使彼此的竞争更加激烈。

Michael E. Porter (1998) 指出动态性的竞争表现为一种持续的竞争,这种动态性竞争主要来自竞争环境且变得越来越具有不确定性,而技术创新则是促进企业持续竞争的动力。产业集群对竞争的影响,主要表现在产业集群提高了企业生产能力、引导了创新的方向和速度、刺激了新的商业形式的形成。

2.4.2.2 产业集群内企业合作研究

产业集群促进了企业间的合作。竞争是企业间永恒的关系,单纯的竞争会导致集群走向衰落 (Michael E. Porter, 1998),为了维持集群的持续存在,集群内企业需要进行广泛的合作,这种合作更多地发生在价值链中远离生产过程而接近消费者的环节中,如技术合作创新(合作研发)。Michael E. Porter (1998) 认为获取信息、知识的合作已经成为企业的一种竞争优势。

产业集群内企业的合作表现为一种竞争合作,即通过竞争促进合作。杨皎平、李庆满、金彦龙[②](2011) 运用数学模型实证分析了竞争环境与企业合作、集群创新之间的关系。研究显示在一定的条件下,竞争对合作具有促进作用,这个条件是集群内企业之间的竞争要达到一定的水平,不能过度竞争或恶性竞争。研究还表明集群内企业之间的竞争与集群的创新呈现一种倒U形关系,这种关系存在直接效应和间接效应。直接效应表现为竞争分散了创新资源;间接效应表现为当存在过度竞争或恶性竞争时,由竞争所导致合作的稳定性由强变弱,甚至会使企业之间无法合作。王长峰[③](2011) 更明

---

① 杨蕙馨,冯文娜.合作性竞争对市场结构的影响:基于全球汽车产业的经验研究[J].中国工业经济,2010(6):126-136.
② 杨皎平,李庆满,金彦龙.竞争环境、企业合作与集群创新绩效[J].科技进步与对策,2011(24):59-64.
③ 王长峰.基于演化博弈理论的产业集群中竞争与合作关系分析[J].科技管理研究,2011(1):176-179.

确地指出产业集群内企业间的良性竞争有利于集群内部成员合作积极性的提高。他运用演化博弈模型对产业集群内企业间竞争与合作关系进行了均衡分析，研究认为产业集群内良性和稳定的环境有利于企业间良性竞争的形成；从长期来看，企业同时考虑竞争和合作，对二者的权衡可以最终达到竞争和合作的均衡，从而使集群持续发展。

激烈的市场竞争也带来更多的横向合作与纵向合作，在产业集群内部，企业之间的合作关系主要表现为购买方的经济资源（市场订单）与供应方多种形态的产品与服务（设计、开发、零部件和元器件的生产供给）的有效结合（Friedberg，1996，2005；Neuville，1997，2005）以及复杂的转包与生产能力共同利用的关系，企业主要通过产业链动态组合来提高效率与保持竞争。另外，企业虚拟合作经营方式更是激烈的市场竞争带来的结果。徐建忠[①]（2009）指出供应链之间的激烈竞争，导致供应链内企业的合作越来越密切。而对模块化生产网络的研究文献则指出模块化供应商之间的"背对背"竞争和允许浪费的"淘汰赛"促使模块供应商与系统设计商之间合作创新的积极性越来越强。

一些学者对集群内企业合作的因素进行了研究。钱震杰[②]（2004）认为集群内企业间的合作行为是以反复学习为基础的，合作行为与创新优势之间形成一种正向反馈关系。合作行为促使企业不断反复学习，同时促进了企业的创新活动，从而形成企业和集群的创新优势，这种创新活动和创新优势反过来又促进了企业间的合作。刘华容、曹休宁[③]（2009）则认为是产业集群的制度环境促进了企业间的合作行为，并将制度环境分为正式和非正式制度环境，两种制度环境促进了当事者企业之间的合作行为。非正式制度促进企业合作可以表述为：产业集群促进了企业间的频繁接触，在频繁接触中，企业建立起相互的信任和较高的声誉，信任的加强和声誉的提高促使企业形成基于回馈式信任的合作。邵云飞、范群林等[④]（2010）认为产业集群内企业在地理上的临近性增加了学习和交流的机会，同时也

---

① 徐建忠. 供应链间竞争机制及行为绩效研究［D］. 湖南大学硕士学位论文，2009.
② 钱震杰. 产业集群的竞争优势：创新优势与合作行为分析［D］. 清华大学硕士学位论文，2004.
③ 刘华容，曹休宁. 产业集群中集群企业的合作创新问题研究［J］. 科技进步与对策，2009（12）：97-100.
④ 邵云飞，范群林，唐小我. 产业集群创新的竞争扩散模型研究［J］. 科学学与科学技术管理，2010（12）：43-49.

导致了激烈的创新竞争,共同促进了企业合作创新行为的发生。他们共同构建的创新竞争扩散模型阐明了在产业集群内创新扩散与创新竞争之间具有正反馈关系,创新扩散的速度显著受企业学习能力的影响。林涛(2010)在《产业集群合作行动》一书中系统地考察了产业集群中的合作行为,认为产业集群中众多主体(如企业、政府、协会、创新中心、学校等)积极并具有创造性地针对共同利益目标(面向具体发展问题)的合作行为是实现成功集群以及理论所描绘与预测的各种理想特征和作用的微观动力机制。

2.4.2.3 产业集群内企业竞合关系

Michael E. Porter(1998)提出集群既需要竞争也需要合作,缺少了竞争和合作中的任何一个,集群最终将会走向衰落。竞争和合作在集群中之所以能够共存,是因为其发生在不同的维度以及产生于不同的企业之间。Bengtsson 和 Kock[①](2000)认为相互竞争的企业在远离消费者的阶段进行合作,而在接近消费者的阶段采取竞争,即在创造价值的阶段进行合作,而在价值分配阶段进行竞争。

产业集群促进企业竞合关系的形成,竞合关系是集群内企业间的最佳关系形式。相比于产业联盟和虚拟组织等组织形式,产业集群最能体现合作竞争的要求(张秀生、陈立兵,2005)。魏后凯[②](2003)的研究指出,集聚经济(即地理集中)、灵活专业化(社会网络)、创新环境、合作竞争和路径依赖是产业集群形成并保持持续竞争力的基础。集群内的企业间既有激烈的竞争,又有研发、共同开发市场等的合作,形成一种建立在信任和家庭联系基础之上的既竞争又合作的关系。这种既竞争又合作的关系带来的集体效率弥补了集群内部规模不经济的问题。宋迎春、梁军[③](2006)则指出,对于资金短缺、技术创新能力不足的中小企业而言,产业集群是其实现竞合战略的最佳产业组织模式。一方面,通过集聚可获得外部范围经济和外部规模经济,具有规模收益递增的效果;另一方面,产业集群可以形成一种垄断力量,这种垄断力量是一种群体效应,在群体内部依然存

---

① Maria Bengtsson and Soren Kock. Coopetition in Business Networks –to Cooperate and Compete Simultaneously [J]. Industrial Marketing Management,2000 (29): 411-426.
② 魏后凯. 对产业集群与竞争力关系的考察 [J]. 经济管理,2003 (6): 4-11.
③ 宋迎春,梁军. 中小企业竞合战略及其产业组织方式选择 [J]. 新疆社会科学,2006 (4): 22-27.

在着市场竞争。王亚伟[①]（2010）研究显示具有中间性组织形态特征的产业集群有助于形成企业间的竞合关系，且这种竞合关系有利于集群的形成和推动集群生命周期的演进。同时，王亚伟对产业集群内企业竞合关系形成的可能性进行了博弈论推导。合作会增加集群的整体利润，但是追求自身利润最大化的理性企业往往会偏离合作而采取竞争，王亚伟认为这是形成集群内企业竞合关系的一个关键原因。

集群内的企业竞合行为是企业间的博弈行为。刘志杰、胡振华[②]（2010）建立了对称企业和非对称企业两个竞合博弈模型，分析产业集群内企业对竞争和合作的选择问题。模型结果表明：同质企业假设下，企业竞争和合作策略的选择取决于竞争—合作收益的比较和双方合作意愿的大小，只有在预期合作收益与预期竞争收益之比大于对手愿意合作概率与愿意竞争概率之比时，才选择合作行为。而放松同质企业的假设后，地位不对称的博弈双方对竞争与合作行为的选择条件与要求的风险补偿也呈不对称状态，处于弱势的企业选择合作的条件和要求比强势企业低，选择竞争行为可能是一个更次的结果。苏涛[③]（2012）将产业集群企业分为空间辐射型集群企业和网络共生型集群企业，并建立产业集群内企业之间的合作创新竞合博弈模型，以此研究企业间的合作竞争博弈。

产业集群内企业的竞合关系具有演化的过程。王莹[④]（2010）对集群企业间竞合关系演化过程进行了研究，认为企业间的竞合关系具有自组织的特征，经济要素是企业竞合关系演化的根本动力，集群内企业的竞争产生于资源分布的不平衡，合作源于资源的相似性或互补性。项后军[⑤]（2011）基于核心企业的视角，分析了产业集群内企业间竞合关系的演化，认为竞争和合作都会对核心企业的创新产生正向影响，并且竞争的影响强于合作。竞争关系与核心企业的创新呈非线性的倒 U 形关系，即竞争对创新的正向作用在达到某一强度后会逐渐减弱，甚至会阻碍创新，合作对竞

[①] 王亚伟.产业集群内企业间竞合机制研究 [D].南华大学硕士学位论文，2010.
[②] 刘志杰，胡振华.产业集群企业竞合行为博弈分析 [J].社会科学家，2010（5）：47-49.
[③] 苏涛.产业集群内企业间的合作与竞争博弈研究——以宝鸡市煤化工产业集群为例 [D].西安建筑科技大学硕士学位论文，2012.
[④] 王莹.集群企业竞合关系演化过程的自组织研究 [D].郑州大学硕士学位论文，2010.
[⑤] 项后军.产业集群中竞合关系的演化与核心企业创新 [J].科学学与科学技术管理，2011（2）：71-77.

争有一定的调节作用。郝世绵、赵瑾[①] (2011) 从产业集群生命周期角度研究竞合关系演变对集群内企业技术创新的影响，认为竞合关系影响集群效率以及产业集群生命周期的演进，并根据产业集群生命周期的幼稚阶段、成长阶段、成熟阶段和衰退阶段将竞合关系分为孤立型、伙伴型、配合型和争斗型的演变路径。在不同演变阶段，竞合对企业技术创新的影响依次为线型创新、平行型创新、网络型创新、衰退型创新。

企业合作竞争行为的产生是有原因的。赵玮（2012）在《基于产业集群的企业竞合关系研究》中分析了产业集群中企业合作竞争的动因，提出了资源共享和优势互补需要、市场竞争需要、规模经济需要、社会资本节约需要、企业创新需要和政策支持需要六种解释，同时还分析了不同类型产业集群中企业合作竞争模式，其中包括马歇尔式产业集群企业、轮轴式产业集群企业和卫星平台式产业集群企业的合作竞争关系。

合作竞争比传统单纯的竞争具有更大的优势，因为对于单个企业而言，其资源条件有限，因此其竞争力就会由于资源条件有限而受到一定的限制。合作竞争可以使企业打破传统的边界，让企业可以更好地进行资源的整合和重新配置，使合作企业之间形成优势资源互补，从而达到"1+1>2"的效果，使产业集群具有更强的竞争力。任新建[②]（2006）利用竞合基本态势矩阵模型、竞合二维构造图模型和企业竞合参与主体框架模型三个理论模型实证分析了企业竞合行为对企业绩效的影响，验证了两个基本假设的成立——企业与其他参与主体之间的合作程度与绩效正相关；竞合战略比偏合作战略更能够提升企业的绩效。他将竞争与合作进行二分研究，指出竞合是有机统一的矛盾体，竞争与合作彼此作用、相互补充；竞合与竞争、合作一样，都是企业的一种基本战略。邓邦教[③]（2011）研究了企业竞合关系对企业绩效的影响，对中心企业与上下游企业之间的竞合关系、中心企业与同行业者之间的竞合关系对企业运营绩效、市场绩效和财务绩效的影响进行了分析，实证结果表明企业与供方、买方之间的竞合关

---

① 郝世绵，赵瑾. 产业集群周期竞合关系演变对集群企业技术创新的影响[J]. 石家庄经济学院学报，2011（4）：68-91.
② 任新建. 企业竞合行为选择与绩效的关系研究 [D]. 复旦大学博士学位论文，2006
③ 邓邦教. 基于产业集群的企业竞合关系对企业绩效的影响研究 [D]. 南华大学硕士学位论文，2011.

系对企业绩效有着显著的影响。侯吉刚、刘益、杨倩①(2009)以竞合理论为分析框架，研究了竞争与合作对产业集群内企业技术创新的影响。研究认为企业间的相互竞争更有利于渐进式的创新过程；企业间的相互合作更有利于突变式的创新过程。陈景辉、赵淑惠②(2010)指出产业集群内企业竞合关系对企业竞争优势的显著提升效应表现为系统共生、战略协同和战略互补。系统共生实现了集群的外部经济效应和规模经济效应，使集群表现出来的竞争力是单个企业竞争力的复合和叠加；战略协同通过实现"1+1>2"的效果而形成竞争优势；战略互补通过彼此互补资源而形成竞争优势。

企业竞合行为促进集群形成核心竞争。张阁③(2009)研究了产业集群竞合行为与产业集群竞争力两者之间的关系，研究认为集群内企业间的竞合行为对企业发展、集群竞争优势的提升均有促进作用。这种促进作用是通过集群内企业间的相互合作实现的，通过组织学习，企业间合作的技术优势、组织优势、制度优势和理念优势转化为企业的核心竞争力。

企业竞合行为有利于集群内企业的创新。段姗等④(2005)研究了集群网络中的创新竞争、创新合作及创新竞争和合作的互动关系，集群创新竞争的动力来源于利益的引诱和大量模仿创新的推动，有观望式竞争、融合式竞争和群体式竞争三种模式；集群创新合作可以分为不同类群体的合作模式和沿着生产价值链的合作模式。余浩、蔡晓琼⑤(2008)认为产业内的纵向合作（与客户、供应商合作）表现为供应链上游供应商和下游客户之间的合作，而横向合作则表现为企业共同面临不可控的外部问题或具有强大的共同利益，并在竞合理论基础上以长三角地区移动通信产业为例实证证明了产业结构对称性产生的竞争压力迫使企业之间进行合作，从而产生了团体竞争优势。另外在由企业、供应商、客户、互补者和竞争者五者交织构成的网络组织中，通过降低交易成本、资源共享等，纵向合作

---

① 侯吉刚，刘益，杨倩.基于竞合的产业集群技术创新研究[J].现代管理科学，2009(4)：53-55.
② 陈景辉，赵淑惠.集群内企业竞合效应分析[J].大连海事大学学报（社会科学版），2010(1)：38-41.
③ 张阁.产业集群竞合行为及竞争力提升研究[D].西安科技大学硕士学位论文，2009.
④ 段姗，池仁勇，郭元源，陈瑶瑶.集群网络中的创新竞合[J].经济论坛，2005(11)：58-60.
⑤ 余浩，蔡晓琼.产业集群竞合创新研究——以移动通讯产业为例[J].工业技术经济，2008(9)：104-107.

和横向合作共同促成了创新。侯吉刚、刘益和杨倩[①](2009)探讨了集群内企业的竞争和合作对企业的技术创新的影响,拓展了理论文献的研究,认为竞合战略可以推进企业技术创新,在渐进式创新的过程中,企业侧重于相互间竞争的作用,而在突变式创新的过程中,企业重视相互合作。邓爱民、陶宝和马莹莹[②](2013)通过建立自变量为企业竞争合作行为,调节变量为集群创新,因变量为集群可持续发展的假设模型,对郑州市部分产业集群内企业竞合行为进行了研究,结果显示企业竞争合作行为明显正向影响着集群创新和集群可持续发展,反映了良好的企业竞争合作行为有助于集群创新的实现。

综合以上研究成果,可以发现竞合是竞争和合作的有机结合,竞争是为了更好地合作,而合作是为了保持持久的竞争力。学术界已经达成了这样的共识:竞合关系作为产业集群内企业间的主要行为方式,既竞争又合作的关系有助于提高产业集群的创新绩效和企业竞争力。现有的企业竞合关系的研究有不少,产业集群中企业的合作竞争关系研究也有一些。但是多数研究是从理论上或者从某一产业论述了企业竞合关系和其影响或作用,并且仅仅研究了产业集群内的企业竞合关系。园区是产业集群的有效载体,基于产业集群的园区经济既区别于产业集群,也区别于一般的园区经济,它是产业集群与园区经济的集合,是一定地域空间(园区)以一种产业群为特色的发展模式。在以产业集群为发展战略的园区经济现状下,目前基于产业集群对园区经济中企业竞合关系的研究很少。

2.4.3 集群网络结构与企业竞合关系

由于企业竞合理论的出现,产业集群内部的企业关系研究才真正得到较为准确的定位。假如说产业集群和产业组织理论是基础和铺垫,模块化和网络理论的异军突起深化了对企业相互关系的认识,那么竞合理论在更深层次上体现了未来企业关系的实质和发展方向。由于创新需要巨大的投入及企业势均力敌等多种原因,企业之间一味竞争的结果只能是两败俱伤,因此企业之间的合作关系更加重要。在集群网络组织内部,技术创新

---

① 侯吉刚,刘益,杨倩. 基于竞合的产业集群技术创新研究[J]. 现代管理科学,2009(4):53-55.
② 邓爱民,陶宝,马莹莹. 基于企业竞争合作行为的产业集群可持续发展模型构建[J]. 价值工程,2013(1):15-19.

是企业的核心竞争力所在，但由于大量的固定资本投资和大量的创新费用，单个企业没有能力承受这种庞大的负担。企业为了共同的利益需要与其他企业甚至竞争对手合作，网络经济下企业之间的关系更多地体现为一种竞合关系。

产业集群的优势在于能够为集群内部企业指明大的发展方向、提供大量的市场信息以及良好的发展环境等，从而也就有利于加强内部企业获取诸如研究开发、资源共享、减少环境不确定性风险等方面的便利条件，从而导致企业之间的竞争越来越激烈。产业集群的发展是一个网络组织逐步优化的过程，网络组织结构优化为产业集群升级提供了保证，随着集群网络结构的不断发展，从前以追求单个企业可持续发展为目标的理念正在逐渐向寻求集群内企业的共同发展的目标而转变，集群内部企业之间除了靠彼此竞争寻求发展之外，通过相互之间的交流与合作，同样能够促使企业的创新能力不断提升，提高经济效益，并且产生"共赢"效应。在竞争中合作，在合作中竞争，企业间关系越来越复杂。当前，集群网络结构新优势的发挥正式以企业之间独特的竞合关系为基础，通过集群内部企业间的价值链网络的相互融合、相互协调，实现集群内的规模经济效应。

2.5　文献述评

综合上述研究，国内外研究已经从多个角度对产业集群内企业竞合关系进行了研究，既有理论的研究，也有实证的分析。早期主要是对产业集群内企业竞争关系的研究，而随着企业合作的重要性日渐凸显，学术界对产业集群内企业合作的研究也越来越多。现有的对产业集群内企业竞合关系的研究也是多方面的，包括企业竞合的理论基础、企业竞合与集群发展、企业竞合的原因、企业竞合的优势、企业竞合的绩效、企业竞合对创新的影响等。这些研究对深入了解集群企业内的竞合机制、产业集群演化甚至园区经济的发展都有很重要的作用。本书认为，园区经济产业集群是大量相关企业在园区内的集聚，园区为产业集群的发展提供了基础设施和其他的服务，园区还有利于企业获取资源。园区产业集群的发展推动着园区经济乃至区域经济的发展。产业集群中的企业关系具有合作网络的特

2 相关研究综述

征,是一个既竞争又合作的市场中间组织。良好的集群内企业竞合关系是推动产业集群发展的重要推力。企业在园区产业集群这个市场环境中如何处理好企业间的关系显得尤为重要,关乎园区经济的发展。在园区经济发展集群化的背景下,在园区的地域范围内研究集群企业竞合关系可以更好地为园区经济的发展提供政策建议。

3 园区内集群企业的竞合分析

3.1 我国园区经济产业集群分析

3.1.1 我国园区经济概况

我国工业园区的建设始于改革开放的初期，1979年，中国第一个工业园区——深圳蛇口工业区设立；1984年，大连开发区成为我国首家经济技术开发区。作为试点，沿海城市或地区建设经济特区性质的开发区，引进外资、技术和管理，并探索国有体制改革。1985年，沿海14个港口城市相继建立了13个国家级经济技术开发区。经济特区的发展还带动了本地和其他地区的各种类型的工业园区的建设与发展，大量工业园区的发展不仅迅速推动了当地经济的发展和就业机会的增加，而且促进了产业结构的提升和技术的进步。1988年北京高新技术产业开发试验区成立，它是我国第一个国家级高新技术产业开发区。20世纪90年代，我国掀起工业园区建设的热潮，1990~1992年国务院批准了13个保税区，陆续创建了经济特区、高新技术产业开发区、边境经济合作区、经济技术开发区等不同类型和不同层次的开发区。

据统计，截至2004年底，全国共有经济特区5个，高新技术产业开发区53个，边境经济合作区14个，国家级的经济技术开发区49个，保税区13个，国家旅游度假区13个。再加上国家批准的开发区，加在一起共有200余家，其GDP占全国的2.43%，工业增加值占全国的3.4%，出口占全国的7.5%。而到2010年底，我国各类国家级经济园区已有300多家，其中国家级高新区有83家，国家级经济技术开发区有107家，通过规划

3 园区内集群企业的竞合分析

论证正在建设的国家生态工业示范园区数量达到 39 个，其中通过验收的国家生态工业示范园区有 12 个。各地区都在大力推进工业园区建设，伴随着一波一波的园区建设热潮，园区已深深扎根中国经济血脉，园区经济不仅成为中国经济典型的发展模式，也成为行业创新的重要推动力，并持续影响着中国区域经济的发展。

引导我国园区形成的原因最初源于两方面：一是外商投资的驱动。从 20 世纪 80 年代初经济特区建设开始，我国各级政府对园区建设表现出极大的积极性，希望通过吸引外资带动地方产业升级和结构优化。二是科研成果产业化的需求。科技成果只有进行产业化才能获得更大的效益。我国高新技术产业开发区在除西藏、宁夏、青海以外的各省区纷纷建立起来。

我国的园区发展是按照一定的空间顺序发展的，由经济特区发展向沿海开放城市发展，再向内陆城市发展，紧接着向西部地区发展，总结起来就是，从沿海不断向内陆发展，最后形成全国性发展的过程。不仅空间上，园区的发展类型也经历了一定的发展顺序，分别是由经济开发区、高新技术开发区、出口加工区、保税区等，逐渐向多功能、专业化园区发展。在设立经济特区以来 30 多年的发展中，园区经济对经济发展起到的积极作用是毋庸置疑的。园区内产业的集聚通过极化效应和扩散效应，发挥了增长极的作用，带动了区域经济的快速发展。与此同时，园区经济在土地开发、吸引就业、对外出口以及城市化进程中都起到了重要作用。

3.1.2 我国产业集群发展概况

我国产业集群的发展可以概括为以下三个阶段：产业集聚化阶段、产业集群化阶段和产业集群调整阶段。

3.1.2.1 产业集聚化阶段（20 世纪 70 年代到 20 世纪 80 年代末期）

产业集群的发展历程始于改革开放政策的实施。改革开放后，在经济特区实行"三来一补"政策，沿海开放地区利用优惠政策、临海优势、低廉的劳动力资源，吸引外资，承接国外制造业转移，形成了以加工贸易出口为主的产业集群。如广东东莞聚集了大量从事消费电子、电子配件生产的企业，浙江义乌成为了小商品市场。

在这一时期，大量企业集中在某一地区，集群数量和规模相对较小，集群产值、销售收入的增长也相对缓慢。集群开始主要集中在沿海开放地区，主要从事出口贸易加工；浙江等地的产业集群主要从事轻纺、五金等传统制造加工业。集群内企业的劳动生产率、利润率及增长与其他地区的同类企业相比差异不明显。集群中的企业围绕国有企业或外资企业在某一产业链内做简单配套，集群内专业化分工与协作水平低。集群内资源相对缺乏，硬件环境较差，政策优惠较多，产业链条较短，企业合作关系较少且不稳定。

3.1.2.2 产业集群化阶段（20世纪90年代）

社会主义市场经济体制使得集群发展有了一个稳定的制度环境，同时园区的建设加快，吸引了大量的相关企业，形成了以园区为载体的产业集群。典型的代表是苏州，其利用良好的区位优势和人力资源，建立苏州工业园、新加坡工业园等多个园区，成为20世纪90年代末期第二轮IT台资转移的主要受益者，形成了高科技技术产业基地。

在这一阶段，集群数量不断增加，集群的产值增长较快，集群的规模不断扩大。随着市场占有率的持续提高，集群产品逐渐形成了"区域品牌"。集群内部，自主创业和企业衍生现象普遍，部分企业在竞争中脱颖而出，企业规模不断扩大，成为龙头企业。企业间的专业化与协作程度提高，产业链不断延伸并趋于完整，在区域内逐渐形成横向、纵向的产业联系，地方生产网络初步形成。随着集群的发展，技术创新、资金融通、市场拓展、咨询、信息等服务企业产生，为集群中的企业提供相应的服务。集群内出现了协调集群主体的行业协会。但是，这一时期的产业集群大多仍处于价值链的低端制造业环节，以资源消耗为代价，产品附加值低；集群内产业重构性强，企业竞争激烈。

3.1.2.3 产业集群调整阶段（21世纪初期到现在）

21世纪初期，我国产业发展面临巨大的挑战，为了适应外界环境，我国产业集群需要进行产业转移和升级，需要从传统的劳动密集型、资源依赖型向自主创新型转变。我国东部地区的大部分产业集群的市场占有率高，配套能力强，辐射带动力强，产业规模大，目前已处于成熟或相对成熟期，但是东部地区的这些产业集群开始出现了分化，这是受到地区容量限制和产业结构调整等约束的影响。部分劳动密集型、资源依赖型产业集群逐步向中、西部地区转移；而部分技术密集型、贸易依赖型产业集群则向产业链高端转型，越来越多的国内外企业进入研发、设计领域；一些已在国内市场有较高占有率的集群，逐步走向国际市场，参与国际竞争，并吸引行业内更多国际知名企业进入集群；在上海、北京、苏州、杭州等中心城市，金融、研发、文化创意等高附加值的产业集群开始出现。

以产业转移和升级的方式进行调整是本阶段产业集群发展最突出的特点，一些在东部地区逐渐失去优势的集群开始向外转移，中西部地区则积极培育和承接集群的转移，集群内部也越来越强调技术创新能力、区域创新、名优企业、内部环境、与集群外联系等方面的内容进而加强集群竞争力的培育和提升。

我国产业集群主要分布在东部沿海的长三角、珠三角、环渤海地区和东北地区、西北地区、中部地区以及西南地区七大块状地区；其中长三角、珠三角、环渤海地区三大地区的产业集群的数量占据了我国产业集群数量的大部分，是产业集群发展最为密集和发展较好的地区。另外，我国产业集群区域发展不平衡。广东、福建、江苏、浙江、山东等沿海地区产业集群的数量、水平明显较高，而广西、甘肃、黑龙江等地区产业集群的数量相对较少，发展水平相对较低。从行业来看，长三角、珠三角、环渤海地区是我国高科技产业最为重要的集聚区，规模占全国的比重达到80%以上。同时，区域内企业的竞争合作呈现出较好的势头。长三角区域以上海为龙头、江浙为两翼，在产业链上实现分工发展；环渤海地区以北京为研发中心，天津为研发转化基地，河北为配套加工基地，实施错位发展。但是我国各地区产业集群重点集中在纺织服装、机械制造、电子信息医药化工等行业，产业定位不明确，易造成恶性竞争和重复建设。

表 3-1 我国主要产业集群的行业分布

区域	省市	重点行业
长三角地区	浙江	纺织、服装、制鞋、五金、低压电器
	江苏	纺织、服装、机械、轻工、冶金
	上海	汽车、钢铁、石化、电子信息、生物医药
珠三角及福建地区	广东	电子信息、电器设备、石油化工、纺织服装、食品饮料、建材
	福建	电子、纺织服装、制鞋、陶瓷、石材
环渤海地区	北京	电子信息、汽车、金融、软件、创意
	天津	汽车、机械加工、轻纺、金属冶炼
	河北	冶金、建材、机械制造、医药化工、纺织服装、农产品加工
	山东	机械加工制造、电子信息、家电、纺织服装、化工医药、食品饮料、建材

续表

区域	省市	重点行业
东北地区	辽宁	装备制造、食品、石油化工、金属冶炼、非金属矿物、纺织服装
西北地区	陕西	电子、汽车、医药、机械制造、纺织
中部地区	湖北	汽车及零部件、纺织服装、食品加工、冶金、机电、电子信息、化工、建材、医药
中部地区	河南	冶金、食品加工、纺织、煤炭和汽车配件
西南地区	四川	家电、纺织、装备制造、家具、建材食品
西南地区	重庆	汽车、摩托车、装备制造、医药化工、电子信息、轻纺

资料来源：《中国产业集群发展报告》课题组.中国产业集群发展报告［M］.北京：机械工业出报社，2009.

3.1.3 我国园区经济中产业集群的发展

园区产业集群内的企业都是相关的企业，这就使得企业作为一个整体在集群内存在着范围经济，为园区内企业的发展提供了专业化的机会。产业集群所在的园区有助于企业间劳动力的交流以及信息的共享，同时为企业的发展提供了基础设施和其他的服务。

3.1.3.1 我国园区经济中产业集群的特点

（1）东部园区产业集群对市场依赖性高，西部园区产业集群对资源依赖性高。由于东部地区具有地理位置等优势，它的优势产业门类非常丰富，既有技术含量低的产业，如食品制造、农副食品加工、家具制造等，也有技术含量较高的产业，如计算机即各种电子仪器仪表制造、电气机械及器材制造等。而中西部地区则主要为资源初加工的产业，多为资源依赖型产业集群，如烟草制造业、金属与非金属矿物等。

（2）产业集群处于产业链和价值链的低端。我国的产业集群均匀分布于第一、第二、第三产业中。其中，第二产业的产业集群数量最多、分布范围最广，且绝大部分为制造业产业集群，像服装、玩具、纺织、家具等传统的中低端生活消费品和传统的劳动密集型产业。而低廉的劳动力和土地所带来的成本优势是我国园区产业集群的主要竞争优势。我国的劳动密集型产业集群的传统产业发展一方面是市场机制自发选择的结果，另一方面也与劳动密集型产业市场开放早、进入门槛低、中小企业灵活，容易形成产业集群有关。传统产业占据园区生活活动大部分的局面反映的是我国园区产业集群大多处于产业链和价值链低端的事实。由于处于国际产业分工体系的末端,我国产业集群的发展更易受到上游和国际市场环境的影响。

(3)在推动产业集群发展过程中政府发挥的重要作用。最初,产业集群大都是自发产生的,它产生于资源、文化、人力等自然条件较好的地方。但是,随着产业集群发展的深入,各地对产业集群发展规律和作用的认识有了进一步地加深,各级政府开始提出加快产业集群发展的各种措施,制定了有利于产业发展的系列文件,从而使得我国的产业集群越来越多。在推动本地产业集群发展的过程中,地方政府主要发挥了两方面的作用:①主导园区以产业集群方式发展;②出台一系列政策鼓励和引导集群发展。由于园区经济发展与产业集群发展之间有很大的关联,各地政府在推动建设园区时大多通过自主和自发选择园区的主导产业,遵循"园区集群化"的发展思路,促进我国园区产业集群的发展。

(4)以中小企业为主、少数大型企业引领的产业集群发展方式。经过30多年的发展,我国的产业集群经过了升级和转型,在这个过程中,集群的竞争力得到了不断的提高,集群内企业规模也不断扩大,大企业的作用越来越明显。但是在目前这个阶段,我国的产业集群仍然是以中小企业为主导,少数大型企业起着引领产业集群发展方式的作用。其主要有以下两方面的原因:①历史原因。由于产业集群发端于东部沿海地区的中小城市和农村,具有资本稀缺、起点低、规模小等特点,而计划经济时代我国的国有工业经济主要集中在中西部地区的大城市,这就使得中小企业密集成为了我国产业集群的一个突出特点。②产业性质。由于我国产业集群主要集中在服装、玩具、纺织、家具等传统的中低端生活消费品和传统的劳动密集型产业,这些产业的企业进入门槛较低,规模效应不显著,加之企业规模小、运行较灵活,在复杂的市场环境下这是一大优势,大规模生产反而不利于企业的发展,因此我国的产业集群发展中就形成了以中小企业占主导地位的现象。

3.1.3.2 我国园区经济中产业集群发展的问题

(1)产业集群创新能力不足。各国具有国际竞争力的产业集群总是与较强的技术创新能力密切联系在一起。我国园区产业集群中高新技术集群所占的比例较低,大多是传统型集群。传统产业集群企业的一大优势是低成本,以低要素成本和产品低价格获得和维持竞争优势,企业之间较少合作,企业家之间很少共享信息、讨论共同的问题。这些产业集群在低成本基础上聚集，以仿制和贴牌生产为主，仍停留在模仿、装配低价竞争阶段且没有自己的核心技术和知识产权。而高新技术产业集群主要依托当地的科研力量，如著名大学和科研机构，发展高新技术产业，企业之间具有的创新氛围很强烈，合作密切。目前，我国园区产业集群技术创新主要依靠引进高新技术企业而获得，企业的自主创新能力不足。造成产业集群创新能力低的原因是多方面的，如园区企业创新投入不足、缺乏创新平台、创新意识薄弱、创新人才不足等都会造成集群创新能力低。

（2）产业集群产业定位不清晰。集群竞争优势的获得必须基于园区主导产业，而这一主导产业通过自身竞争优势的获得推动整个集群获得竞争优势。目前，我国园区经济发展只是众多企业集聚，只解决了产业集中或集聚问题。许多园区总体产业定位不清，盲目引进产业；园区缺乏突出的产业优势，主导产业种类过多、范围过广；园区内产业分工不明确。多数园区产业集群的发展依赖于集群内核心大企业，对核心大企业的资源和政策支持较多。园区核心大企业和边缘企业发展悬殊，中小企业发展困难。

（3）产业集群内的服务体系不完善。构成产业集群的各个产业之间形成了一个相互促进的互动系统，一个有竞争力的产业往往带动并创造了另一个产业的竞争力。当产业集群内某一产业获得高层次的竞争优势时，这些竞争优势也在发展中扩散到其他相关产业，产业集群会向垂直化方向发展。一个产业的竞争优势离不开客户对产业和服务的需求，该产业会把压力转嫁到上游供应商，并带动上游产业的竞争优势；上游产业的竞争优势，也会延伸到下游产业。我国大多数工业园区产业集群的发展，过度注重核心产业本身发展，而忽视了集群金融、研发、营销、广告等外围配套服务业的发展，整个集群服务体系不完善。

（4）产业关联性小。在许多地方的园区，由于初始规划的层次低，尤其是在只追求数量增加的思维模式的影响下，没有注重对园区企业持续竞争力和区域特色产业优势的培育，园区集群内部企业间普遍缺少产业关联性，不能形成良好的分工与协作，导致各个企业都是封闭的大而全、小而全的生产系统，生产和交易成本很高，产品市场竞争优势不强，企业发展受到抑制，也没有精力去创新。而且，由于入园企业的非集群化以及缺少高水平的专业分工与协作，新企业衍生的风险和成本都很高。企业衍生速度放慢，导致园区内原有集群企业缺少新鲜力量补充，一些企业开始僵化，导致园区出现停滞甚至萎缩趋势。

3.1.3.3 产业集群推动园区经济发展

对于园区来说,产业集群是一种系统性的发展理念。产业集群的组织形式对园区经济的发展具有重要的影响。实际上,国内外成功园区的显著特征都是产业集群的发展方式。如美国的硅谷、印度的班加罗尔工业园、中国的中关村科技园、中国台湾的新竹科技园等。

(1)产业集群发展方式能降低园区经济的交易成本。产业集群降低了园区企业之间的交易成本。这主要体现在以下两个方面:一是产业集群的组织特性降低了交易成本,产业集群是介于纯市场组织和纯科层组织之间的一种所谓双边规制的中间性组织。所谓双边规制,是由交易双方自我调整,以保持稳定的长期契约关系。一方面群内企业由于偶然的交易被连续的交易所取代,契约关系变得更加稳定,双方互信加强,仲裁机构的协调作用降低;另一方面交易双方的独立性仍然存在,它有别于一体化组织结构,交易双方倾向于维持长期契约关系,在合作互惠的基础上进行适当的调控。群内企业既能保持单个的灵活性,避免大企业的科层组织障碍,克服管理成本过高的缺陷,又能利用因集群协调机制和地理位置靠近而建立的长期合作和信任关系,协调企业的交易行为,降低交易费用。二是信息充分降低了交易成本。企业的集聚使群内企业的信息更加集中,更易于流动。广阔的市场、技术和其他专业化信息会积累在产业集群内的企业和机构中,使得信息更加容易获得或以较低的成本获得,这使群内企业间信息更加对称,从而降低交易成本。

(2)产业集群有利于提高园区经济的生产效率。工业园区本身具有汇集资源的作用,而产业集群使汇集到的资源更具有专业化特征,上游的零部件、机械和服务等专门投入的供应商、互补产品的制造商、下游的客商、由于共同投入培训技能和技术而相互关联的公司以及专门基础设施的供应者等机构在园区内有序地汇集,并形成一条价值链。产业集群形成规模后,各种配套服务的专业化市场,如人才、资金、技术、原材料供应、产品交易市场等都具有一定的规模,专业化分工使单个企业在享受各种辅助性服务的规模经济的同时,更能发挥自身优势。集群有利于分工,分工具有网络效应,可以提高园区经济的生产效率,从而提升竞争力。集群内企业通过互相分工使生产更加专业化;企业之间的长期合作使企业利用资源的适应性更强;近距离的竞争迫使企业不断地改进管理,以更加有效的方式组织生产,发现新的市场机会,最终结果是相同条件下走产业集群发展道路的园区比不采取该发展道路的园区更具有竞争优势。

(3) 产业集群有利于构建园区创新体系。园区经济发展过程中最根本的内在动力就是创新，但是企业却很难单独开展创新活动，这是由于创新活动的复杂性，创新往往需要科研部门以及多个相关企业之间的共同参与才能完成。而产业集群的网络特性恰好能满足这一要求。这表现在：第一，产业集群内部容易发生生产技能、专业知识以及市场信息等方面的累积效应。这是由于集群内部数量众多的相关企业、科研机构、中介机构等由于时刻面临同行业竞争的压力，它们在产生信息和较强知识的累积效应的同时，也为企业提供了实现创新所需要的物质基础以及重要来源，与此同时，这也使得集群内的企业时刻保持着创新的动力。第二，集群内企业之间紧密的网络关系，使得企业与相关机构之间更容易形成相互学习的整体，这就使得企业的学习成本降低了，也促进了更多有创新价值的活动发生。

(4) 产业集群有利于园区环境的改善。单个中小企业难以实现规模经济的一个最直接的原因是受到基础设施的局限，而产业集群可以通过共享公共设施，减少因企业分散布局所要增加的额外投资，尤其是产业联系较强的企业地理位置接近而节省相互间物质和信息的转移费用，从而降低生产成本，扩大竞争优势。在此基础上，产业集群的实现所必需的条件之一是公共设施的完善，同时还要有完善的、良好的相关服务机构，如金融保险、运输、仓储、中介服务、产业协会和各种专业服务机构等。因此，产业集群有利于园区环境的改善。

(5) 产业集群有利于增强园区经济竞争力。企业是否有竞争力，关键在于是否在产品成本、技术创新和市场占有率方面有优势。产业集群形成后，会带来规模经济、外部经济、知识外溢等多种竞争优势，并以此来刺激创新、降低成本、提高效率等，从而形成集群的竞争力，提升整个园区的竞争能力。并且这种新的竞争力是集群外企业和非集群企业所无法拥有的。一旦这些与大型企业无法竞争的小企业通过产业集群联合起来之后，它们所表现出来的竞争力会超过所有单个企业竞争力的简单叠加。换句话说，在外在条件相同的情况下，集群比非集群具有更大的竞争力。集群在促进合作的同时也加剧了竞争，而这正是园区经济核心竞争力的重要动力。

3.2 园区集群企业竞合动机分析

集群企业都有自身利益的追求,由于在园区的集聚,使企业自身利益与集群整体利益紧密相连,形成了"利益共同体"。企业为了实现自身利益和追求利益最大化,必然展开竞争,争夺市场和发展机会。但是,与竞争相伴的还有合作。企业间的竞争与合作并没有完全替代对方而是交替出现,参与合作的企业在组织结构和经营运作上仍然还是独立的,并存在独立利益。为了保证自我利益的实现,合作方之间不可避免地存在着一定程度的竞争或者竞争威胁,但是竞争又没有妨碍相互之间的合作。

园区集群企业的竞争合作具有如下特点:

第一,竞争的激烈性和缓和性。由于集群内存在潜在竞争者、同行业以及替代品的聚集,因此竞争非常激烈。新进入的企业由于增加了行业的总产出,且它们通常具有相当的资源,因此给"在位者"带来了很大的威胁;与企业直接竞争的每一个公司都属于同行业的竞争对手;替代品带来竞争是由于产品和服务功能与该行业相同或相似的原因。与此同时,集群内的企业还会由于大规模的采购而出现的合作情况,在合作的情况下,竞争有暂时停下的可能性。只是这种暂停是暂时的,合作的结束也就意味着激烈竞争的开始。

第二,集群内企业竞争的全局性和局部性,这是由于整个产业集群内的企业处于全局的竞争当中,企业为了在集群中获得更多资源,因此战略上的资源竞争是不可避免的。这种竞争与企业发展的长期目标相一致,对资源争夺的目的性更为明显,且带有一定的全局性。同时,集群内的中小企业之间的相互竞争带有局部性、影响面小的特点。同时,这种竞争引起的中小企业破产的影响也是局部的。例如,集群内的某家中小企业的破产对集群内的产业会产生较大的影响,但对集群外部却不会产生多大的影响,因此集群内的企业可以找其他的企业进行合作,这即是竞争的局部性。

第三,集群内的中小企业之间存在着间歇性和长期性的竞争关系。竞争的间歇性体现在,企业在存在的过程中与集群内的其他企业竞争,直到企业破产这种集群内的竞争才会结束。在竞争的过程中会出现合作的时期,例如大批量采购时期企业间的合作,当这种大批量采购合作结束之后,竞争的情形会再次出现。竞争的长期性体现在,集群内的企业从存在开始就需要和集群中的其他企业进行竞争。这个竞争的过程要直到企业的消亡才会结束。

第四,集群内企业之间合作的计划性和突然性。集群内企业在发展过程中各自的能力和资源有限,经过长期发展便会发现与自己的能力和资源相互补的企业,这时它们便会通过控股或是签订契约的方式来与资源互补的企业进行有计划的合作,这种有计划的合作也体现在几个企业之间有计划的合作,以此来谋求超过自身能力的大规模订购;集群内企业之间合作的突然性体现在企业由于一次大规模的采购而实现的合作状态,这种合作带有突然性,它的出现完全受外界不确定因素的影响,这种合作通常是短时期的,当这次大规模的采购活动一结束,也就意味着企业间的竞争又开始了。

在产业集群内部,许多供应商在邻近的区域集聚,为购买者选择合意商品提供了更大的选择空间,这样反过来也加剧了企业之间的竞争,购买者评价商品的每一个标准,包括供应能力、产品质量、价格、配送、客户化定制以及售后服务等都成为供应商之间的竞争领域。企业进入产业集群园区主要是基于企业自身能够产生一种与其他邻近相似且相关企业进行合作竞争关系的积极主动性上的考虑。因为当企业之间具备了某些相似或相关性后,一般来说,企业就会有与其他企业进行各种方式联系的主观愿望,通常,产业园区实现并促进了这种主观愿望的产生。企业竞争合作的主观愿望即是企业竞争合作的动机。

3.2.1 企业的竞争动机

3.2.1.1 资源的有限性

资源理论认为,企业是不同种类资源的集合体。"资源"包括企业控制的资产、能力、信息和知识,从集群中获得的信息、技术和市场进入的途径。广义来讲,企业的社会资本也是一种资源。上述资源使企业有能力选择和实施战略来加强组织的效率和有效性。有价值的、稀缺的、难以模仿和不可替代的资源构成了企业竞争优势的基础。企业所拥有的资源与企业对于利润的无限追求相比,是非常有限的,并且对于任何一个园区来说都是如此,因此密集分布在集群内的企业之间就会产生对有限资源的竞争,也就是说,这种竞争也是企业对于有限资源的整合过程,当这种整合的结果达到最优时,就可以引导这些企业有序、正常地竞争,这将有利于企业以及整个园区的发展,它是集群能否健康、持续发展的关键因素。因此,资源的有限性是企业竞争行为的一个驱动因素。

3.2.1.2 市场的争夺性

市场是竞争性的市场,市场份额是企业竞争地位和盈利能力的体现。产业集群内一个企业的产品销售量(或销售额)在集群内整个同类产品的销售量(或销售额)所占的比重即为市场份额。市场份额反映了企业对市场的控制能力。市场份额越高,企业的经营能力和竞争能力越强。企业市场份额的不断扩大,可以帮助企业获得更多的经济效益,在集群内享有更多的决策权力,同时为企业带来竞争优势。一个产业中的从业者与同行业中的其他竞争者相争,是为了在一定的市场中为本企业的产品和服务谋取更多的市场份额;与买方、供应方的讨价还价之争,是为了在一定的利润中为本企业争得更多的利益;而对潜在入侵者和替代品威胁的提防、抵制则是为了保卫自己的市场份额。

3.2.1.3 企业的逐利性

企业的逐利性是企业竞争最基本的动机。集群内部的企业之间会为了争夺发展机会和市场份额实现自身利益最大化。企业为了获得理想的收益不但要扩大生产、提高技术、加强管理,更要处理与同类企业间的关系。为了实现自身利益和追求利益最大化,集群企业之间必然展开竞争,争夺市场和发展机会。竞争是市场机制发挥作用的重要体现,是经济活动的灵魂,还是合作的前提。

3.2.1.4 行业地位的争夺

行业地位即是企业在所处行业的竞争地位。企业为了能在产业集群内享有更多的话语权,拥有更明显的竞争优势,往往会与集群内同行业的企业争夺行业地位。企业行业地位高意味着企业享有更多的决策权,从而在集群中有更大的影响力。行业地位直接决定了企业在整个集群的竞争地位。为了在集群内拥有更多的好处,集群企业之间必然会为了获得更高的行业地位而展开激烈的竞争。

3.2.1.5 企业竞争力的提升

产业集群具有地理集中的特点,容易带动区域品牌效应。通过区域品牌效应,一方面,使集群内企业都受益,改变了单个企业广告费用过大而不愿积极参与和投入的状况；另一方面，区域品牌具有比单个品牌更直接、更形象的特点，它更具有持续、广泛的品牌效应，是众多企业品牌精华的提炼和浓缩。虽然由集群产生的区域品牌效应会使集群内的企业都受益，但企业也需要在集群内建立自己的品牌，提升自身的竞争力。为了建立自己的品牌，企业必须生产质量优于其他企业的产品和服务。因此，基于对企业竞争力自身的需求，集群企业之间必然进行竞争。

3.2.2 企业的合作动机

3.2.2.1 专业化分工

在高度专业化的分工取代福特制的生产一体化的过程中，企业逐渐认识到把所有的生产过程都放在本企业内进行是很难做到的，因此很多企业逐渐有选择地保留本企业的核心部分，挑选出自己的比较优势部分，例如关键生产环节、高效的营销渠道、核心技术、发达的信息中心等，与此同时把价值链的其他环节转让给其他的更具效率的企业，从而形成动态的合作系统。虽然这种合作不一定要在同一地区范围内进行，但是随着信息技术的发展，地理位置上相互临近的企业之间依赖所产生的外部经济、信用关系及其知识创新与扩散，会使得这种合作在产业集群内更加普及，让集群中的企业更具有竞争力。企业间基于专业化分工的合作会随着社会化分工的不断深入而更加明显。

3.2.2.2 共享资源

资源理论虽然认为资源是稀缺的，但是也提出企业通过集群来优化资源配置，使资源的价值达到最大化。聚集在一定区域的大量企业对于园区内部有限资源的竞争并不是一种无序的竞争，这种竞争需要园区内企业间的有效合作才有可能达到一种最优化的结果，否则就会造成由重复建设所带来的资源浪费。可持续的不同种类的互补资源不仅是企业竞争优势的原因，也是企业合作的原因。资源的互补性不仅可以获得规模经济、创造协作，而且可以用来发展新资源、新技术和新的竞争优势。而互补资源具有不可流动性、不可模仿性和不可替代性，所以若想获得这些资源，在产业集群中合作就是很好的选择。集群内的企业合作可以分担投资资本、灵活配置资源、获得技术资源和使用许可的便利性，以及减少投资风险等，从而有利于提高资源的效率。另外，与分散的企业相比，集群内企业具有配套服务及基础设施优势。这也要求集群企业要共同分享各种基础设施、服务设施、公共信息资源和市场网络。另外,为了更好地使用共同资源,集群企业需要进行合作,创造有序竞争。

3.2.2.3 共同对外竞争

与单个企业相比,处于园区集群中的企业既有群内企业之间的竞争,又面临企业所在集群与其他集群以及外部环境的竞争。园区集群内各个相互竞争的企业经常会面临共同的外部威胁,为了生存各个竞争对手常常通过合作抵御这种共同的外部威胁。一般地,园区产业集群内的很多企业规模都很小,单个企业的规模小意味着其竞争力也很弱,在市场竞争中也处于弱势地位。在经济全球化快速发展的今天,企业的竞争者不再局限于邻近的企业,已经扩散到区域外的大集团,甚至是跨国公司。但是,众多小企业聚集在一起却产生了相当大的力量,如温州的打火机集群,占了世界低端市场的80%以上的份额。产业集群内的企业只有联合起来形成一个经济综合体,并通过建立集群品牌来建设集群的核心竞争力。个体的力量是有限的,单个企业势单力薄,品牌效应难以长期维持,而集群企业只要不是因为自然或技术等外部原因,在集群企业遵循优胜劣汰的竞争规律情况下,集群品牌的效应更能长久。

3.2.2.4 实现规模经济

以获取规模经济效应为目的的企业在规模扩大的过程中,由于对外部市场的协调成本越来越高,内部运行机制的协调难度也越来越大,再加上管理与指挥系统的复杂性和信息的传递速度减缓,会背离规模经济扩大的初衷,产生规模不经济性,导致"×无效率"的出现。集群企业合作则突破了这一限制,通过企业间合作最大限度地使用他人占有的经营资源,通过设施、组织和机构的扩张而实现企业产品生产、销售等功能的扩大,从而有效地避免了"×无效率",实现了规模经济扩张。

3.2.2.5 节约社会资本

社会资本是指网络、规范、信念、规则及文化制度的总称,它是一种经济资源,这种资源不是一个地区天然拥有的,而是经过历史的演进逐渐生成的。社会资本可以分为结构社会资本和认知社会资本,其中结构社会资本又可分为关系资本、参与资本和网络资本三部分,认知社会资本则表现为信任、价值、规范和态度。社会资本具有促进组织间合作,改善相互信任关系的作用。丰富的社会资本使集群的经济关系具有较强的社会植根性。社会植根性是指经济行为嵌入到区域的政治、文化和社会等关系中去，强调经济主体的地方联系，也叫作社会文化特征。在产业集群的发展过程中，它和区域内的各种宗教、历史习惯、传统以及在此基础上形成的价值观紧密地联系在一起。这不仅促进了知识的溢出和扩散，使生产要素组织的成本降低，同时还能有效地预防各种机会主义行为的发生。集群企业之间的合作有利于构建良好的信任合作关系，从而降低社会资本。

3.2.2.6 联合创新

企业之间集中在某一特定地域可能更多地源于相互集中产生的知识技术外溢，可以缩短企业的学习过程，增强创新能力。随着工业化和信息化时代的进程，基于知识关系方面的合作将成为园区内集群企业之间重要的合作关系。园区集群内企业的合作可以使企业获取更多的知识，并以此来提高企业的创新能力。

另外，技术创新在使企业获得竞争优势的同时，研发费用的过度增长不仅增加了企业的成本支出，还加大了企业经营风险。因此，当某类技术或产品的研发成本高昂、研发的投资风险很大时，由共同需求的企业通过各种方式联合起来共同研发，充分利用互补性资源，可以有效分担投入成本和降低经营风险。

3.3 园区集群企业竞合的优势分析

从企业关系发展的一般规律看，以对抗性竞争为主逐渐转为合作竞争的伙伴关系是传统企业关系的体现。随着产业集群内企业面对的竞争形势的变化，以往的竞争理论日益暴露出其自身的不足与缺陷。现代竞争理论对传统的竞争理论提出了新的挑战，合作竞争应运而生，它冲击着传统的竞争理论、观念、策略和方法，指导企业从单纯竞争型向合作竞争型转变。在产业集群内，企业间既有激烈的市场竞争，又进行着多种形式的合作，如联合开发新产品、开拓新市场、建立生产供应链、共享市场营销网络、共建区域品牌等，表现出了合作的特征；同时，企业间生产同一种产品又会在质量、价格、广告、营销网络等方面表现出竞争的特征。在产业集群中，彼此靠近的企业之间由于频繁的交往有利于经常性的合作，从而产生了面对面的观察与学习的便利性以及较强的联合行动效应。企业通过

3 园区内集群企业的竞合分析

合作达成资源、信息的共享和优势互补,以及由于创新带来技术上的升级,从而实现集群内企业的互惠互利、共同发展。同时,合作竞争实现了各个企业从分立走向融合,从对抗式的独立竞争走向协同式的联合竞争,提高了集群的整体竞争力。

园区集群内聚集的企业之间具有非常明显的相关性,这种相关性主要有:同业竞争关系,即集群内企业向市场提供相同或相近的产品或服务,在产品市场上是竞争对手;供应链关系,即园区内聚集的企业在产业链上具有紧密的供应关系;平等互补关系,这种互补关系不仅表现在产品使用上的互补,还表现在技术、技能上的互补。合作与竞争并非是相互对立、互不相容的两种企业行为。事实上,企业之间不论是竞争关系还是合作关系,其本质都是为了企业的发展,给企业带来效益,使企业取得竞争优势。而且,合作与竞争总是同时存在的。在产业集群里,通过内部合作,企业能够比自己独立开发更加经济地从外部获得所需要的市场及专业技术知识,同时这里也有更多的学习机会。

3.3.1 园区集群企业竞合的网络组织优势

市场竞争中,企业间的组织形式有市场组织、科层组织和网络组织三种。其中,网络组织具有比科层组织灵活、比市场组织稳定的优点,是一种介于市场组织和科层组织之间的组织形式。新制度经济学认为,经济行为是植根于网络与制度之中的。网络系统是一种较为稳定的关系,这种稳定关系是建立在企业与科研机构和行政机构以及区域内企业间的长期合作基础上的。它是在市场以外以及在科层组织以外新的组织形式。网络也是"有组织的市场",企业间以经济流为基础,进行包括文化、技术、制度、政府各方面的交流,使交易费用大大降低。政府机构、企业、高等院校、科研院所通过大量的、无限的相互作用而融合在一起,形成一个庞大的网络体系。它可以激活环境、增加灵活性、减少不确定性,在某种程度上,企业加入区域网络可以更好地达到资源和信息互补的目的。苏涛(2012)对市场组织、网络组织和科层组织之间的特征进行了比较(见表3-2),由表3-2,可以看出网络组织中企业间的合作、信任度、承诺度高。

表 3-2　市场组织、网络组织和科层组织的比较

组织特征	市场组织	网络组织	科层组织
竞争性	差	强	最强
合作性	强	较强	弱
资产和资源	资产专用性低，易于交易	资产专用性适中，非松散资源，较多的无形资产	资产专用性高，不易交易的松散资源，较多的有形资产
信用	低	高	低
边界	具体、完全、细微、一次性连接或联合	柔性、可渗透、通常动态连接或联合	固定、刚性、静态连接或联合
产品	变化大、现货合约	定制化、规模/范围经济	大量生产、大规模经济
调节分界线	自我调节	联合调节	强制调节
调节参与点	价格	契约和合同	权威
冲突解决	市场规范、法律体系	关系合约、谈判、共同协商	详尽的合约、行政命令
弹性	高	中等	低
行动者意愿	独立	相互依附	依附
主要的相对成本	营销成本	谈判成本及长期关系的沉淀成本	管理和内在化成本

产业集群实质上是一种网络经济组织形式。产业集群网络主体包括地方政府、金融服务机构、企业、大学以及中介机构等，网络各主体间相互联系，同时也与网络外的主体相互联系。产业集群网络可以分为辅助网络层、核心网络层和外部网络层三个网络层次（见图 3-1）。

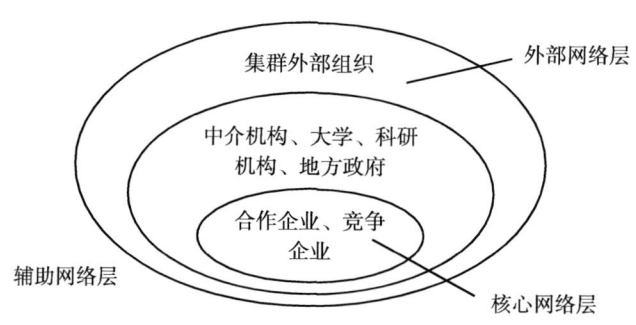

图 3-1　产业集群网络图

彼此独立且有着特定关系的集群企业之间存在着广泛的分工与协作，它们用这种方法来实现资源的共享、优势的互补，从而达到节约成本的目

的。核心网络层是以技术和物质的相互联系结成的网络，体现着相关企业之间的各类经济联系。它的表现形式有两种：水平联系和垂直联系。核心网络层的企业承担和分享着共同的威胁和机会。水平联系指的是相关企业之间的合作与竞争关系。它的存在是由于产业集群的性质，它是大量相关产业或处于同一产业的企业的聚集体，这既使得集群企业能通过优势的互补和资源的共享来克服自身的创新资源的不足，又能使得企业在竞争中发展壮大。水平联系的企业在某一地区形成产业联系，从而拥有较长的价值链，这都是基于产业的价值链与竞争合作关系来实现的，它正是产业集群形成与发展的核心条件。垂直联系表现为企业之间在供货、销售、生产、劳务等方面进行紧密合作，即相关企业之间在价值链上的互动关系，它是基于生产过程所产生的联系。

　　不仅如此，产业集群的网络还存在着教育培训机构、科研机构、中介服务机构及政府部门等主体。这些机构被称为是辅助网络层，因为这些机构主要是为产业集群的发展以及集群内企业发展来提供服务的。辅助网络层与核心网络层之间的联系体现为企业与产业集群内其他经济主体的互动关系，这种互动关系体现为各类机构是企业的技术、资本、人才以及咨询培训等服务功能的提供者，各类机构通过向企业提供这些服务功能来使信息、知识、资源实现由辅助网络向核心网络流动，这表现为政府制定和完善相应的政策和法律法规，规范地实施激励政策，培育市场机制，并投入一定的资金来为中介机构以及科研机构等主体创造良好的发展环境。内部网络层与外部网络层之间的互动关系体现为辅助网络层和核心网络层同外部环境中的产业集群、企业之间的互动关系，通过这种互动关系来实现信息、知识、资源由外部网络流向内部网络。

　　集群企业网络组织的经济效应主要是交易成本的降低。交易费用经济学认为交易者将选择交易成本最小的交易治理结构。产业集群网络包含相互信任和基于长期愿景的合作以及得到遵守的行为规范。因而它能够保证企业间合作的可靠性和不断提高的知识、能力及交换资产的质量。与市场相比，产业集群网络可以更好地处理企业之间的关系。集群内企业基于长远利益和重复多次的交易行为以及在知识、信息上的相互依赖，极大地抑制了短期的机会主义行为，降低了交易费用。

3.3.2 园区集群企业竞合的社会资本优势

社会资本通常被认为是一种普遍存在于社会结构关系中的资源,具体体现为个人关系、成员身份、社会网络、信任关系等。集群中的社会资本指的是在某一特定的地区内,集群内企业间、企业与供应链上下游、企业与政府和各种机构之间,以及集群相互之间的社会关系的总和。集群企业的社会资本体现在集群中的企业基于信任基础上形成的社会网络,这种社会网络反过来又会带来集群内更高的信任关系。社会网络有助于我们充分利用网络节点汇集而成的各种资源,在某种意义上找到归属感;信任关系有利于交易的达成,也有助于形成长期稳定的合作,是社会资本的核心和基础要素。

产业集群企业间的竞争与合作所引发的总的社会资本价值量通常为正值。从横向网络联系看,集群中的企业和竞争对手之间共同创意开发、相互知识交流、共同开发市场以及在获取相关产业配套服务过程中都会产生正的社会资本。从纵向网络联系看,企业间专业化协作加强,企业和供应商、客户之间反复持久的联系有助于产品和服务的改进,有助于形成富有弹性的资金融通。产业集群社会资本具有整体性,一旦形成,将对集群内的所有行为主体产生作用,使得各行为主体成为一个共同体,彼此之间形成相互依存、相互促进的共生关系。拥有良好社会资本的产业集群能够产生强大的积聚效应,也更易于获取集群外的其他资源。

集群企业的社会资本最重要的体现方式是社会网络。当社会关系越好的时候,市场交易就越不可能发生转换,它们两者之间存在着密切的联系。作为经济活动主体的企业,它的运行是在各种纵横交织的复杂的关系中运行的,它并不是孤立的行动个体,它是企业社会网络中发生的种种经济联系的节点。集群社会网络包括企业行为间的关系网络和企业与其他个体或机构之间的关系网络,企业行为间的关系网络包括企业之间的个人关系网络,而企业与其他个体或机构之间的关系网络包括企业同经销商、同业者、金融部门、供应商、政府部门等之间的相互合作、认识与信用关系,企业以社会网络的这两个方面为载体和纽带,可以更好地获得重要的信息和高质量的资源,进而使企业的战略目标变成现实。因此,社会关系不仅是一种关系网络,而且是企业获取资源的一种重要途径。具体来说,园区集群企业竞合的社会网络优势体现在以下几个方面:

3 园区内集群企业的竞合分析

一是获取资源。社会关系网络是动员资源的渠道，而不是经济资源本身。由于社会关系网络是企业获取社会资源的重要载体，因此能获取多少社会资源成为了衡量企业的核心竞争力的重要标准。集群的良好社会关系网络是由集群企业之间的竞合关系所形成的，集群内的企业通过这种社会关系来建立合资企业、知识生产机构以及战略联盟等密切的合作关系，从而获得企业不同资源的企业之间的协同合作的效应，以此来获取社会资源，提升整体的竞争优势。

二是加快信息流动。由于相互信赖的缘故，集群内的企业之间促进了相互学习的机会，逐步形成了知识的社会市场。通过这个知识的社会市场，企业可以从人才流动和贸易中获取新的创新信息，并且向其他企业产生知识的外溢。这种知识的外溢是由成功开发新工艺、新产品以及新的管理方式的企业产生出来的，它们通过集群中的分工合作和外包以及集群中的社会关系将这些新工艺、新产品以及由此带来的市场信息和技术信息外溢给集群内的其他企业，从而达到使整个集群共享知识和信息的目的。这些知识和信息的外溢只能在集群关系网内的企业之间进行传播，当这些信息离开这个关系网之后，这种传播就会迅速消失。与此同时，知识与信息的外溢还可以通过集群内企业与客户、供应商甚至竞争对手之间的经济技术合作与交易来产生。由于人力资源的流动性特点，人力资源的存在也加速了集群内这种知识与信息的外溢和共享。而这种外溢和共享是通过人与人之间的高度信任和频繁的面对面交流来实现的。

三是降低交易成本。网络实际上是一种高度信任的、将各参与者连接起来的合作机制。集群中的企业及各类机构都拥有大量的社会资本。减少合作的摩擦与协调成本，克服经济活动中的机会主义行为，促进各类组织间的合作，促使组织间承诺的形成。这在一定程度上减少不正当行为的发生，这是社会资本的一个突出特点。由于社会资本的特点，集群内企业之间的合作不是短期的、临时的，而是具有一定长期性和稳定性。这种长期稳定的合作关系会使得网络组织成员之间建立起信任关系，并且这种信任关系会随着合作次数的增加而进一步加深，这种加深了的信任关系会促使企业的合作关系继续进行下去。这样网络组织中的成员便形成了趋向稳定的、有固定伙伴的合作。这种建立在信任基础上的合作形式具有风险小、交易成本低的特点。

3.3.3 园区集群企业竞合的学习创新优势

由于当前企业之间的竞争越来越激烈，企业想要在这么激烈的竞争中生存和发展下去，通过不断创新来保证自身的竞争优势就成为必要的选择。与此同时，创新的种类和要求也随着经济全球化的发展而变得越来越丰富，没有哪一个企业可以拥有创新所需要的全部专业知识和人力资源，一些复杂产品的技术创新，即使是跨国公司也难以独立承担，企业的创新和价值越来越多地来自集群企业的竞争合作。在产业集群内部，由于大量的供应商在临近的区域聚集了可供购买者选择的更大空间，购买者衡量商品好坏的标准有质量、配送、价格、服务与客户化定制，这些因素中的每一个因素都可能成为竞争的领域。集群内的每个企业都通过吸收其他企业的成功经验来巩固与加强自身的竞争优势，同时，集群内部企业的原料采购、产品展销、员工招聘以及新款推出等行为都会透露出自己企业使用的零部件、生产工艺技术以及目标市场，甚至于企业的组织管理流程也可以向其他企业公开，集群内信息的迅速传播也使得集群内部企业间所使用的策略几乎是透明的，企业相互之间衡量与了解彼此的战略和盈利方式成为可能，企业所有的创新几乎都是公开的。同在集群内的其他企业通过对这些公开的创新技术的模仿也使得自身的生产更有效率，这也加快了集群内创新活动的节奏。

由于在产业集群内部，企业彼此之间的进入壁垒都很低，它们的生产之间存在着生产能力共同利用与复杂的转包关系，并且企业在开拓新市场或是生产新产品方面的相对优势是短暂的，集群内企业间激烈的创新竞争可以简化为资源与资本整合的制度化的过程。在产业集群中，由于市场的透明性以及信息扩散的速度性，所有企业都通过相互学习和动态组合来提高自身的效率。

影响产业集群内创新主体的活动的重要合作机制之一是基于价值链的产业联系，这种基于价值链的产业联系同时也是产业集群创新系统与一般的区域性创新系统的本质区别所在。集群企业间的长期合作和联系有助于企业通过相互学习改进技术、服务及市场观念；有助于强化集群对新技术、新设备、新观念的敏感程度，发挥集群内部信息、技术和物质基础优势，通过吸引供应商与合作者参与创新活动，尽快推动创新的升级；集群内的竞争压力是集群的创新动力。集群企业的竞合关系有助于促进集群创新，构建集群创新系统。创新资源、创新主体以及创新环境是集群创新系统的组成部分。集群的创新资源包括人才、知识技术、自然资源、资金、信息以及大型科研设施等基础设施；创新主体的组成部分主要是企业、科研机构、大学、地方政府和中介机构，在这些组成部分中，企业是创新主体的核心组成部分，科研机构是创新主体的补充力量，创新的主体是大学，地方政府是推动创新系统整合的重要力量，中介机构是推动集群创新的重要纽带。创新环境则包括市场环境、社会环境、政策环境、法制环境等。

创新要以既有知识为基础，创造出新的知识，因此可以认为创新是一个复杂的学习过程。园区产业集群可以分为内部学习和外部学习。内部学习发生在集群内部，包括企业间、企业和集群内的科研机构、中介机构（技术支持机构、公共服务机构等）之间的学习。外部学习则是集群内部企业与外部组织机构之间的学习。

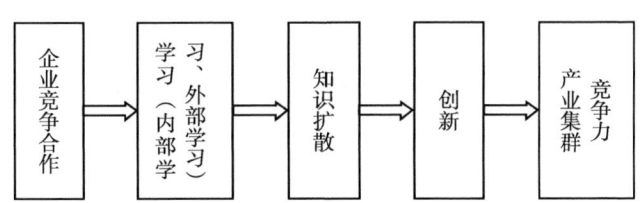

图 3-2　产业集群学习创新过程

集群内部学习：园区集群是大量生产同类或相似产品的企业聚集，企业之间的关系是一种竞争合作关系。集群内的企业之间存在着相互依赖同时又相互设防的关系。相互依赖是由于集群内部企业之间会在产品创新、生产工艺技术、管理制度、技术设备引进以及市场策略等方面模仿其他的竞争对手，从而形成相互之间的依赖关系；相互设防是由于企业之间作为竞争对手，都会尽量避免让其他企业获得本企业的产品信息或是技术信息，从而形成这种相互设防的关系。集群内部企业之间的学习主要是通过诸如企业之间技术人员的交流、企业家的私人网络以及人力资源在成员企业间的流动等非正式的途径来进行传递的，这些非正式的途径可以使技术人员和企业家的隐性知识在集群企业间实现更加有效的传递；除了非正式的途径，集群内企业间的学习也会通过正式的途径来进行，例如，参观本地的同行企业，通过这种正式途径所获取的知识将会更加系统和全面，而且也有可能更加具体。

集群外部学习：产业集群是一个开放的系统，与外界存在着信息流、资金流等各种联系和交换。集群系统的开放性促使大量知识涌入产业集群内，为产业集群的知识创新，尤其是高位势企业的创新提供了创新基础。外部客户、外部供应商、外部同行以及外部的公共技术部门或其他一些相关组织是集群内的企业在集群外部的相关者，集群内的企业通过交流合作、业务往来等方式来实现与集群外部企业之间的知识交流，从而达到使得整个集群的知识积累不断拓展和更新的目的。

3.3.4 园区集群企业竞合的协同效应优势

集群内企业竞合的协同效应指的是企业在经营范围和资源配置的决策中寻求共同努力的效果，简单地说，就是"1+1>2"的效果。企业竞合的协同效应是决定企业效率的重要因素之一。在产业集群网络组织内，各企业相互依存，优势互补，通过资源整合，合作者将会比单独行动获得更大的收益。集群内企业能力的联合所产生的效益大于各企业独自利用这些能力所产生的效益之和就是协同效应。如今的产品技术日益呈现出分散化，任何企业单纯地依靠自身的力量是很难掌握市场竞争的主动权的，因为很少有企业能做到长期拥有生产某样产品的全部最新技术。因此，企业应该做的是采用外部资源，同时积极创造条件来实现企业内外资源的优势互补。借助与集群内企业的合作来加快研究与开发的进程，并以此来获取本企业所缺乏的知识和信息，将企业的信息网络扩大到整个集群范围内，从而实现集群内企业的竞合行为的协同效应。成员企业之间竞争与合作并存、分工与整合并存，它们利用运行网络形成的品牌、资源、信息等优势，使得大量的同类企业几乎能同时向市场推出同样标准的相同产品，这能使产业集群的整体竞争力得到很大的提高，从而在市场竞争中占据优势地位，这便是企业竞合协同效应的放大。

企业选择合作与不合作是对合作效益与不合作效益的理性选择，只有当合作效益大于不合作效益时，选择合作才是理性行为。由于企业之间能力与资源的互补，合作将大大提高企业的效益。尽管企业间相互竞争，都不会从提高集群整体效益的角度来选择自己的行为，但作为"理性经济人"，企业都会从"利己主义"出发选择能够带来更高效益的合作行为。同时，因为集群企业的行为并不是彼此孤立的，后行动者能事先观测到先行动者的行为，因而集群中只要有一个企业选择了合作，集群中其他企业也会出于"利己主义"而选择合作，其结果不但提高了集群每个企业的效益，也促进了整个集群整体效益的提高。而合作能否进行取决于集群企业的信用情况，良好信任基础上的合作是协同效应产生的源泉。

集群网络内的信任机制使企业间彼此相互理解，有助于缓解企业之间的冲突，形成一种和谐的气氛，协同优势就是在这样的氛围中发挥出来的。由于集群企业间的合作，放大了集群园区整体的生产率，使得集群园区内企业的信誉提高，进而吸引更多的消费者，最终在该集群园区产生集群品牌优势。由于资源在集群内的自由流动会降低搜寻和交易资源的交易成本，因而企业从集群网络内获取资源要比从集群外获取经济得多。可见，集群企业在合作中追求协同优势的同时必然带来成本的节约，从而使集群网络组织比集群外企业更具有成本优势。

产业集群企业的竞合关系的协同效应体现在分工协作上。产业集群的形式可以帮助企业降低交易费用、提高交易效率，从而获取更多效益，这都是通过横向经济协作和纵向专业化分工来完成的。产业集群能降低企业的交易费用，这是由于集群企业可以降低不同产业之间以及不同企业之间每次交换的交易成本，从而在连续的交易中大大降低交易的总成本；产业集群能提高企业的协作创新能力，这是由于产业集群内部企业间存在着紧密合作与激烈竞争，从而使得提高企业的协作创新能力进而提高集群的区域竞争力成为集群成长的趋势。在同一区域内，更有利于企业间产生先进经验、知识以及技巧的外溢，从而为集群企业营造良好的创新环境。同时，集群内在灵活的专业化分工的情况下，具有一定创造力的熟练工人在使用多用途设备中，不断地发明新产品和新的生产方法。

产业集群企业中竞合关系的协同效应还体现在知识创新上。在集群内部，高度专业化的知识和技能、竞争者、机构、相关企业及客户在地理上集中，能产生较强的知识和信息积累效应，为企业提供实现创新的重要来源及所需的物质基础。集群企业间的竞争合作促进了知识和信息在企业间的交流与扩散，从而有利于提高集群企业协同创新的速度。

4 园区集群企业的竞合博弈模型

4.1 园区企业群聚的动力模型（以技术外溢为例）

产业集群是指在特定区域中，在地理上集中，具有交互关联性以及竞争与合作关系的行为主体所组成的群体，这些行为主体包括企业、服务供应商、专业化供应商、相关产业的厂商、金融机构以及其他相关机构等。产业集群突破了企业的边界并使集群内的企业能够共同协作、共享创新、共同提升与进步。

园区（主要指的是工业园区）内的企业大多以制造业为主，而制造、生产性企业收益的一项重要的增长来源在于生产工艺、技术的改进和进步。ACS Z. J., Audretsch D. B.（1994）通过实证研究发现，企业生产率的提高是由于技术外溢的作用，但是这种外溢的作用效果与企业之间地理位置的距离是成反比的[1]。同时，对于技术外溢的实现，Fosfuri（2001）、Almeida 和 Kogut 研究发现，员工在企业间的流动有助于技术外溢。

4.1.1 模型的设立

4.1.1.1 博弈参与人

参照张玉明等[2]（2008）的技术外溢模型，假设 A、B 为集群内参与创

---

[1] ACS Z. J., Audretsch D. B., Feldman M. P. R&D Spillovers and Recipient Firm Size [J]. Review of Economics and Statistics, 1994, 7 (62): 336-340.

[2] 张玉明，李凯.技术外溢与创新型企业集群博弈 [J].东北大学学报（自然科学版），2008 (3).

新的两个企业,且两个企业有两个发展阶段的产品,即存在两个阶段的技术创新(创新 1 和创新 2)。

4.1.1.2 博弈行为

在模型的初始阶段,两家企业在某一区域(同一区域或者不同区域),两家企业有一个很有价值的 R&D 项目(称为创新 1),该项目成功的概率为 p,不成功的概率为 1-p,两家企业的成功与否是独立分布的。一旦项目成功后,产品的成本将得到降低或工艺得到改善,从而使得产品销售更加容易,这时可获得的利润为 π_1。如果只有一家企业获得成功,那么其将独享利润 π_1;如果两家企业都实现了创新,那么每家企业所能得到的创新收益为 $\alpha\pi_1$,参数 α 表示的是市场的竞争程度,α 值越低,则表示竞争越激烈,$\alpha\epsilon(0,1]$。

在市场已经出现了创新 1 技术后(即第一阶段完成),企业很可能去开发一个新的更好的产品(称为创新 2),但是发展创新 2 必须要有创新 1 累积的知识,也就是说只有掌握了创新 1 的技术后才能进行创新 2 的研发。与张玉明(2008)不同的是这里我们假定创新 2 成功的概率为 q,不成功的概率为 1-q。若创新 2 取得成功,可获得 π_2 的市场收益;若只有一家企业获得成功,那么该企业单独获得 π_2;若两家企业均研制成功,那么可获得 $\alpha\pi_2$,参数 α 表示的是市场的竞争程度,α 值越低,表示竞争越激烈,$\alpha\epsilon(0,1]$;若均没有研制成功,那么,仍可获得创新 1 的收益,其收益的分配与上文一致。同时,假定若其中一家企业(如企业 A)已经成功研发出创新 2,另一家企业(如企业 B)仍没有成功研制出创新 1,那么企业 B 将会被驱逐出市场。

4.1.1.3 博弈的战略

(1)第一阶段战略。为了简化研究,我们假定每次创新成果的研究(包括创新 1 和创新 2)不会随着员工的流动而中断。第一阶段战略相对简单,就是进行研究创新 1,以企业 A 为例,主要分为两家企业都研制成功了,概率为 p×p;两家企业都没成功,概率为 (1-p)×(1-p);A 企业成功了,B 企业没成功,概率为 p×(1-p);A 企业没成功,B 企业成功,概率为 (1-p)×p。

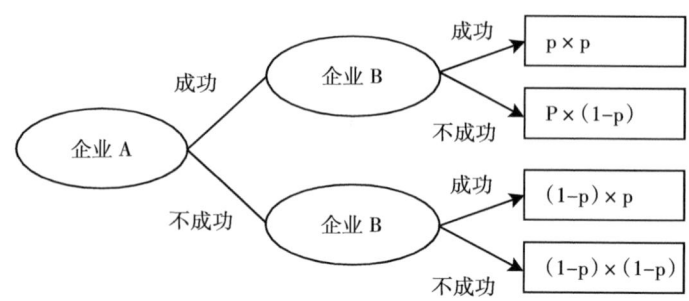

图 4-1 第一阶段战略的示意图

（2）第二阶段战略。

1）两家企业都成功研究出了创新 1：两家企业的目标是进行创新 2 的开发。

若只有一家企业获得成功，则可获得垄断利润 π_2，对手利润为 0；如果两家企业开发成功，则均可获得利润 $\alpha\pi_2$；如果两家企业均未开发成功，则均可获得利润 $\alpha\pi_1$。

2）没有企业研制出创新 1：情况再次进入第一阶段，即进入研发创新 1 的相关工作，研究成功的概率为 p，不成功的概率为 $1-p$。

3）其中一家企业研究出了创新 1：假设企业 A 开发出创新 1，而企业 B 没有，则企业 B 想要雇用企业 A 的员工以获取开发创新 2 所必需的知识。这种情况只有在两企业的距离很近（集群）才能发生。因此，需要分类考虑两企业是否在同一个区域。

第一，当两家企业在不同的区域时，企业 A 进行创新 2 的开发，而企业 B 进行创新 1 的开发，若企业 A 获得成功，那么便可获得垄断利润 π_2，并会将企业 B 驱逐出市场；如果企业 A 研究失败，企业 B 研究成功，则可获得寡头利率 $\alpha\pi_1$；最后，若两家企业均失败，则 A 企业获得利润为 π_1，而企业 B 为 0。

第二，若两企业都选择在同一个区域。对于企业 B 而言，有两个选择方案，以达到开发出创新 1 的目的：一是继续自主研发，但仍可能有失败的风险；二是企业 B 想方设法地雇用在第一阶段被企业 A 雇用了的员工，但是这个过程将会受到企业 A 的阻挠，例如企业 A 可能在与员工签订的合约中包含不能去竞争企业的条件，或者是员工离开后起诉企业 B，因此，企业 B 将要付出"赔偿金"（用"D"表示）。

4 园区集群企业的竞合博弈模型

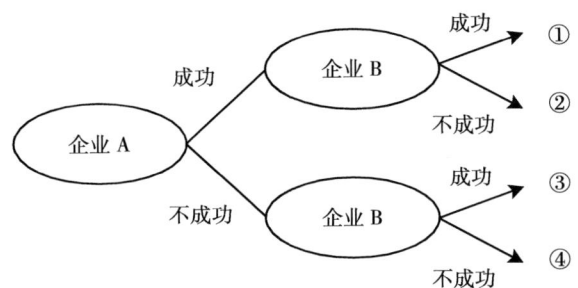

图 4-2 第一阶段完成后两家企业所面临的四种情形

对于①的情况：两企业均成功地研发出了创新 1，对于创新 2 的研究结果如图 4-3 所示。

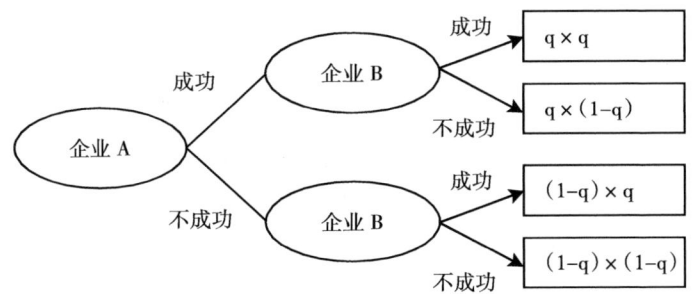

图 4-3 第一阶段完成后两家企业所面临的第一种情形

对于②的情况：企业 A 成功地研发出了创新 1，企业 B 没有，两企业接下来的战略如图 4-4 所示。

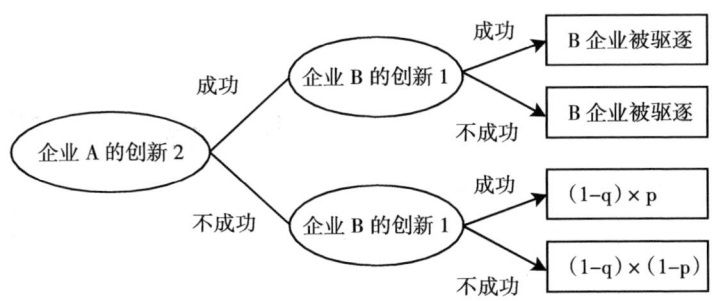

图 4-4 第一阶段完成后两家企业所面临的第二种情形

对于③的情况：企业 B 成功研发出了创新 1，企业 A 没有，两企业接下来的战略如图 4-5 所示。

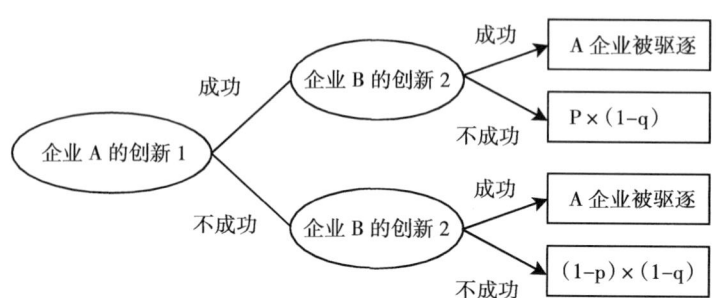

图 4-5　第一阶段完成后两家企业所面临的第三种情形

对于④的情况：两家企业均未取得成功，那么两家企业将重新进入第一阶段。

4.1.1.4　模型的解

用 E_{ij} 来表示上文中①~④的四种情况的期望收益（$i、j \in (0,1)$)，i 为本企业知识，j 为对手企业知识，以企业 A 为例，E_{11} 表示两企业均成功地研发出了创新 1；E_{00} 表示两企业均没有研发出创新 1；E_{10} 表示企业 A 研发出了创新 1，企业 B 没有；E_{01} 表示企业 B 研发了创新 1，企业 A 没有。这四种情况下获得创新的市场期望收益分别为：

$$\left. \begin{array}{l} E_{11} = q^2\alpha\pi_2 + q(1-q)\pi_2 + (1-q)^2\alpha\pi_1 \\ E_{00} = p^2\alpha\pi_1 + p(1-p)\pi_1 \\ E_{10} = q\pi_2 + p(1-q)\alpha\pi_1 + (1-p)(1-q)\pi_1 \\ E_{01} = p(1-q)\alpha\pi_1 \end{array} \right\} \qquad (4-1)$$

如果再考虑第一阶段发生的概率问题，每家企业的期望收益可以写成：

$$\pi = p^2(\alpha\pi_1 + E_{11}) + p(1-p)(\pi_1 + E_{10} + E_{01}) + (1-p)^2 E_{00} \qquad (4-2)$$

4.1.2　企业集群形成的条件

从技术外溢角度看，企业集群的形成只有在两家企业中，有其中一家企业成功研发了创新 1，但是另一家企业没有研发，创新 1 才可能发生。不妨假定企业 A 成功研发了创新 1，企业 B 没有研发成功，具体可以从以下两个方面进行分析：

一方面，对于先研究出创新 1 的企业 A 而言，其具有留住掌握了创新 1 技术的员工不被企业 B 挖走等商业秘密的动机（如加工资），但是考虑到企业 A 员工被挖走后公司可以获得收益补偿 D，因此企业 A 留住员工所愿意加的工资为 $V = E_{10} - E_{11} - D$，$E_{10} - E_{11} - D > 0$，$E_{10} - E_{11} - D$ 也称之为企业 A 的员工价值；对于企业 B 而言，其愿意支付的超过企业 A 员工原所得工资部分为 $W = E_{11} - E_{01} - D$，$E_{11} - E_{01} - D > 0$。值得注意的是，只有在企业 B 能够吸纳企业 A 中掌握了创新 1 的技术员工时才能产生技术外溢，即因技术外溢而形成的产业集群的条件为：

V < W

即 $E_{10} - E_{11} - D < E_{11} - E_{01} - D$

即 $2E_{11} > E_{11} + E_{01}$ (4-3a)

$2E_{11} > E_{11} + E_{01}$ 可以理解为企业共同进步所获得的总财富大于企业单独进步获得的财富之和。

另一方面，还可以通过自主研发的净收益与吸纳对手企业员工带来创新 1 的成功所获得的净收益间的对比来决定是否进行企业集群，因为如果企业没有形成集群的话，是较难通过吸纳对手企业的员工来获得研发突破的。若企业 B 自主研发的话，可获得的期望收益为 $p[q^2\alpha\pi_2 + q(1-q)\pi_2 + (1-q)^2\alpha\pi_1]$；若企业 B 通过聘用企业 A 的员工来实现创新，则可获得的期望收益为 $E_{11} - D$。因此只有在 $p[q^2\alpha\pi_2 + q(1-q)\pi_2 + (1-q)^2\alpha\pi_1] < E_{11} - D$ 时，才会形成企业集群。因此企业集群的条件为：

$$\frac{D}{(1-p)E_{11}} < 1 \quad (4\text{-}3\text{b})$$

4.2 不同集群形式的企业竞合博弈模型

4.2.1 园区内企业集群的形式

4.2.1.1 按照推动的主体来分

按照推动主体来看，产业集群可以分为外资引入型产业集群、市场导向型产业集群、政府主导型产业集群和内源品牌型产业集群。

市场导向模式，即是指区域经济范围内首先出现专业化的市场，这是产业集聚形成的重要信息条件和市场交易条件，它使得产业的生产过程最终也聚集在市场附近。如宁波、温州等地以生产服装、领带、打火机、低压电器等产品的专业化产业聚集区的形成。从外资引入型产业集群的形成过程看，它具有明显的"群居链复制"特点，即通常是先由一些跨国公司到中国投资，紧接着同它有着产业联系的上下游生产企业也就相继前来投资办厂以维持原来的生产联系，如深圳、东莞、苏州、昆山等地的外商投资产业集群。内源品牌型产业集群模式，多是以资金和技术密集型的工业部门为主，如青岛的家电产业集群、长春的汽车产业集群、唐山的钢铁产业集群等。政府主导型产业集群的核心是公共或者非营利的实体，政府的政策对其影响巨大，集群的长期增长依靠巨额的投资，如辽宁沈阳重大装备制造业集群、武汉光电子信息技术产业基地——光谷。

表 4-1　按照推动主体划分的产业集群模式①

	市场导向型产业集群	外资引入型产业集群	内源品牌型产业集群	政府主导型产业集群
主体	中小企业	大型跨国公司	具有竞争优势的名牌企业	公共或者非营利的实体、大型企业
特征	产生和发展基本上是在市场与产业互动过程中完成；企业规模小，大多属于劳动密集型	群居链复制；根植性较差；技术外溢有限	根植行较强；技术创新能力强；得到当地政府的大力支持	政府的政策对其影响巨大；集群的长期增长依靠巨额的投资

4.2.1.2　按照空间结构分（Markusen）

美国区域经济学家马库森从空间结构角度出发，并通过对美国、日本、韩国、巴西四个国家的研究，将产业集群分为三种类型，即马歇尔式产业集群（Marshallian District）、轮轴式产业集群（Hub-and-spoke District）、卫星平台式产业集群（Satellite Platform District）。马歇尔式产业集群是由大量专业化程度高、无核心的中小企业所组成的集群，如意大利东北部和中部地区的中小企业产业集群。轮轴式产业集群是指围绕一种或者几种产业或

---

① 窦娜娜.区域经济发展中的产业集群模式研究［D］.中国海洋大学硕士学位论文，2007.

多个主要企业组成的空间组织形态。卫星平台式产业集群主要是由跨国公司投资设立的分支工厂组成的。

表 4-2 以 Markusen 为基础的产业集群分类

	马歇尔式产业集群	卫星平台式产业集群	轮轴式产业集群
主要特征	企业规模小； 主要满足区域内的需求； 区内企业联系紧密，但区外联系较弱	以中小企业居多； 集群地的选择大多基于廉价的劳动力	由大型垂直一体化企业支配； 供应商在核心企业外围； 明显的等级制度
主要优点	柔性专业化； 产品质量高； 创新潜力大	成本优势； 有利于知识技术的传播	成本优势； 大企业规模优势
主要缺点	路径依赖； 面临经济环境和技术突变	销售和投入依赖外部参与者	整个企业群依赖少数大企业的绩效

4.2.1.3 本书的分类

为了能更好地研究园区内集群企业的竞合博弈情况，同时根据波特的"五力模型"，我们简单地将产业集群分为纵向产业集群和横向产业集群。纵向产业集群是指基于垂直产业链的相关产业的集群；横向产业集群是指生产同类或者替代品的企业的集聚现象。

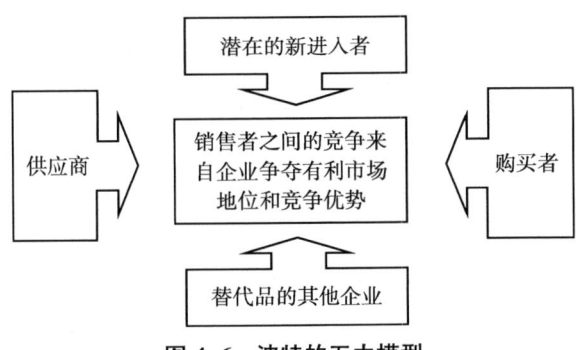

图 4-6 波特的五力模型

4.2.2 纵向产业集群

纵向产业集群是垂直产业链中的企业相互集聚的现象。如汽车技术研发部、汽车零部件生产商、汽车整机装配形成的产业集群。

4.2.2.1 研究假定

为了方便对纵向产业集群的研究,我们进行如下假定[①]:

(1)垂直供应链中只有两家企业,生产企业 A 和销售企业 B;

(2)生产企业供应能力足够大,不存在对销售商的缺货,且生产企业为行业中的垄断企业;

(3)生产企业和销售企业都是理性的,都是在追求利润最大的原则下,做出自己的选择;

(4)生产企业 A 和销售企业 B 具有完全信息;

(5)生产企业 A 的边际生产成本为常数 C_a,转移的价格为 W,向销售商提供的商品量为 Q_a,$W = a - bQ_a$,其中 $a > 0$,$b > 0$;

(6)销售企业以市场出清的价格 P 销售产品,$P = c - dQ_b$,其中 $c > 0$,$d > 0$,同时 $Q_b = Q_a$。

4.2.2.2 博弈分析

(1)两家企业相互竞争时。在第一阶段销售商 B 根据市场的需求情况,向生产企业 A 订货;在博弈的第二阶段,生产企业 A 根据订货量来选择向生产企业供应产品的价格,以实现自己的利益最大化。那么生产企业 A 的利润可以表示为 π_a,销售企业获得的利润为 π_b。

$$\pi_a = (W - C_a)Q \tag{4-4}$$

$$\pi_b = (P - W)Q \tag{4-5}$$

动态博弈往往采用的是逆向归纳法,即首先从第二阶段的生产企业着手:

根据生产企业 A 的需求函数,可得 $Q_a = (a - W)/b$,代入利润函数中,可得:

$$\begin{aligned}\pi_a &= (W - C_a)(a - W)/b \\ &= aW + C_aW - W^2 - aC_a\end{aligned} \tag{4-6}$$

根据利润最大化的原则,求关于 W 的一阶偏倒数:

$$\partial \pi_a / \partial W = a + C_a - 2W = 0$$

$$W = (a + C_a)/2 \tag{4-7}$$

代入到公式(4-5)得:

[①] 高峰,朱景丽,王学真. 基于垂直供应链的农业产业集群竞合博弈分析[J]. 科技管理研究,2008(12).

$$\pi_b = (c - dQ_b - \frac{a + C_a}{2})Q_b$$

根据利润最大化的原则,求关于 Q 的一阶偏倒数:

$\partial \pi_b / \partial Q = c - 2dQ - (a + C_a)/2 = 0$

$$Q = \frac{c - \frac{a + C_a}{2}}{2d} \tag{4-8}$$

因此,代入式(4-4)和式(4-5)可得:

$$\pi_a = \frac{(a - C_a)(c - \frac{a + C_a}{2})}{4d} \tag{4-9}$$

$$\pi_b = \frac{(c - \frac{a + C_a}{2})^2}{4d}$$

$$= \frac{(C_a - a)}{16a} > 0 \tag{4-10}$$

$$\pi_a + \pi_b = \frac{(c - \frac{a + C_a}{2})(c + \frac{a - 3C_a}{2})}{4d} \tag{4-11}$$

因此,在两家企业相互竞争的情况下,两家企业可获得的收益为:
$$\frac{(c - \frac{a + C_a}{2})(c + \frac{a - 3C_a}{2})}{4d}。$$

(2)两家企业相互合作时。若两家企业相互合作,那么意味着将两家企业当成一家企业研究其如何实现利润最大化。

$$\pi = \pi_a + \pi_b = (P - C_a)Q \tag{4-12}$$
$$= (c - dQ - C_a)Q \tag{4-13}$$

根据利润最大化的一阶条件,对式(4-13)求 Q 的一阶偏导。

$$\partial \pi / \partial Q = c - 2dQ - C_a = 0 \tag{4-14}$$
$$Q = (c - C_a)/2d$$
$$\pi = (c - C_a)^2/4d \tag{4-15}$$

(3)竞争与合作的收益的比较。

当两家企业进行合作时,两家企业的利润为$(c - C_a)^2/4d$;当两家企业相互竞争时,生产企业 A 的利润为 $\frac{(a - C_a)(c - \frac{a + C_a}{2})}{4d}$,销售企业 B 的利润为

$$\frac{(c-\frac{a+C_a}{2})^2}{4d}, 两家企业的利润之和为 \frac{(c-\frac{a+C_a}{2})(c+\frac{a-3C_a}{2})}{4d}。$$

$$(c-C_a)^2/4d - \frac{(c-\frac{a+C_a}{2})(c+\frac{a-3C_a}{2})}{4d} = \frac{(C_a-a)}{16a} > 0$$

因此，两家企业合作的利润要大于竞争的情况，即竞争策略没有使得整个供应链的效率提高。因此，供应链的产业集群需要由龙头企业制定相应的利润分配机制和合作激励机制，以此促进供应链的效率的提升。

4.2.3 横向产业集群

横向产业集群是生产、销售同质或同类产品的企业的集聚的现象。横向产业集群的代表类型有共生网络型产业集群结构和空间辐射型集群。共生网络型产业集群结构是指集群内没有任何一家特大型产业集群，集群内的企业规模相差不大，企业间的稳定关系是通过持续的竞争与合作来维持的。空间辐射型集群表现为"龙头企业+卫星企业"结构。

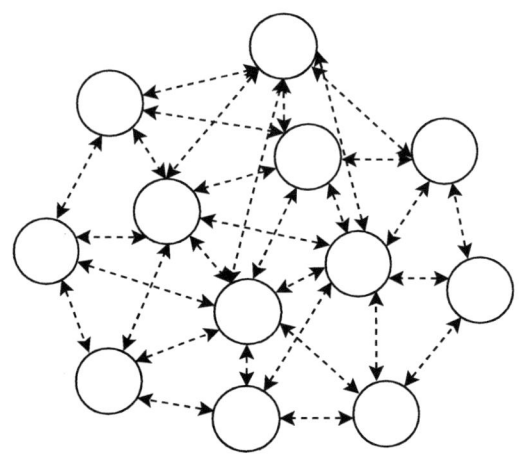

图 4-7 共生网络型产业集群结构图

4.2.3.1 共生网络型产业集群的竞合博弈

对于共生网络型产业集群的竞合博弈的研究可以通过古诺模型来说明。古诺（Cournot，Austin）是 19 世纪法国经济学家，其较早地分析了同质产品的企业博弈竞争的情况，并对经济学的理论发展具有重要的影响。

4 园区集群企业的竞合博弈模型

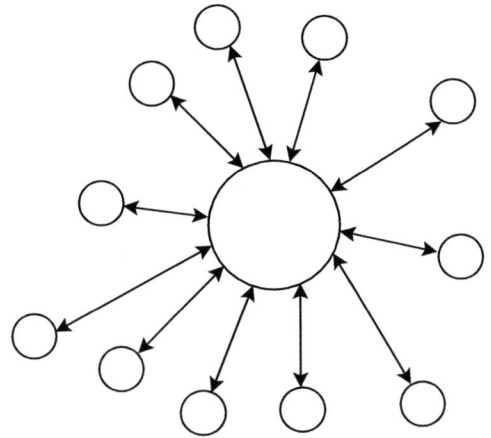

图 4-8 空间辐射型产业集群结构图

古诺（Cournot，1838）在《财富理论的数学原理研究》中提出了著名的古诺双寡头模型。

（1）古诺模型的思路。古诺设想了一家矿泉水市场，有两家生产企业——企业 A 和企业 B，这两家企业是竞争的，不存在任何的窜谋行为。在此基础上，古诺的基本假定还包括：

两家企业的产品是同质的；

两家企业的生产的边际成本是零；

两家企业对市场需求具有完全信息；

市场的需求曲线是线性的；

每家企业均能够观察到对方的行动和预期，并根据对方的行动和预期做出决策；

两家企业均通过设定或调整产量来实现利润的最大化。

古诺（1838）将市场的需求函数设定为 $p = a - bq$，若是完全竞争下的产量 $Q = a/b$。古诺通过以下的思路分析了两家企业所最终选择的均衡产量。

第一步：假定企业 A 首先进行生产，那么企业 A 根据利润最大化的原则，即 $MC = MR = 0$，最优产量 $q_a = a/2b = Q/2$；

第二步：企业 B 再进行生产，由于其观察到了企业 A 生产的 Q/2 产量，并预期 A 会一直维持该产量，故企业 B 在剩余的 Q/2 产量中选择最优产量，最优产量为 1/4Q；

第三步：企业 B 进入后，企业 A 观察到企业 B 生产的产量为 Q/4，并预期企业 B 将维持这一产量，故企业 A 面临的市场需求仅剩余 3/4Q，结果只能将产量迅速调整为 3/8Q，即减少了 1/8Q；

……

在足够长的时间里，企业 A 和企业 B 反复地调整其产量，以实现最大化的利润，最终企业 A 产量为：

$$\left[\frac{1}{2}-\frac{1}{8}-\frac{1}{8}\left(\frac{1}{4}\right)-\frac{1}{8}\left(\frac{1}{4}\right)^2-\cdots-\frac{1}{8}\left(\frac{1}{4}\right)^n\right]Q=\frac{1}{3}Q \quad (4-16)$$

同时，企业 B 的最终产量为 $\frac{1}{2}(1-\frac{1}{3}Q)=\frac{1}{3}Q$；

因此，当两家企业的产量均为 1/3Q 的时候，两家企业就没有必要再调整产量，实现了均衡。

（2）古诺模型的推导。

根据上面的思路，我们将两家企业的反需求函数设定为：

$P = a - bq$，$a > 0$，$b > 0$

$q = q_a + q_b$

为了使模型更加一般化，假定两企业的生产是存在不变边际生产成本的，边际生产成本为 c。

$$\pi_a = pq_a - cq_a$$
$$= [a - b(q_a + q_b)]q_a - cq_a \quad (4-17)$$

$$\pi_b = pq_b - cq_b$$
$$= [a - b(q_a + q_b)]q_b - cq_b \quad (4-18)$$

企业 A 和企业 B 利润最大化的一阶条件为：

$\partial \pi_a / \partial q_a = a - 2bq_a - bq_b - c = 0$

$\partial \pi_b / \partial q_b = a - bq_a - 2bq_b - c = 0$

$$q_a = \frac{a-c}{2b} - \frac{1}{2}q_b \quad (4-19)$$

$$q_b = \frac{a-c}{2b} - \frac{1}{2}q_a \quad (4-20)$$

总产量 $q = q_a + q_b = \frac{a-c}{b} - \frac{1}{2}(q_a + q_b) \quad (4-21)$

市场价格 $p = a - bq = \frac{a+2c}{3} \quad (4-22)$

利润 $\pi_a = \pi_b = \frac{(a-c)^2}{9b} \quad (4-23)$

4 园区集群企业的竞合博弈模型

（3）古诺模型的发展。

事实上，两家企业的假定简化了研究的步骤，如果有 N 家企业，N > 2，情况将是如何呢？我们仍假定每家企业生产同质产品，并且拥有不变的边际成本 c；市场反需求函数为 $p = a - bq$，其中 $q = q_1 + q_2 + q_3 + \cdots + q_N$，因此，每家企业的利润函数为：

$$\begin{cases} \pi_1(a - bq)q_1 - cq_1 = [a - bq_1 - b(q_1 + q_2 + q_3 + \cdots + q_N)]q_1 - cq_1 \\ \pi_2(a - bq)q_2 - cq_2 = [a - bq_2 - b(q_1 + q_2 + q_3 + \cdots + q_N)]q_2 - cq_2 \\ \cdots\cdots \\ \pi_N(a - bq)q_N - cq_N = [a - bq_N - b(q_1 + q_2 + q_3 + \cdots + q_N)]q_N - cq_N \end{cases} \quad (4-24)$$

同时，每家企业利润最大化的条件为：

$$\begin{cases} q_1 = \dfrac{a - c}{2b} - \dfrac{q_2 + q_3 + q_4 + \cdots + q_N}{2} \\ q_2 = \dfrac{a - c}{2b} - \dfrac{q_1 + q_3 + q_4 + \cdots + q_N}{2} \\ \cdots\cdots \\ q_N = \dfrac{a - c}{2b} - \dfrac{q_1 + q_3 + q_4 + \cdots + q_{N-1}}{2} \end{cases} \quad (4-25)$$

$$q_i = \dfrac{a - c}{2b} - \dfrac{q_1 + q_2 + \cdots + q_{i-1} + \cdots + q_{N-1}}{2} \quad (4-26)$$

最终市场总产量、市场价格、单个企业的利润分别为：

$$\begin{cases} q = \dfrac{N(a - c)}{b(N + 1)} \\ P = \dfrac{a + N_c}{N + 1} \\ \pi = \dfrac{(a - c)^2}{b(N + 1)^2} \end{cases} \quad (4-27)$$

（4）竞争与合作的比较。

若是企业相互合作的话，一定程度上相当于市场是由一家企业所垄断控制。由 MR=MC=c，可得到相关的产量、价格和利润的表达公式：

集群企业的竞合博弈及其案例研究

$$q = \frac{a-c}{2b}$$
$$P = a - bq = \frac{a+c}{2}$$
$$\pi = (p-c)q = \frac{(a-c)^2}{4b}$$
(4-28)

与只有两个企业的古诺模型相比,企业利润要减少 $\frac{5(a-c)^2}{36b}$。

4.2.3.3.2 空间辐射型产业集群的竞合博弈

空间辐射型产业集群是一种龙头企业与其同类企业的集聚。与同质规模一致的企业不同的是,相对于大企业,中小企业普遍处于"强位弱势"地位,因此在集群内大企业和中小企业处于不对等条件中。因此,可用斯坦克尔伯格模型来分析空间辐射型产业集群的竞合博弈。

(1) 斯坦克尔伯格模型。

德国经济学家 Heinrich Von Stackelberg 最初于1952年在研究市场经济问题时提出了具有主从递阶结构的决策问题,也称为 Stackelberg 问题,并提出了一个厂商选择产量为决策变量的博弈模型。该模型是一种先动优势模型,首先行动者在竞争中取得优势。假定市场只有企业1和企业2两家企业,企业1具有先动能力,是先动者(也叫领导者),企业2是后动者(也叫跟随者)。所以企业2将根据观察到的企业1的行动(产量)来选择最优行动,那么,企业1也知道自己一旦选择产量 q_1 后,企业2将有相应的反应函数。同时,假定市场的需求量 $q = q_1 + q_2$。反需求函数为 $p = a - (q_1 + q_2)$,同时两企业有不变的边际成本 c,某一企业总成本可以表示为 $c_i = c \times q_i$,($i = 1$ 或 2)。因此利润函数可以表示为:

$$\pi_i(q_1, q_2) = q_i \times (P - c_i)$$
(4-29)

因为企业2是根据观察到的 q_1 来做出其最优选择,那么,企业2实现利润最优化一阶条件,并令其为0。

企业2的利润函数为:

$$\pi_2 = q_2(a - (q_1 + q_2) - c)$$
(4-30)
$$\partial \pi_2 / \partial q_2 = a - q_1 - 2q_2 - c$$
(4-31)
$$q_2 = \frac{1}{2}(a - q_1 - c) = s_2(q_1)$$
(4-32)

同时企业1先动,并且企业1知道企业2会观察到自己的行动,并做出上式的反应,即企业1可预测到企业2将根据 $S_2(q_1)$ 选择 q_2,同理可

4 园区集群企业的竞合博弈模型

求得企业 1 的利润函数，代入 q_2，即 $S_2(q_1)$，得出：

$$\pi_1(q_1, q_2) = q_1(a - q_1 - s_2(q_1) - c) \tag{4-33}$$

由最优化一阶条件得：

$$\frac{1}{2}(a - 2q_1 - c) = 0$$

因此，
$$\left. \begin{array}{l} q_1 = \frac{1}{2}(a - c) \\ q_2 = \frac{1}{4}(a - c) \end{array} \right\} \tag{4-34}$$

$$\left. \begin{array}{l} \pi_1 = \frac{1}{8}(a - c)^2 \\ \pi_2 = \frac{1}{16}(a - c)^2 \\ \pi = \frac{3}{16}(a - c)^2 \end{array} \right\} \tag{4-35}$$

从斯坦克尔伯格模型我们可以看到，跟随者将根据观察到的领导者行为来做决策，因此，领导者传递的信息将起决定性作用。领导者知道自己的行为将影响跟随者的行为，因此，他将传递对自己有利的信息，以实现自己利润的最大化。这种先动优势和后发优势将在任何动态模型中都存在。

（2）竞争与合作的比较。

若是龙头企业与其附属企业实现了合作的话，那么两家企业的需求函数应当作单一企业的情况，则两家企业的利润可表达为：

$$\begin{aligned} \pi &= pq - qc \\ &= (p - c)q \\ &= (a - q - c)q \end{aligned}$$

求利润最大化关于 q 的倒数为：

$$\partial \pi / \partial q = a - 2q - c = 0$$
$$q = (a - c)/2$$
$$\begin{aligned} \pi &= (a - (a - c)/2 - c)(a - c)/2 \\ &= (a - c)^2/4 \end{aligned}$$

而两企业竞争的时候总利润为 $(a-c)^2/16$，因此，合作的两家企业利润要大于竞争时的企业利润，龙头企业可引导相关合作机制的建立，并促进企业间的合作，以此分享合作带来的更大的收益。

5 案例分析

5.1 星火有机硅工业园情况简介

5.1.1 国内外有机硅产业发展现状

5.1.1.1 有机硅工业简述

有机硅是一类分子链由硅原子和氧原子相结合形成的聚硅氧烷,具有高键能、不易断裂等特征。有机硅是一种高分子、新型化工材料,特殊的分子结构使其具有独特的耐高低温、耐辐射、不易燃、抗氧化、生理惰性等诸多优越性能,广泛应用于航空航天、汽车、化工、仪器仪表、建筑、医药卫生等国民经济各个部门,并成为国民经济发展和人民生活水平提高不可或缺的新材料。由于有机硅材料的广泛应用,快速增长的有机硅工业成为在国民经济中占据重要地位的新型战略产业。2001~2007年,世界有机硅产量以每年8.3%的速度递增,截至2007年底,生产能力已达到319万吨/年(以二甲基二氯硅烷计),市场规模逾100亿美元。

硅油、硅橡胶、硅树脂和硅烷偶联剂四种产品为有机硅产品的主要大类,延伸至下游产品共有上万种。在中国有机硅产品中,首先是硅橡胶,其产量最大,2006年硅橡胶产量约32万吨,占全部有机硅深加工产品的84.2%;其次是硅烷偶联剂,2006年产量为2.6万吨,约占6.8%;再次是硅油,2006年产量为2.5万吨,约占6.6%;最后是硅树脂,产量为0.9万吨,约占2.4%。

有机硅单体是所有有机硅产品生产中的关键投入品,是有机硅产业的基础。已知的有机硅单体有数千种,用于生产各种有机硅产品的单体各不相同，如生产硅油、硅橡胶时，所用的单体为二甲基二氯硅烷；生产硅树脂时，所用的单体为一甲基三氯硅烷和一苯基三氯硅烷；生产各种硅烷偶联剂时，所用的单体为三烷氧基硅烷（或三氯氢硅）。含甲基的单体统称为甲基氯硅烷（甲基单体），其占全部有机硅单体总量的90%以上，其次是苯基氯硅烷。

有机硅工业分为有机硅单体工业和有机硅制成品工业两个环节。这是因为这两个环节在生产技术上具有巨大的差异，且具有不同的技术经济特征。有机硅单体生产属于技术和资金密集型行业，具有工艺复杂、技术要求高、投资规模大、生产流程长等技术经济特征。而有机硅制成品技术成熟，工艺不如有机硅单体复杂，且市场进入壁垒较低。

5.1.1.2 有机硅单体生产商

有机硅单体生产具有较高的市场集中度。世界有机硅单体的生产主要集中在北美、西欧和日本等发达国家的少数几个跨国企业。道康宁、迈图（原 GE 有机硅）、瓦克、信越、罗地亚（被蓝星收购）五大有机硅生产商占据世界产量的80%以上。道康宁公司生产能力为70万吨/年，是世界最大的有机硅单体生产商。在并购罗地亚有机硅业务后，蓝星集团拥有32万吨/年的产能，成为世界第三大有机硅单体生产商。中国有机硅单体生产企业主要有星新材料（星火有机硅）、新安股份、吉林化工、梅兰集团、江苏宏达、浙江合盛化工六家。

在甲基单体合成技术方面，中国企业与国外企业具有较大的差距。差距主要表现在：粗硅烷中二甲基二氯硅烷含量偏低，国外二甲选择性在90%以上，国内新安股份和星新材料约为85%；流化床连续运行时间短，国外约为45天，国内平均约为30天；粗硅烷生产过程中的副产物利用率低；能耗、物耗偏高。

在具体工艺上，国外企业多采用联产气相白炭黑法和联产多晶硅、单晶硅与气相白炭黑法。而我国多采用一般水解工艺。如美国道康宁、德国瓦克和日本信越公司除生产有机硅产品外，还生产单晶硅和多晶硅产品。我国只有星火有机硅厂与美国卡博特合资、新安材料、吉林化工与广州吉必时合作采用联产气相白炭黑法，其他企业均未采用提高副产品利用率的联产气相白炭黑法。

5.1.1.3 反倾销促进我国有机硅工业快速发展

中国有机硅工业的研发始于20世纪50年代中期，60年代开始工业化生产的尝试。20 世纪 80 年代，我国有多家有机硅单体生产厂，但都是年产量几百吨级的，存在规模小、成本高、技术落后的问题。1987 年中国第一个万吨级有机硅单体生产装置在当时的化工部星火化工厂开始建设，试车几十次，每次投资几百万元，至 1997 年才全面投产，中间经过了近 10 年时间。至此，中国成为世界上屈指可数的能规模生产有机硅的国家之一，而这一过程经历了 40 多年。从第一套万吨级生产装置全面开工至第一套 5 万吨级甲基氯硅烷生产装置建成投产，又经历了 7~8 年。例如，星火化工厂就因为第一套万吨级有机硅装置试车的巨大投入致使流动资金枯竭，企业一度陷入困境。同时甲基氯硅烷生产也是资金密集型项目，一套年产 5 万吨装置需投资 5 亿元左右，这是小企业难以承受的。所以，在较长时间内，有机硅单体生产在国内可谓是曲高和寡。

但是，在可靠预期、巨大市场及有利政策的支持下，中国有机硅单体生产还是获得了稳步发展。2003 年科技部与商务部共同发布的《鼓励外商投资高新技术产品目录》（2003）新材料大类中，有机硅位列其中，有机硅被列为积极鼓励发展的产业。为了避免国外产品对国内厂商的冲击，2005 年 9 月 29 日，商务部做出裁示，对原产于日本、美国、英国和德国的进口初级形态二甲基环体硅氧烷（二甲）实施临时反倾销措施。一时间进口骤然减少，而这些国家原来在中国有机硅单体市场的份额一直保持在 70% 左右。这些措施为民族有机硅的发展提供了支持和保障。到 2006 年，国内有 4 家有机硅单体生产厂商（江西星火有机硅厂、浙江新安化工集团公司、中石油吉林石化公司、梅兰硅材料公司）。通过技术创新和设立新的生产设备，我国有机硅产能、产量和销售量增长迅速，产业劳动生产率持续上升，2000 年、2002 年的生产能力分别为 17673 吨、54773 吨，到 2006 年底达 28 万吨。

5.1.2 星火有机硅工业园地理区位

2000 年 6 月，成立星火高新技术开发区，开发区以星火有机硅厂为中心企业。2006 年 5 月，江西省将星火高新技术开发区和云山经济技术开发区整合成江西永修云山经济开发区，并加挂江西永修星火经济开发区的牌子。整合未涉及园区位置及园区内企业的变迁，仅是管理权限的更改，且 2011 年，有机硅产业主营业务收入为 80.75 亿元，占永修云山经济开发区主营业务的比例为 49.13%。因此，本书考察了有机硅产业集群所在的星火有机硅工业园。

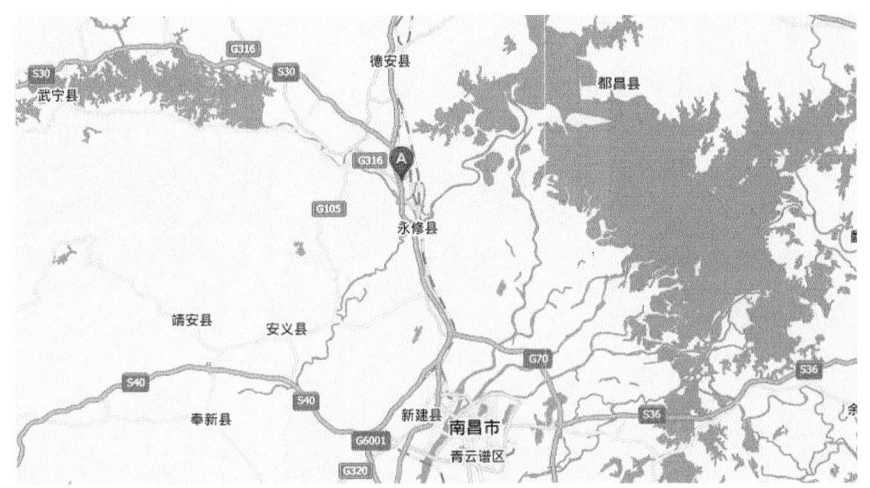

图 5-1 星火有机硅工业园地理位置

星火有机硅工业园地理位置优越、交通便利。位于江西省九江市永修县境内，鄱阳湖之畔，京九铁路和福银高速公路之间。南距省会南昌市 40 公里；北距九江市 70 公里，距九江出口加工区 60 公里。南距昌北机场 18 公里，位于京九铁路、福银高速、昌九高速附近，修水、潦水穿永修境内而入长江。

星火有机硅工业园于 2000 年 6 月成立，主要依托江西星火有机硅厂设立，开发面积 4.9 平方公里。现有 55 家有机硅上下游企业，40 家企业已经投产，生产和研发 100 余种有机硅下游产品。工业园内 30 家企业与有机硅产业具有高度关联性，其中 17 家企业从事有机硅单体和下游产品生产；6 家企业从事处理星火有机硅厂盐酸、液氯等副产品；7 家企业为有机硅产业提供配套服务。①

星火有机硅工业园形成了以有机硅单体生产为主导的产业，辅以下游化工产业较为完善的产业价值链。江西星火有机硅厂为上游产品的核心生产企业，卡博特公司为下游产品的核心生产企业，形成了具有购买商与供

---

① 江西永修云山经济开发区官方网站。

应商关系特征的产业集群，此产业集群属于"企业主导、政府推动"型集群。[①]

5.1.3　工业园有机硅生产的规模经济性

有机硅单体生产普遍采用直接合成法，即在铜系催化剂作用下氯甲烷与硅粉直接合成有机硅单体。直接合成法生产的有机硅单体主要是二甲基二氯硅烷，副产品主要有一甲基三氯硅烷（简称一甲）（含量为5%~15%）、三甲基氯硅烷（简称三甲）和甲基氢二氯硅烷(简称一甲含氢）（含量约为1%）、高沸点混合物（含量为4%~8%）以及低沸点混合物（含量为1%~2%）。

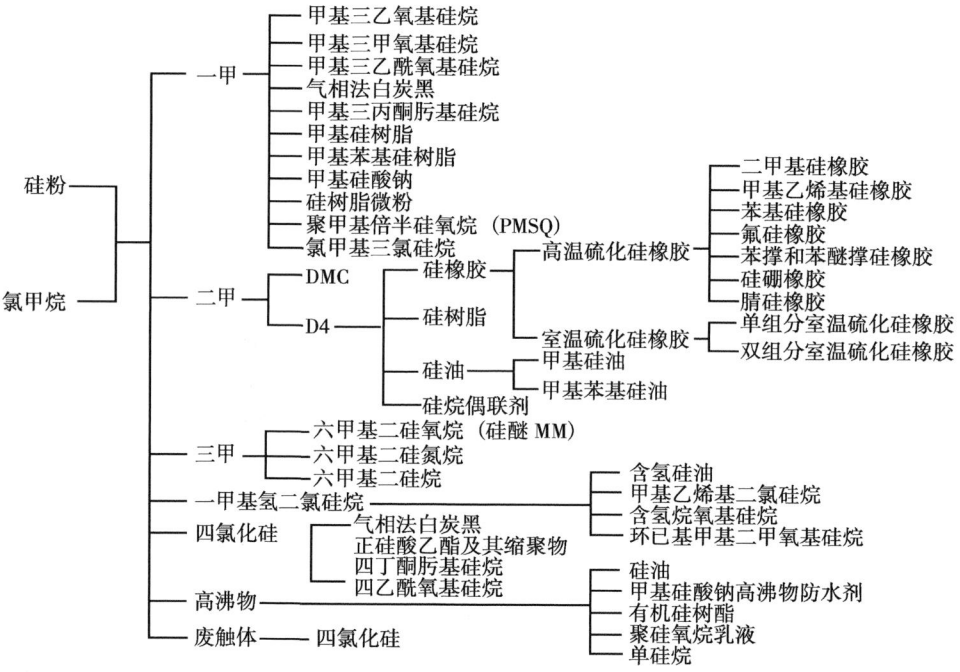

图5-2　有机硅单体生产流程

[①] 张孝锋，蒋寒迪. 产业集群理论与有机硅产业集群的实证研究［J］. 湖南大学学报（社会科学版），2004，18（6）：65-78.

其副产品具有高污染性和可回收利用性,许多企业靠回收加工有机硅企业副产品而存在,因此,有机硅产业具有较强的产业关联性和辐射性,要求具有较高的企业聚集度和范围经济。

2005 年美国道康宁、通用电气,德国瓦克、日本信越和法国罗地亚公司世界五大有机硅生产商的生产能力约占世界总生产能力的 90%,它们的市场份额分别为 36%、18%、15%、13%和 8%。

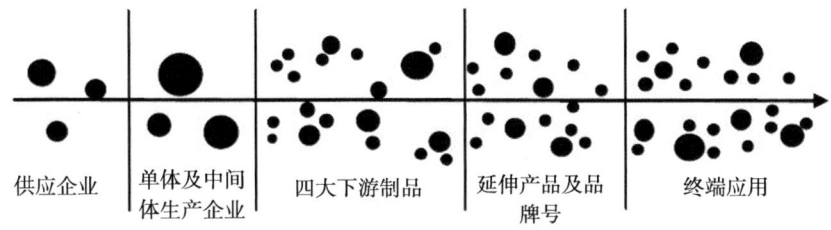

图 5-3 有机硅产业价值链①

注:图中黑点大小代表单个企业规模大小,黑点数量代表企业数量。

供应企业主要为提供硅块、氯化氢和催化剂等原料的企业;有机硅单体包括甲基氯硅烷、苯基氯硅烷与乙烯基氯硅烷等;有机硅中间体包括六甲基二硅氧烷、六甲基三硅氧烷、八甲基环四硅氧烷、二甲基环硅氧烷混合物等硅氧烷系列低聚物;有机硅下游产品包括硅油、硅橡胶、硅树脂和硅烷偶联剂四大类;延伸产品及品牌号是以四大下游制品为原料、可直接用于终端的制品。

从有机硅产业价值链可以看出,有机硅单体及中间体的生产要素高度集中且朝规模经济发展。道康宁、迈图、蓝星(2006 年 10 月全资收购罗地亚有机硅及硫化物业务,产能达到 42 万吨/年)、瓦克和信越为世界五大有机硅单体生产商,生产规模均超过 30 万吨/年,2007 年五大生产商生产规模占全球产量的 77%,销售量占 90%。② 在国内,星火有机硅厂为国内最大的有机硅生产企业。有机硅单体、有机硅下游产品和烧碱为其主导产品,生产规模分别为 20 万吨/年、10 万吨/年和 8 万吨/年。江西星火有机硅厂 30 万吨/年的有机硅生产规模,约占 1/3 国内有机硅市场份额,并有

---

①② 刘爱军,张敏. 江西经济分析,2008 年第 145 期。

在建40万吨/年单体及下游产品生产项目。项目建成投产后江西星火有机硅厂将以70万吨/年的有机硅生产规模成为亚洲第一大、世界第四大有机硅企业。工业园区内还有卡博特蓝星化工（江西）有限公司（卡博特公司为世界500强企业）1.5万吨/年气相二氧化硅的在建项目。此项目建成投产后，将成为卡博特公司在全球范围内规模最大的项目。[①] 江西星火有机硅工业园区有机硅生产的规模经济和范围经济初步显现。

下游制品和终端应用的生产具有分散加工的特点，相对单体生产企业规模较小，企业数量众多，竞争较为激烈，但深加工阶段也往往具有高附加值和高利润率。

5.1.4 星火有机硅产业集群的规模

星火有机硅产业集群主要以江西星火有机硅厂为主导企业，围绕有机硅单体生产进行有机硅下游产品的生产、研究和开发。截至2012年底，星火有机硅产业集群内共有78家企业，主营业务收入达到118亿元，占江西全省化工行业主营业收入的比例为5.73%；利税收入达到10.35亿元，同比增长17.2%，占江西全省化工行业利税的比例为5.1%。2013年1~9月，集群实现营业收入103亿元，同比增长22%；实现利税收入11亿元，同比增长28%。

在先后引进的包括世界500强企业之一美国卡博特公司等的78家企业中，与有机硅直接关联或配套的企业52家，产业关联度高达65.8%。现已开发DMC、D4、甲基硅油、硅烷偶联剂、硅氮烷、室温硫化硅橡胶、107#硅橡胶、气相白炭黑等有机硅及下游产品10大系列100余种，企业之间已经形成了较为完备的有机硅产业链。

园区产业配套能力进一步增强。近年来，星火工业园区加大基础设施资金的投入，进一步健全了园区的设施，完善了园区的功能，使园区的有机硅产业项目承载能力和经济发展后劲得到明显增强。自2000年6月启动星火工业园区建设以来，累计投入资金20多亿元用于基础设施建设，并构建了完善的园区道路交通网络；已建220千伏变电站一座和110千伏变电站一座，并从军山变电站接通了园区企业用电专线，保障化工企业连续稳定用电；建有日供水3万吨和1万吨自来水厂各1座；建有日处理4800

---

① 江西星火有机硅厂官方网站。

吨污水处理厂一座和日处理 2.4 万吨污水处理厂一座,满足了企业污水处理的需要;引进了江西华鸿热力有限公司为园区企业集中供热,还接通了天然气。目前,园区已经具备了"水、电、路、蒸汽、天然气、污水、排水、电讯、有线电视"畅通和土地平整的"九通一平"配套能力,为有机硅产业的发展提供了有力保障。

需要指出的是,目前这个集群尚未包括供给投入品厂商(如原材料与服务的企业)和最终产品的销售商,因此只能说是一个集群的雏形(Rudiment)。而且尽管这种资本密集型的高科技企业对于区域内经济总量和利税的增长有相当大的贡献,但是其技术基本没有外溢效应,产业链的延长也有待进一步的提升,与沿海众多劳动密集型且技术含量低的产业集群相比,其对地方就业和城市化的影响也是比较有限的。①

5.1.5 依托循环经济建立园区内企业间网络联系

循环经济是星火有机硅工业园的一大特色,园区依托"资源—生产—消费—再生资源"这种反馈式循环流程组建企业间网络联系。在有机硅单体合成过程中,会产生共沸物、高沸物、低沸物、浆渣等副产品。这些副产品具有易燃、易爆、有毒、易溶于水、释放有害气体等特性。在未建立循环经济之前,对这些有害副产品都是经过简单处理后直接排放或直接掩埋,对生产安全和环境安全造成较大影响,也制约了有机硅产业的进一步发展。如高沸物以 500 元/吨的价格交予相关公司处理后直接排放;副产品甲基三氯硅烷等因市场需求不足而被直接掩埋掉。

星火有机硅工业园在建立之初力求最大限度地利用物资和能力,最大限度地减少污染物排放,打破传统"资源—生产—消费—废弃物排放"的线性经济模式,积极探索循环经济模式。在项目选择上,注重产业相关性和产业集聚性,优先批办和引进能够形成有机硅产业链的项目。园区以建立生态园区为核心理念,注重资源再利用,围绕星火有机硅厂引进、创建了一大批相关企业,并利用有机硅单体生产的副产品和废弃物加工成能够再利用、有市场需求、科技含量高的产品。初步形成了以星火有机硅厂为主导的有机硅单体深加工和废弃物再利用的循环经济,企业间依托循环经

---

① 朱秀春,蒋寒迪,吴玮. 有机硅产业集群的形成及启示 [J]. 南昌航空工业学院学报(社科版),2004(2):21-24.

济建立起相互依存的网络联系。

星火有机硅工业园区企业间网络结构图如图5-4所示。卡博特公司利用星火厂的副产物（一甲基三氯硅烷）作原料生产气相二氧化硅，卡博特在生产气相二氧化硅的过程中产生的尾气同星火厂的副产物（稀盐酸）反应生成浓盐酸，而浓盐酸又返回到星火厂做原料使用，这种循环经济模式特色鲜明。江西星火狮达公司是处理星火有机硅厂浆渣的企业，年处理量3600吨，该公司用水解吸收的方法，回收浆渣中的 HCl 制成盐酸，剩下的废渣出售给砖瓦厂用于制砖。武汉嘉恒化工九江分公司是一家生产氯化钡的企业，它消化星火工业园内的星火厂、狮达公司、虹润公司和嘉懿公司大部分浓度较低的废盐酸，生产的氯化钡又是星火有机硅厂离子膜烧碱装置必备的辅助材料。另外，园区内其他企业如江西星火化工有限公司也利用星火有机硅厂的 DMC、硅油作原料生产硅橡胶。

星火有机硅工业园循环经济还体现在热电联产和水循环利用两方面。星火有机硅厂一方面将自发电量完成情况与生产效益、工资挂钩；另一方面将主要发电设备——汽轮机作为厂控设备，由机动设备处监管，并由动力分厂进行日常管理，从而确保热电联产长期运行。星火有机硅厂在装置设计之初就设计了循环水系统，提高了装置运行效率，实现了水资源的循环利用。

5.2 星火有机硅工业园企业间网络结构

5.2.1 星火有机硅工业园企业间网络结构

通过实地调查和资料收集，借鉴谢奉军（2006）、胡振鹏等（2006）、朱秀春等（2004）对江西星火有机硅工业园的研究，本书构建星火有机硅工业园内企业间网络结构，如图5-4所示。

本书从地理位置和产业链两方面来界定企业网络。因此，本书所指的企业网络包括因地理上的邻近而形成的企业间（企业与竞争者、合作者、供应商、销售商等）、企业与其他行为主体间（科研机构、金融机构、行业协会、市场中介组织等）的相互关系；也包括在同一产业链上距离较远的企业间、企业与其他行为主体间的相互关系。这种相互关系是一种复杂的综合关系，既包括商业上的正式联系，也包括建立在根植性基础上的文化、情感等非正式联系。因地理上的邻近而形成的企业间网络结构称为本地网络结构（一级网络结构）；依托产业链而距离较远形成的企业间网络结构称为异地网络结构（二级网络结构）。

星火有机硅工业园网络结构包括本地网络结构（与星火有机硅工业园区内企业形成的网络结构）和异地网络结构（与园区外企业形成的网络结构）。

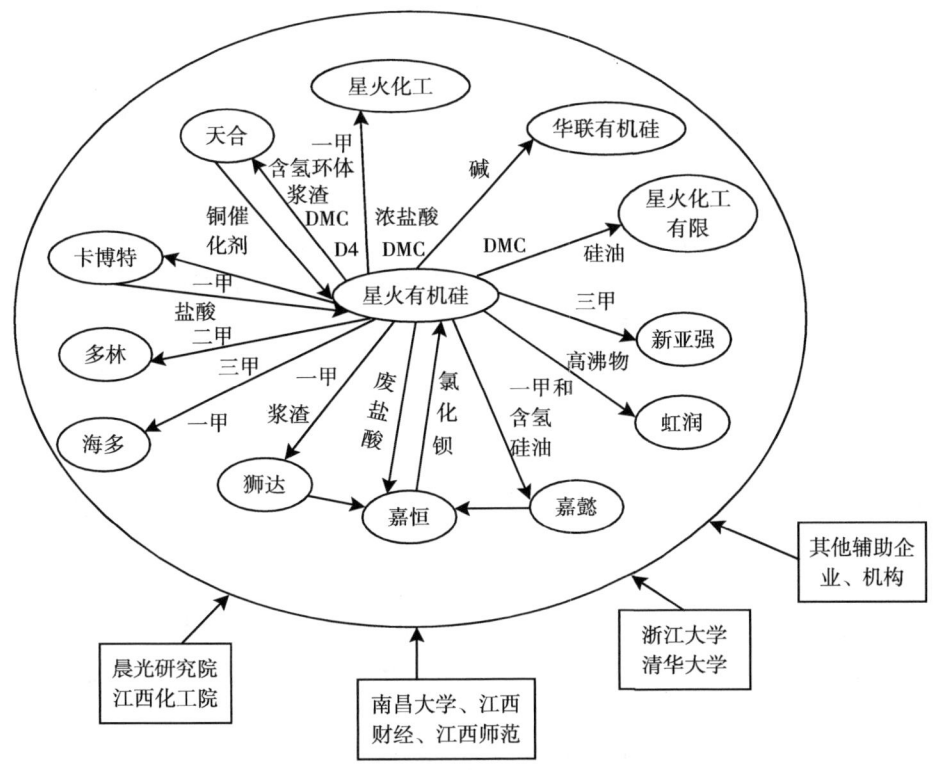

图 5-4　星火工业园主要企业间网络结构

注：江西星火有机硅厂（简称星火有机硅）、江西星火化工厂（简称星火化工）、江西星火化工有限公司（简称星火化工有限）、江西星火狮达科技有限公司（简称狮达）、武汉嘉恒化工九江分公司（简称嘉恒）、江西嘉懿新材料公司（简称嘉懿）、江西虹润化工有限公司（简称虹润）、吉林新亚强江西分公司（简称新亚强）、江西华联有机硅有限公司（简称华联有机硅）、江西天合化工有限公司（简称天合）、卡博特蓝星化工厂江西有限公司（简称卡博特）、江西海多化工有限公司（简称海多）、江西多林科技发展有限公司（简称多林）。

在图 5-4 大圆圈之内的是星火有机硅工业园内企业间网络结构，在大圆圈之外的是园区与其他的企业和组织形成的异地网络结构。星火工业园内有省级有机硅实验室一家，江西星火狮达科技有限公司与厦门大学等大专院校及科研院所组建了联合实验室，部分企业还与浙江大学、南昌大学、辰光硅中心、江西省化工研究院等建立了长期合作关系，园区已经形成了从产品开发、设计、安装、施工、生产到管理一套完善的体系。

星火有机硅工业园企业网络具有以下几个特征：

(1) 星火有机硅工业园内企业数量较少。根据江西永修云山经济开发区公布的数据，星火有机硅工业园内现有 52 家有机硅上下游企业，40 家企业已经投产，生产和研发 100 余种有机硅下游产品。工业园内 30 家企业与有机硅产业具有高度的关联性，其中 17 家企业从事有机硅单体和下游产品生产；6 家企业从事处理星火有机硅厂盐酸、液氯等副产品；7 家企业为有机硅产业提供配套服务。

(2) 产业特点突出，以星火有机硅厂为核心企业。工业园区内企业均是围绕星火有机硅厂而存在的，在有机硅产业价值链上进行纵向分工与协作。江西星火有机硅厂星火有机硅产业集群的龙头企业，是央企中国蓝星（集团）化工新材料股份有限公司的核心子公司。江西星火有机硅厂是中国有机硅的"摇篮"。20 世纪 90 年代，星火有机硅厂突破西方的技术封锁，开始研究开发民用有机硅产品。目前，星火有机硅厂已成为亚洲最大、世界四强的有机硅单体生产基地。具备了年产 50 万吨有机硅单体、10 万吨有机硅下游产品（共 100 余个品种）、8 万吨烧碱、2.5 万吨液氯、12 万吨盐酸的生产能力。待其 40 万吨有机硅单体及 24 万吨下游深加工产品一体化工程二期项目建成后，星火有机硅厂将形成年产 70 万吨有机硅单体的生产能力，成为全球最大的有机硅单体生产基地，其主营业务收入将突破 100 亿元。

(3) 企业间以纵向关系为主，且多为单向关系。多数企业以星火有机硅厂在生产有机硅单体时产生的副产品为主要投入品，最终产品多面向市场，而不是本地化消费，如狮达、嘉懿、虹润、星火化工有限、星火化工、华联有机硅、海多和多林。仅有少数企业能够为星火有机硅厂提供原材料，如嘉恒（提供氯化钡）、天合（提供铜催化剂）和卡博特（提供铜催化剂）。而在外围企业中，仅发现狮达、嘉懿与嘉恒之间发生横向企业联系。

(4) 工业园产业价值链具有两头在外的特征。有机硅生产需要的硅块等原料大多产自西南、西北等地区，由于距离远，运输成本高。星火有机硅工业园生产的 88%中间体、15%单体销往沿海发达地区，也即市场远离园区，而不是本地化消费。因此，工业园内企业大多处于粗加工阶段，附加值较低，产业价值链具有两头在外的特征。

5.2.2 星火有机硅工业园内企业间竞合行为分析

对星火有机硅工业园内企业间竞合行为的分析，将从竞合行为主体、竞合行为形式、竞合动因三方面来展开论述。

5.2.2.1 竞合行为主体

星火有机硅厂是星火有机硅工业园的核心企业，也是参照企业。在工业园内，企业集中在有机硅纵向产业链上，且处于星火有机硅厂的下游，属于下游合作企业。在工业园内，星火有机硅厂缺乏强有力的竞争者和产品替代者，也缺乏提供原材料的上游合作企业以及提供产业价值链外支撑的其他企业。因此，星火有机硅工业园企业间竞合行为主体是星火有机硅厂以及下游合作企业。

5.2.2.2 竞合行为形式

通过对星火有机硅工业园企业间网络结构和产业价值链的分析，可以看出，工业园内企业间竞合行为方式是以合作为主的价值链单链式竞合。这是园区一种纵向的竞合关系，也是园区竞合关系中最基本的层次。

从产业集群生命周期理论角度分析，星火有机硅产业集群应属于集群初始阶段。主要表现在星火有机硅厂技术研发的成功刺激了其他企业围绕其聚集发展，政府顺应这种集聚趋势并成立了星火有机硅工业园。但是，工业园内企业数量较少，目前仅有 50 余家，且除星火有机硅厂和卡博特蓝星化工江西公司两个企业外，其余企业规模较小，技术相对不成熟。因此，属于产业集群初始阶段。但与其他处于初始阶段集群的不同之处在于，星火有机硅产业集群在该阶段由于处在纵向产业价值链上，企业间以合作关系为主。主要表现在以下几个方面：一是星火有机硅厂作为核心企业为其他企业提供中间产品和副产品作为其他企业的投入品。二是工业园内企业间共享公共基础设施平台。三是知识溢出。知识分为可编码知识和非可编码知识，知识可编码程度越低，知识溢出程度越低。但集群的空间聚集性和知识流动频繁性弥补了非可编码知识溢出低的现象，使得集群内知识通过人才流动、合作研发等渠道产生较大的溢出效应。

5.2.2.3 竞合动因分析

图5-5为本书构建的企业间竞合动因三维一体之锥形模型，即通过集聚获取的成本优势、学习机会和网络利益既能够有助于企业共同创造价值（市场），又有助于企业间分享价值（市场）。

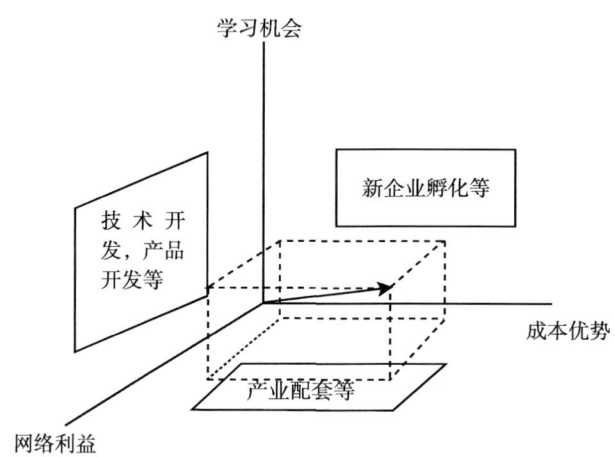

图5-5 企业间竞合动因锥形模型

星火有机硅工业园打破了具有线性单向流动特征的资源—产品—废物式产业发展模式，形成了具有循环特征的资源—产品—再生资源式产业发展模式。[①] 高沸物是星火有机硅厂产生的副产品之一，具有高污染性。之前水解处理的成本为500元/吨，且产生极大的环境成本，后来引入江西虹润化工有限公司专门处理高沸物，将其加工成具有市场价值的混合有机硅单体。这样既降低了对环境污染的成本，也提高了副产品的价格，并产生了每年几千万元的产值收入。而卡博特蓝星化工（江西）有限公司主要投入品为另一种副产品——甲基三氯硅烷（具有剧毒、高污染等特点），产品为气相二氧化硅，具有较高的市场价值。引入卡博特后，其年处理1.2万吨甲基三氯硅烷，产生的尾气又可返回到星火有机硅厂重新利用，实现了氯的循环利用，利用率达到99.9%，同时，卡博特每年销售3亿元的气相

---

① 谢奉军.江西工业园区企业网络发展研究[D].南昌大学博士学位论文，2006.

二氧化硅。循环发展模式的建立和企业间网络关系的建成使得企业降低了获取原材料的成本以及治理污染的成本。

星火有机硅工业园内企业间的学习机会主要表现在园区内人才的流动和频繁的交往。工业园内有些企业是由星火有机硅厂的老员工创立的，如狮达、海多化工和金笺实业等，它们均保持与星火有机硅厂的良好关系。有些企业是由老客户为减少运输成本而成立的，如新亚强、吉必时和华联等企业，它们与星火有机硅厂长期而频繁地交往，由此建立起良好的信任关系。

5.3 星火有机硅工业园发展存在的问题

（1）企业间网络结构简单。星火有机硅工业园内企业间网络结构只表现在本地网络，网络结构简单，以核心企业到其他企业的单向纵向关系为主，而异地网络特征不太明显。本地网络中的一级网络主要为产业链上下游企业之间的分工协作网络；二级网络主要表现在公共基础设施的共享。这也是由有机硅企业的特点所决定的，有机硅生产企业需要大量水、电、气，通过建立完善的水、电、气管道，实现企业对这些公共基础设施的共享。但工业园与园区外企业联系较少，主要表现在产品供应和销售的关系上，而缺乏相互促进技术的高层次联系。

工业园区企业间网络密度不高，根据谢奉军（2006）的研究，星火有机硅工业园企业网络密度为 0.0435[①]，而根据池仁勇等 2005 年的研究，浙江省工业园区平均网络密度为 0.05[②]。比较而言，星火有机硅工业园企业网络密度并不高，网络关系不明显，且从调查情况来看，企业间以单向网络关系为主，企业间相互促进作用不强。

（2）产业价值链不完整。星火有机硅工业园区具有的两头在外的产业链特征，说明产业价值链不完整，缺乏上游原材料供应商以及下游深加工

---

① 谢奉军. 江西工业园区企业网络发展研究 [D]. 南昌大学博士学位论文, 2006.
② 池仁勇等. 区域中小企业创新网络评价与构建研究：理论与实证 [R]. 北京：中国农业大学, 2005.

和品牌延伸企业，基本没有终端应用的产业。而下游深加工和品牌延伸环节具有更高的附加值和更少的环境污染以及更高的经济效应。这些环节的缺失使得工业园产业价值链不完整，且锁定在产业链的低端，只能进行粗加工，附加值低、环境污染严重，经济效应低的生产阶段。

（3）价值链单链式竞合行为不利于园区经济发展。通过对星火有机硅工业园企业间网络结构的分析，可以识别出工业园企业间竞合行为主要为价值链单链式竞合，这是园区经济中最基本层次的竞合关系。这种竞合关系在园区初始发展阶段能够促进园区和企业的发展。但当园区发展到一定阶段，简单的纵向关系反而不利于园区和企业的发展，因为单链式竞合行为以纵向合作为主，往往形成知识封闭和路径依赖。

星火有机硅工业园价值链单链式竞合行为的产生主要来源于政府政策的偏好导向。政府在招商引资时过多地注重扩大单体生产规模的项目，而忽视了对有机硅纵向产业价值链上项目和企业的引进。

（4）溢出知识单一，创新能力不足。星火有机硅工业园知识溢出呈现出单向溢出，容易形成知识封闭，造成创新能力不足。江西省高等院校较少的现实情况，也在一定程度上妨碍了工业园与高等院校之间产学研的合作。

（5）行业协会作用不明显。全国有机硅行业协会网站显示，星火有机硅工业园内只有星火有机硅厂和卡博特蓝星化工（江西）有限公司加入了行业协会，其余企业均未在行业协会企业名单中。行业协会的作用主要表现在：一是搭建相互学习和相互交流的平台，促进企业间的合作；二是规范企业间非理性竞争行为，促进企业间良性竞争。积极加入行业协会对星火有机硅工业园区内企业来说具有重要的意义。

5.4　案例启示

结合以上分析以及第四章理论模型，可以得到以下几点启示：

5.4.1　完善企业网络结构促进园区可持续发展

完善的企业网络结构能够促进园区规模经济和范围经济的形成。企业网络是在市场经济条件下形成的一种契约关系和制度安排，能够有效弥补市场机制在不完全信息和非对称条件下产生的市场失灵和市场不足等问题，从而实现节约交易成本的目标。企业网络还能够通过频繁交易降低交易成本。而园区内企业由于地理上的邻近性和地域文化的相似性，更容易通过合作、联盟等形式共同进行生产、销售、广告宣传等，从而降低企业成本，实现规模经济。以合作分工为基础的企业网络结构，每个节点上的企业均在自己最擅长的领域进行生产，从而达到比一个企业生产全部产品有更效率和更低的成本，从而实现范围经济。

企业网络带来的规模经济和范围经济往往具有正反馈机制。交易成本、生产成本的下降，能够形成更多的市场需求，使园区企业占据更多的市场份额和更长久的利润，从而吸引更多的相关企业入驻园区，扩大整个行业规模和企业网络，而行业规模和企业网络的扩张能够导致更激烈的竞争、更多的创新和生产效率的进一步提高，这样可使生产成本进一步下降，实现正向反馈机制，促进园区可持续发展。

完善的企业网络结构能够促进园区的弹性、专业性生产。市场需求的多样性和快变性要求企业生产应具有弹性和专业性，而企业网络结构正是由众多适应性强和专业性强的众多中小企业组成。在这种企业网络中，企业能够快速使自身条件匹配市场需求，选择是独立生产还是以产业链为纽带依托众多企业组成的网络进行配套生产，这样就使得企业能够根据市场需求而变，使得生产要素和生产流程具有应变性和多样性，从而满足市场个性化、多样化、快变性的需求。

完善的企业网络结构能够保障园区适应市场环境的变化。当前市场环境快速多变，并具有全球一体化特征，需要企业通过网络结构进行合作，以加快产品更新换代和在全球范围内的便利流通。企业网络结构并不要求严格的层级结构，而是将各个松散的部分组织起来，以此提高各个环节企业的自律性和系统性，从而不断提高企业对急剧变化的技术和市场环境的适应能力，在动态的市场环境中实现生产、流通和销售的全球化。

完善的企业网络结构是园区企业间跨链式竞合的基础。园区内企业网络结构的建立要求园区有一个较为完善的网状产业链结构，而这种产业链结构正是形成企业间跨链式竞合行为的基础。园区价值链跨链间的竞合，是较为高层次的竞争。它是基于某个价值链的角度，来分析其与其他价值链的各个企业或环节的竞争和合作。包括的竞合对象有：上游企业、下游

集群企业的竞合博弈及其案例研究

企业、竞争对手、替代品生产者、潜在进入者和链外辅助企业。但是这种竞合关系不是表现为各个企业之间的竞合关系，而是一种价值链与价值链之间的横向竞合关系，它对园区内企业的竞合行为决策具有深远的影响，对园区的可持续发展也有深远意义。

5.4.2 以网络结构中企业间良性竞合促进创新

良性的竞合关系一方面要求企业在园区内市场进行合作，另一方面要求企业在接近企业、面对客户时进行差异化竞争。竞合理论中的合作通常是指企业间在研发阶段的合作创新，目的在于通过合作创新扩大整个市场规模；而竞争通常是指企业争夺市场份额、分割市场。

具有网络结构的园区内的企业间更容易形成良性的竞合关系。良性的竞合关系应该是在良性的市场经济环境下，摒弃企业间的关系竞争，企业间在开拓市场中进行良性合作、在争夺市场中进行良性竞争，政府应处在与市场平等的地位上提供公共产品（诸如基础设施、协会公约等）的支持。

良性竞合关系追求差异化竞争。差异化要求企业提供不同于竞争对手的产品和服务，差异化表现为产品外观、质量和性能等的差别，还表现为客户对产品和服务形成的特有的需求和价值体验。前一种差异化主要来源于产品技术的创新；而后一种差异化更多地来源于通过广告宣传、品牌塑造而形成商誉以及通过技术创新获得规模经济以及设备专业化带来的巨大沉没成本，形成了很强的技术壁垒；通过商誉形成的品牌忠诚度也形成了很强的进入壁垒。由差异化带来的进入壁垒，使得企业可以维持垄断地位，通过制定垄断价格获得丰厚的利润。因此，企业应着力于追求差异化的竞争。

差异化来源于创新——技术创新、管理创新、制度创新，创新来源于知识获取的可持续性，完善的企业网络保障了知识获取的可持续性。每一单个企业——犹如单个人具有知识的局限性——也具有自身的认知局限性，有时无法正确认识和解释外部环境和市场的变化。而网络中的其他企业恰好具有认识和解释环境和市场变化的知识，这样网络中的企业通过合作弥补自身不足，持续获得促进创新的知识。

5.4.3 政府做到到位但不失位

政府是园区企业网络中重要的一环，在园区发展中，政府应有清晰的定位，应做到到位但不失位。在一定程度上，政府的大力推动有利于园区的快速发展，尤其是园区处在发展的初始阶段时。但随着我国社会主义市场经济体制的不断完善和经济全球化进程的不断加快，政府不能随着形势的发展而重新明确自己的定位，由此在园区发展中产生了一系列越位、错位和缺位问题。政府是公共服务的提供者，而不是所有的事情都由政府处理。政府作为政策制定者的观念必须转变，从以政策制定为导向转向以需求政策、集群政策为导向；政府应为园区发展提供必要的引导和建立良好的环境。

市场经济的主体是企业，政府作为社会的管理者，充当"守夜人"的角色。但现阶段，我国市场经济体制还不够完善，政府有时会由"守夜人"转变成"裁判员"，成为市场经济的主导者。在以政府为主导的经济环境中，竞争很容易衍化为关系型竞争，企业以寻租的方式寻求与政府建立密切的关系，获取有限的政府资源。巨大的寻租利益（优惠的土地政策、便捷的行政审批、低息和政府信用贷款等）与政府资源的有限性之间的矛盾使得这种关系型竞争更趋激烈化、白热化、非理性化，由此，异化为以各种"门事件"为外在形式的恶性竞争现象。

因此，政府在促进园区企业竞合行为时应做到以下三点：

一是准确定位角色。政府不是市场经济的主体，政府应强化其在市场经济中的引导和监督作用，促进市场公平竞争和有效竞争。市场经济中，政府应处于与企业平等的地位，政府对企业过多的行政干预势必会刺激企业对政府的寻租行为，从而导致竞争异化为各种非理性的恶性竞争。

二是调节矛盾冲突。随着社会分工的细化、客观经济环境的改变，市场不总是万能的，在市场失灵时，政府在企业间矛盾时有着其他组织无法比拟的优势。政府应通过完善法律法规、加强经济管制，促进企业间竞合关系的良性发展。

三是搭建竞合平台。政府应加强政策支持，强化对市场竞争的引导和监督，促进企业有效竞争；同时，通过整合资源，加强资源共享，保持企业的规模经济效应；构建产学研竞争，搭建企业间的竞合平台。

5.4.4 充分发挥行业协会作用

充分发挥行业协会等中介组织的中间桥梁作用，构建园区网络结构。政府在实现角色转换——由"裁判员"向"守夜人"转变的过程中，在企业的监督和行业的引导方面，行业协会是政府作用的一个重要补充部分。在许多政府不宜直接干预的时候，行业协会能够充当政府与企业的桥梁，协助政府组织、协调企业行为，规范企业间的竞合关系。而行业协会在这方面的作用，有赖于政府对行业协会赋予一定的决策权力和奖惩权力，使其能够制定行业共同认可的自律协议，并监督企业共同遵守。

5.4.5 建立完善的异地企业网络结构

园区的可持续发展不仅需要依靠本地企业网络，还需要依靠异地企业网络。对于本案例，星火有机硅工业园处于集群的初级阶段，有机硅产业链不完善，缺少下游终端企业，更需要与园区外部企业建立良好的合作关系。

园区经济的外部网络主要包括其他地方政府和产业园区、其他外部中间组织、价值链高端企业和一些国际机构。在园区企业治理过程中本地政府与其他地方政府、本地产业与其他地区相关产业、本地企业与外地企业特别是价值链高端企业的联系从大环境上影响整个园区的运行效率和竞争态势，进而影响到内部企业的竞合关系。也就是说外部网络方案对园区内企业的竞合关系多是间接影响，主要目标在于提升本园区的产业竞争力、优化外界合作环境，保证园区内企业的竞合博弈能在一个健康、可持续发展的园区平台上展开。

6 我国园区存在的问题及其对企业竞合行为的影响

虽然企业可以有多种产业组织形式去实施各自的竞合战略,但是产业集群却是最优的选择。首先,竞合战略中的重点是竞合伙伴的选择,这个问题关系着整个竞合战略的实施效果和能否建立竞争优势。其次,处在一个产业集群中的企业互相之间是竞争与合作的关系,他们有很多相似乃至相同的地方,这些是企业建立信任的基础,恰恰信任又是竞合战略实施的充分条件。结合这两方面可以看出,产业集群是企业实施竞合战略的天然土壤,是竞合战略的最佳组织形式。当然在产业集群的企业间实施竞合战略也是存在问题的,园区内部企业之间实施的竞合战略中存在问题的根源,就在于我国园区经济本身存在的主要问题。因此对于这个问题的分析,要从我国园区经济发展过程中面临的问题来入手进行研究。

通过对星火有机硅工业园区发展情况的案例分析,我们得出星火有机硅工业园区的发展中存在着诸如网络结构简单、产业价值链不完整、创新能力不足、行业协会作用不明显等一系列问题。我国园区经济在推进和发展的过程中,也逐渐暴露出一些深层次的问题。星火有机硅工业园区发展中存在的问题,不仅是个例,这些问题同样也是我国园区经济发展过程中所面临的普遍性问题,有的问题已成为工业园区进一步发展的障碍。

6.1 园区结构单一对企业竞合的影响

通过对星火有机硅工业园区发展的案例分析,我们知道该园区经济的企业网络结构存在以核心企业到其他企业的单向纵向关系为主,而异地网络特征不明显的问题，表现为网络结构过于简单。这使得该园区企业间以单向网络关系为主，而企业间相互促进的作用不强。在我国园区经济的发展过程中，结构单一同样也是面临的问题之一，这种结构的单一性不仅表现为网络结构单一，还表现为园区功能单一、产业结构单一。

（1）园区功能单一。我国的工业园区鲜有专业的配套服务及市场分析、营销机构的存在。随着我国市场经济的发展，当前的社会化分工越来越细致，研发、生产以及市场营销逐渐被细化为由不同的市场运营主体进行独立运作，从而形成灵活高效的市场整体。在激烈的市场竞争环境下，专业化的营销机构和市场分析机构的配套与否，渐渐成为了能左右企业发展的首要因素。而目前我国的很多工业园区忽视了对营销机构和市场分析机构方面的建设，使得园区的功能较为单一，这在一定程度上影响了园区对地区专业市场分析及营销配套机构的形成和聚集。

（2）产业结构单一。我国的工业园区存在着规划不合理、发展战略不清晰的问题，这具体表现在，我国的园区建设基本上属于政府主导型，因此不按经济规律办事的官僚主义作风的痕迹很明显。这导致我国不少工业园区的功能定位和产业发展方向雷同，大多为制造业，产业结构非常单一。这就使得我国工业园区的同质化竞争激烈，由此还导致了城市产业结构的同质化。工业园区的功能定位和产业发展方向雷同，会造成资源的大量浪费。不顾及产业结构的调整和优化，将会造成社会资源、土地资源的巨大浪费，从而对经济发展起了制约作用。

园区结构的单一会阻碍园区内部企业之间的有序合作，并加剧企业间的同质化竞争，从而引起园区内部企业之间的过度竞争。而过度竞争正是我国园区企业竞合关系中存在问题的表现形式之一。园区内部企业常常为了争夺资源，而不惜与集群内部的企业之间展开过度竞争，这种行为会使集群内部企业的产能盲目扩大，从而造成企业生产规模的不经济。这不仅会损害集群内各方的经济利益，同时也使得园区内部企业间的合作变得十分不稳定，从而对整个园区经济的发展不利。

6.2 园区产业集群的集聚优势不强对企业竞合的影响

星火有机硅工业区园区的发展中存在产业价值链不完整、价值链单链式竞合的问题，总体来说，这些问题就是该工业园区的集聚优势不强所引起的。我国园区经济发展中，集聚优势不强也是存在的主要问题之一。园区的集聚优势不强具体表现在园区的产业集聚效应差以及园区内企业间的关联性不足。

（1）产业集聚效应差。园区经济的实质和核心就是它的产业集聚效应。而我国园区内部的企业之间由于缺乏真正有效的交互作用，大多数企业之间只停留在浮于表面的交流，甚至几乎不产生任何关系，而不懂得利用地理上的便利条件来拓展企业之间在信息、技术、知识、人才等方面的交流。同时，园区内企业之间的分工与协作很少，即使有也不深入。这是由于企业之间在产品与技术方面的相互提防，从而导致相互之间在产业链上的分工很少，企业间的关系较弱，每个企业都各自处于独立运行的状态，从而使得园区的产业集聚效应不强。

（2）园区企业间关联性不足。我国园区内部企业间的关联性不足体现在，企业间在产业链上的分工协作大多只是停留在低水平、低层次上进行，有的甚至根本没有产业链上的合作，企业间没有形成很强的前向拉动和后向推动的作用。各个企业自身都是封闭的、大而全的生产系统，这导致企业生产和交易的成本很高，产品的市场竞争力不强，从而导致企业的发展受到限制，更没有能力去实现创新。企业之间那种相互推动、相互渗透、相互需求的局面尚未形成。

园区产业集群的集聚优势不强会影响园区内部企业之间的有效合作，由此企业的协同创新能力亦会受到影响，阻碍园区经济的发展。

6.3 园区经济创新能力不足对企业竞合的影响

星火有机硅工业园区存在知识单向溢出，从而造成创新能力不强的问题。从全国层面来讲，我国工业园区发展的核心问题之一就是创新，创新能力弱伴随着我国工业园区发展过程中的隐痛。我国的工业园区总体上高新技术都是靠从外国引进，引进之后自身消化吸收的却很少；生产各方面对国外工业园区的模仿较多，而自身的原创却很少。正是由于我国园区经济的原始创新能力不足，使得我国工业园区内部企业在国际竞争中缺乏强劲的竞争实力，尤其是高新技术企业。我国不少工业园区表现出了对外来技术水平的过度依赖，一味地追求生产总值、争夺生产项目，而对于包括专利、知识产权在内的核心竞争力的培育却被企业所忽视。

同时，基于前两个问题，园区内产业结构的单一以及园区企业间关联性的不足，也会影响园区企业的创新能力。具体体现在以下两点：①园区内产业结构单一形成园区内同种类企业数量的高速增长，以及向着低水平、平面式分散的数量扩张模式，从而引起园区内企业间过度竞争，会导致园区内部的企业只注重短期利益，从而无暇顾及创新能力的提升。同时由于企业间存在过度竞争的现象，企业容易选择机会主义的行为来回避企业间的协同创新，从而削弱工业园区的整体创新能力和核心竞争力。②园区企业间关联性不足使得园区内部企业间在产业链上的分工协作大多只是停留在低水平、低层次上进行，有的甚至根本没有产业链上的合作。同时这种关联性不足还体现在园区内企业与周边的高校及科研机构的联系不紧密，从而造成产学研的脱节，导致园区的整体创新能力不足。

6.4 服务支撑体系不足对企业竞合的影响

星火有机硅工业园区的发展中存在着行业协会作用不明显的问题，具体体现在园区中的大部分企业都没有加入行业协会，也就是该园区在发展

6 我国园区存在的问题及其对企业竞合行为的影响

中面临着行业协会作用的缺失。而实际上,在我国工业园区的发展中,普遍存在着服务支撑体系不足的现象,这个服务支撑体系中也包括行业协会的作用。

我国工业园区发展中服务支撑体系的缺失具体表现在以下几个方面:第一,园区内缺乏一个投融资平台,使得企业的融资手段少,投融资的主体单一。园区内创新资源中缺项较多,最为突出的是风险资本普遍稀缺,无风险资本市场。第二,没有建立与大学以及科研机构的制度性联姻。园区中缺乏各类教育和培训等中间机构的建设,企业与园区的智力源缺乏,致使园区内人才缺乏,知识的流动和积累的速度很慢,使得园区内的创新文化不足。第三,进入园区进行孵化的企业主体基本上是以技术人员为主的小企业,而缺少大型企业法人,从而导致园区内不能快速产生具有集聚效应的项目和企业。第四,处于"筑巢引凤"阶段的工业园区,园区所在之处的生活配套设施较差,缺乏地气和人气。同时,园区的管理和服务水平亟待提高,管理机构缺乏远见,容易滋生出官僚腐败主义,这使得园区的投资软环境较差。

由于园区内服务支撑体系的作用主要体现在为园区内部企业搭建相互交流和学习的平台,从而促进企业之间的合作;规范园区内部企业间的非理性竞争行为,促进企业间的良性竞争;提升园区的管理和服务水平,改善园区的投资软环境,使园区经济获得长足的发展。工业园区内服务支撑体系的不足,则会影响园区内部企业之间的有效合作,同时加剧企业间的过度竞争行为;服务支撑体系的不足不利于企业间知识的溢出效应,使园区内部企业容易形成知识的封闭,从而使得企业的创新能力不足,企业创新能力的不足又进一步恶化了园区内部企业之间在低水平上的过度竞争,最后导致工业园区整体竞争实力的削弱。

7 对集群内企业竞合行为主要问题的治理措施

7.1 塑造合作导向的网络组织

　　塑造合作导向的集群文化可以抑制过度竞争。特定区域的地域文化是一种约定俗成的处理问题的方法，会对区域内的企业产生潜移默化的影响。可以预见在一个重视合作和信用的地域内，该地区的企业也会相互信任彼此，进行有效的合作与竞争；相反，如果一个地区注重竞争，并且这种竞争不是建立在信用的约束下，如此一来就会使得地区的企业信任度降低，无法进行有效的合作。甚至于会使得有些不明智的企业即使在合作过程中依然出现背叛合作伙伴或者窃取核心技术的现象。这很显然不利于地区企业的健康发展。

　　所以，管理部门在对地区的企业进行管理时，要注重培养以信任为基础的地域文化，让区内的企业都能明白合作的长期收益比恶意竞争的收益要高。并且将这种文化渗透到企业的"骨髓"中去，彻底扭转企业对合作和竞争的看法，形成区内企业的合作局面，促进良性竞争。可以借鉴的方法有：①在区内建立有一定约束力的信用约束制度，要求区内的相关企业都要遵循；②建立相对应的处罚机制，对违背约定的企业进行强有力的处罚。以下这些对策在解决产业集群过度竞争时是有效且必需的，足以引起重视：塑造合作导向的集群文化，以文化带动企业的战略调整；限制投机主义，以固定的制度形式来对企业过度竞争进行限制，加强企业合作的稳定性；建立网络组织来协调各成员的利益；适当的时候可以运用政府的干预力量，推动企业的合作，从而淡化竞争。

7 对集群内企业竞合行为主要问题的治理措施

在分析产业集群效应对企业竞合行为的影响过程中,我们可以得知,应该避免或减少企业之间不合作行为的发生,要做到这些,措施可以有以下几种:

第一,营造适度竞争的环境,避免过度竞争和竞争不足。没有竞争的集群就没有活力,没有活力这个集群就在其他集群的竞争中失去优势。市场调节的"看不见的手"可以调节在完全竞争市场下集群内部的竞争。然而在现实中,完全竞争的市场几乎是不存在的,当市场出现失灵的时候就需要政府对市场进行干预。政府对经济的干预也不是随意的,不能只是一味地追求扩大集群的规模,它也要根据市场运行的客观规律来进行,尤其是产业集群发展的一般规律,在扩大集群规模的同时也要避免因规模过小而限制集群发展潜力充分发挥的情况发生。驱动竞争不足的情况出现时,政府应该对集群放松管制,鼓励更多的资本和企业进入集群;而当企业之间的过度竞争的情况出现时,政府应该采取适当的措施来对企业间的竞争行为加以管制。

第二,积极塑造集群内部企业的合作、信任的文化氛围,促进集群内外的交流。处在一种相互交流协作的良好氛围当中,能够让企业的创新激情达到最大,并且企业之间还会更容易形成协作关系。在集群内部,企业之间若是没有信任,那就意味着企业之间会有较高的交易成本,这对集群的发展是极其不利的。因此,产业集群应当以企业之间的相互信任为基础。政府应该鼓励企业相互信任、相互合作,如通过宣传教育,切实加强企业的契约观念和意识;建立有一定公信力的信用评论等级系统来培育本地的信任机制;引导企业之间进行研发同盟,支持企业技术创新;还可以向企业有选择地提供技术改进的资金支持,从而以此为政府设立技改基金,为集群内企业创新营造良好的创新环境。

第三,在现实企业数量和最优产业容量之间保持平衡。产业集群内部企业之间的关系是合作与竞争的关系,但是由于资源是有限的,如果产业集群内的企业过多,就会引起恶性竞争。所以集群内的企业数量要和最优产业容量相适应,既不能让企业数量太少也不能太多。与此同时,应在集群内的各企业之间进行斡旋,这可以通过成立行业协会的办法来解决。这是由于产业集群内的企业都是集中在一个地方且属于同一行业,因此会出现部门企业为了自身企业的利益而损坏集体利益的行为。要解决这个问题,可以通过成立行业协会,使其作为一个中间组织的形式对企业之间的

集群企业的竞合博弈及其案例研究

合作与竞争的关系进行协调,从而尽可能地使集群内企业之间的不合作行为以及有损产业集群整体利益的其他行为发生的概率减小。

第四,在集群内部建立以合作为导向的集群文化。建立产业集群是为了使企业更好地合作和竞争,集群文化就是为了这个目的服务的。在发展集群文化的过程中有几点需要注意:

(1)集群文化要以合作为导向。通过一种合作的文化气氛树立集群内部企业之间的合作意识,培养企业之间从集群整体利益出发来考虑事情的意识,约束集群内部企业的行为,这将对提高集群的整体效率有帮助。同时,集群内龙头企业的带头作用也是需要注意的地方,这是由于龙头企业既有义务又有能力引领集群文化的建设,它们在行业内已经有了一定的威信和声望,可以让集群内的企业对集群有归属感,避免投机主义行为,发挥带头作用。

(2)建立企业学习网络结构。在园区内的中小企业主要是通过两方面来学习文化。一方面是在园区内本身的文化氛围的影响下,基于企业一种不落后的心态,企业之间会互相学习和沟通。另一种就是在面临共同问题的时候,企业通过互相协作能更加有效地解决问题,加快企业的创新速度,促进整个园区的发展。所以在建立网络结构的时候要注意建立各种信息渠道,包括显性的和隐性的,加快信息在园区内企业的流动速度。

(3)集群文化还要包括园区的创业精神、创新精神以及协作精神,是多方面、多角度、深层次的,只要是可以提高园区内企业的竞合意识的,都可以作为集群文化来培养。

7.2 限制机会主义等投机行为

树立大局意识,限制机会主义等投机行为。产业集群中的企业通过各种方式合作,共同为消费者提供产品和服务,并且在这个过程中来收获自己的收益。产业集群的决策是以整个产业的利益最大化作为决策的依据,但是很显然集群内的企业却不会这样想。众多的单个企业决策构成集群决策,单个企业的追求是自身利益最大化,为了达到这个目的,就要和集群内的其他企业展开竞争,很可能会使用不正当的手段。因此,集群内单个

7 对集群内企业竞合行为主要问题的治理措施

企业的利益最大化必然会使得集群整体的利益受损。著名的囚徒困境博弈表明，个体的理性行为往往导致集体的非理性行为，集群内企业追逐个体利益最大化的这种行为必然导致集群整体利益的损失。产业集群群体利益和集群内单个企业的利益是不一致的，这就使得单个企业会出于利益的原因投机。因此可以深入探究一下集群企业机会主义产生的原因和控制方式。

无论是哪种方式的产业集群，都会存在企业的机会主义行为，尽管它们这种利己动机的表现形式迥异。如果集群内部出现了这种不和谐的机会主义，不仅危害集群的稳定性，也会破坏整个产业的创新协作能力。也许作为个体的"经济人"，的确有利己动机，也会有损人利己的行为发生。产业集群内部企业机会主义行为的表现形式主要有：转嫁（对合作协议的单方面修改或中止）、市场需求萎缩时对风险的逃避、市场需求旺盛时的合作、学习行为中的模仿和抄袭。

若是在结构比较松散的产业集群内部，各个企业之间的抄袭行为是十分严重的，它们之间的合作协议对于它们的抄袭行为通常都没有多大约束力，集群内企业之间的抄袭行为尤其在产品、品牌等知识产权等方面特别严重。在这种情况下，企业要有品牌意识，加强自我创新能力，提升自身的核心竞争力，如此方能避免过度竞争和投机主义的发生。即使是在一个紧密的集群里，投机主义依然大量存在。即使企业之间有了一定的合作基础，相互学习，但是在市场大环境下，难保企业不会做出不负责任的行为。这时，就需要建立集群内的网络组织，树立集群内部企业的集群大局意识，对违反规定的企业进行处罚。

在横向集群中，企业很少能达成合作协议，即使有也是没有多大约束力的。这主要是因为对于无品牌的企业来说侵犯品牌企业的知识产权是很常见的，几乎是一本万利的。而这个时候如果品牌企业缺少核心竞争力，无品牌企业的这种投机主义就会占据上风。纵向集群中机会主义行为的表现形式为，企业对风险和收益所抱的心态是随着市场环境的变化而发生改变的，并依据市场环境的变化来选择是否履行协议。如果这个行为是由当事企业实施的，那么这个企业很可能会被这个产业集群驱逐出去；若是这个行为是由龙头企业所实施的，那么这个企业的声誉势必会受到影响。在一个关系型网络中，声誉对于组织成员来说是一种尤为重要的激励，集群内部成员在市场面临萧条时期的态度对企业来说才真正是对其声誉的考验。在市场面临危机的时刻，领导企业的核心、宗旨以及使命能力将会在集群文化中发挥关键的作用。

针对横向集群的投机主义最重要的对策是企业要有自己强大的研发系统。具备创新意识，且有很强的创新能力，可以引领整个行业的潮流，这是预防投机主义的最好方法。并且在创新中才会形成企业的核心竞争力，避开过度竞争的危险。对于纵向产业集群来说，领袖企业的责任重大，要发挥领袖的责任就要通过组织的力量来惩罚不良分子。

7.3 积极发挥政府以及中介组织的作用

政府在一些产业集群问题的解决上有得天独厚的优势。具体来说，就是有一个莫名的领导力在里面。有的时候集群内部无法解决的问题交给政府来解决不仅可以省时省力还能达到让各方都服从的效果。虽然根据市场理论，政府不应该代替市场配置资源。但是经济理论也同时说明了市场是存在失灵的，市场不能保证公平，自由放任的市场势必导致垄断，并且市场机制也有自身无法解决的外部性的问题。这些问题都是市场机制的重要缺陷，而又在现实生活中真实存在着。政府以及中介组织能在调节集群内部矛盾上有很大的作为。在规制企业之间的行为方面，行业组织的目的能使集群内部企业之间减少摩擦，实现企业之间的相互合作。此外，在整个产业集群扩大的过程中，行业组织在促进交易效率上也有很好的效果。

政府在抑制企业过度竞争行为的过程中可以做到：

（1）对行业进行体制改革，同时完善资本市场的功能，从而为企业的收购兼并提供条件。要实现我国产业有效竞争的目标模式，要通过的必要途径有，通过企业的破产、转产和兼并等企业退出的行为来减少进入行业的企业数量，从而集中企业的生产能力来避免生产能力的分散（张昕竹、汪向东、李雪松，2000）。龙头企业的形成方式之一就是企业间的并购，企业的并购有利于生产资源的集中，从而使得企业成为龙头企业之后起到在产业中的带头作用。目前，限制企业扩大生产规模的主要因素有两个方面：第一，地方政府担心失去对于企业的控制权。缺少资金是每个企业都

7 对集群内企业竞合行为主要问题的治理措施

会面临的问题,在内部融资不足时,就要依赖外部融资。这就使得资本市场的不完善成为企业融资的障碍。第二,企业之间并购资金的不足,使得有些企业对于企业并购显得有心无力。

此外,由于我国国有企业的股权都是隶属于地方政府的。这些国有企业的被并购会造成地方政府对企业控制权的缺失,这就引发了一系列的利害关系。所以为了促进集群的发展,政府职能部门要为企业并购提供政策支持,用长远和发展的眼光看问题。

(2)降低体制性退出壁垒,加速市场优胜劣汰的变化过程。过度竞争主要是由于一些企业在明知道亏损的情况下由于比较高的退出壁垒而不退出,导致同期市场供给大于需求,市场不能自动完成优胜劣汰的过程。市场存在众多低效率企业,给国家社会都带来了巨大的损失。针对这些问题,政府要做的就是对不同企业制定不同政策措施来应对。

(3)完善社会保障体系。如果一个企业破产或者被兼并,这个企业的员工问题是一个要考虑的因素。如果一个国家拥有完善的社会保障体系,能够为这些员工提供一部分的时间来缓和一下由于企业破产所带来的家庭和社会的问题,就可以让整个破产和兼并过程流畅,阻力会大大减小。

政府要营造适合群内企业交流的文化氛围,同时也要为群内外企业的交流搭建桥梁,使群内企业接收新的战略观念、新技术新技能等信息,企业家逐渐形成更加开明、开放的现代企业经营意识,消除家族文化的弊端,进而避免企业的封闭自守风险[①](Markusen,1996)和群内企业战略趋同性的整体行动。

---

① Markusen A. R. Sticky Places in Slippery Space: A Typology of Industrial Districts [J]. Economic Geography, 1996 (72). 293-313. 他认为,集群越成功,越倾向于演变成一个封闭系统,只允许与集群相关资源的进入和传递,而排斥甚至驱逐不相关的资源,这种对资源的吸聚偏好会使集群丧失获取应对市场变化所需的能力,导致集群竞争力不断下降,甚至走向衰亡。

7.4 改善园区工作环境

改善园区工作环境，确保园区中各类资源的充分供给。当前，我国的工业园区建设并不是很合理，多数没有注意到园区生活环境建设，导致人才流失严重，并且人才的流动也导致企业的稳定性不够，从而影响企业的竞合行为。因此，工业园区要尽最大可能为工作人员提供优越的生活和工作环境，使其成为工作人员的一个最优选择，为园区留住人才并吸引人才。具体措施有：①随时关注园区工作人员对于工作、生活环境的要求，并且根据这些建议对园区进行必要的改造，适合各种人才的工作和居住；②要时刻保持对同类园区建设情况的观察，通过对比，发现不足、弥补不足。

当一个园区的各种资源都很丰富时，园区内的企业之间至少在对于资源的需求方面不会产生竞争，它们会倾向于合作；反之，如果一个园区在某些资源上紧缺时，园区内的企业就有动机为了自身的发展，而竞争这些资源，从而降低合作的意向。

所以在园区建设中，要考虑到资源环境这个要素，确保园区资源的充分供给，防止恶性竞争。具体措施有：①采取多种方式来引进人才，并且采取有效的激励方法来留住人才；②建立行业协会等中介机构以确保园区各种信息之间的充分沟通；③确保园区内企业要求的原材料充分供应，如果确实无法满足，也要确保原材料的运输费用是最低的，并保证物流的畅通；④在园区内建立多层次的金融机构，为园区内企业的资金需求提供方便。

8 研究的结论与展望

8.1 研究结论

在新经济环境背景下,产业集群和竞合战略都是企业提升竞争力的有效途径。本书提出产业集群是实施企业竞合战略的最佳产业组织形式。在此基础上分析了当前产业集群中竞合关系存在的问题,进而提出在产业集群中实施竞合战略的关键点。在产业集群内部,企业之间进行的良性竞争与合作,是提高产业集群水平、促进区域经济发展的重要因素之一。决定产业集群竞争绩效的重要变量之一就是企业的竞合行为,企业的竞合关系是集群文化的重要组成部分。要研究产业集群内的企业竞合关系,揭示其主要矛盾,对于制定、实施培育和壮大产业集群战略、提升产业竞争力和区域经济实力有重要的意义。本书以产业集群、工业园区经济和竞合理论等理论为基础,在社会网络的关系分析和传统产业组织研究框架的基础上,建立了工业园区内企业间竞合关系分析的一般模型,并运用博弈模型分析了工业园区内企业之间的竞合现状与趋势、竞合动因,提出了企业的竞合策略。主要结论和成果有以下几点:

(1)在提升产业集群的竞争力方面,产业集群内部企业间的竞合行为能实现企业间的相互合作,集群内的合作是通过理念、组织、技术以及制度四个方面的竞争优势,使集群内部的合作由外部深入到内部,从而在组织学习的基础上,将集群内部的合作行为转化为集群内企业的核心竞争力和核心理念。

(2)经过研究集群内企业竞合行为,我们可以得知,企业间的竞合行为有利于提升产业集群整体的竞争优势,同时还有利于集群内部单个企业的发展。在研究企业竞合行为的互利机制和竞合行为优越性的过程中，通过建立企业间的竞合机制，企业能实现彼此间的优势互补和资源共享，且通过获取更高的均衡利润和更低的均衡价格来取得综合竞争优势，从而加强企业的竞争优势。

（3）通过对集群内企业竞合驱动因素的分析发现，集群内部企业之间合作的主要驱动因素有：政策支持、联合创新、对外市场竞争、社会资本节约、规模经济、资源共享以及优势互补等；集群内部企业竞争的主要引导因素包括：个体利益最大化、行业地位争夺、个体品牌提升、市场份额争夺和有限资源争夺等。

（4）本书构建了工业园区集群企业间竞合行为的博弈模型，区分了政府主导型工业园区集群与市场主导型工业园区集群的不同，并得出了对于工业园区内企业间竞合行为的治理措施，包括：塑造合作导向的集群文化，塑造合作导向的集群文化，抑制过度竞争、积极发挥政府以及中介组织的作用、改善园区工作环境，确保园区中各类资源的充分供给。

8.2 研究局限与展望

8.2.1 研究的局限性

虽然本书比较深入地研究分析了园区企业竞合行为的诸多影响因素，但是由于时间以及一些其他不可控因素的存在，本书还是有一些不足的地方，有待于进一步研究：一方面本书在样本的选取上没有做到十分集中；另一方面由于笔者知识方面的有限，对于影响因素的分类不全面，有一些因素没有考虑在内，有一些因素又相互重叠了。

8.2.2 研究的展望

本书的研究展望，笔者从理论和实践两个方面分别进行论述：

第一，理论部分。本书以竞合理论和产业集群理论为研究基础，对集群内企业间的竞合行为以及由此带来的影响进行了探究。本书倡议建立集群多维合作模型和多维合作激励模型，在促进和加强企业的合作方面有重

8 研究的结论与展望

大意义。但是鉴于篇幅所限,本书并没有对合作过程中起重要作用的信任机制进行研究,是一大遗憾。

第二,实践部分。今后的研究中,可以以某一个特定的园区企业为样本,并且选取相应的高管为调查对象;也可以对某一行业的样本进行调查,得出更有代表性的结论;除本书所提到的因素外,对中小企业竞合行为有影响的因素还有很多。笔者能力有限,对这些因素的分类并不清晰,有部分重叠,以后可以对这些因素的交叉影响做更系统的研究。

第二部分
案例篇

案例一　滴滴快车和快的打车的竞合关系

1　滴滴打车分析

1.1　滴滴打车简介

滴滴打车是一款免费打车软件，时下最热的手机打车软件，是覆盖最广、用户最多、最受用户喜爱的"打车"应用，入选"App Store2013 年度精选"，荣登日常助手类应用榜单冠军。

2012 年，嘀嘀打车在北京中关村诞生，9 月 9 日正式在北京上线，此后便与正在火热发展的移动互联网行业相互交融，激发创新灵感。现在，滴滴打车每天为全国超过 1 亿的用户提供便捷的召车服务和更加本地化的生活服务，让正在高速发展的中国移动互联网真正渗透到用户心中。目前，滴滴打车已经成为全国最大的打车软件平台。

2014 年 5 月 20 日，嘀嘀打车对媒体宣布，公司名称正式变更为"滴滴打车"。

2015 年 2 月 4 日，滴滴公司 CEO 程维在其年会上宣布，公司首席运营官柳青正式出任滴滴公司总裁，将负责更多公司日常业务运营。

2015 年 2 月 14 日，滴滴打车与快的打车进行战略合并。

1.2　产品特点

"滴滴打车"改变了传统打车方式，建立培养出移动互联网时代下引领用户现代化出行的方式。较传统电话召车与路边拦车来说，滴滴打车的诞生更是改变了传统打车市场的格局，颠覆了路边拦车概念，利用移动互联网的特点，将线上与线下相融合，从打车初始阶段到下车使用线上支付车费，完成一个乘客与司机紧密相连的 O2O 完美闭环，最大限度地优化乘客打车体验，改变传统出租司机等客方式，让司机师傅根据乘客目的地按意愿"接单"，节约司机与乘客沟通成本，降低空驶率，最大化节省司机、乘客双方的资源与时间。

截至 2014 年 3 月底，嘀嘀打车在全国已经突破 1 亿用户，日均订单量也突破了 521.83 万，覆盖了包括北、上、广、深等超过 178 家一二线城市，使用嘀嘀打车的司机也超过了 90 万。

1.3 使用方式

嘀嘀打车原理非常简单，与电话叫车服务性质类似，与微信用法大同小异。即乘客启动嘀嘀打车软件客户端，点击"现在用车"，按住说话，发送一段语音说明现在所在的具体位置和要去的地方，松开叫车按钮，叫车信息会以该乘客为原点，在 90 秒内自动推送给直径 3 公里以内的出租车司机，司机可以在嘀嘀打车司机端一键抢应，并和乘客保持联系。在乘客到达目的地下车需要支付车费时，即可使用嘀嘀打车合作伙伴微信支付和 QQ 钱包进行线上支付，既可享受免找零服务，也避免了假币、丢钱包等现象的发生，完成了从打车到支付的一个完美闭环服务，让用户的出行尽在自己手中掌握。

1.4 发展历程

2012 年 6 月 6 日小桔科技成立，经过 3 个月的准备与司机端的推广，在 2012 年 9 月 9 日正式上线。

2012 年 10 月 28 日，版本 1.1，跟随 IOS 推出新版本，更完美的支持苹果新系统，增加了出租车到达的即时信息推送，增加了一键重复发送功能，简化了注册流程。

2012 年 12 月，嘀嘀打车获得了 A 轮金沙江创投 300 万美元的融资。

2012 年 12 月 2 日，版本 1.2，开通了预约功能，可以即时预约明天乃至后天的出租车。增加了加价功能，在高峰期或者不好打车时，提供了加价方式来提供叫车的成功率；省掉了注册和登录流程，让用车能够更加便捷。

案例一　滴滴快车和快的打车的竞合关系

2012年12月18日，版本1.3，增加了呼叫等待功能，高峰期可以延长等待时间，预计提升40%的叫车成功率；优化了软件的启动速度。

2013年2月2日，版本1.4，增加了预约等待功能。

2013年4月，嘀嘀打车获得了B轮腾讯公司1500万美元的融资。

2013年6月26日，版本2.0，全新页面设计，操作更简单明了；开启一键叫车，打开软件即可叫车；增加异地预约功能；新增独有3D地图，让你在楼宇之间、十字路口、车水马龙中能更加轻松地被找到。

2013年10月，艾瑞咨询关于打车行业的报告显示，嘀嘀打车市场占有率第一，为59.4%，超过了其他所有打车软件占有率之和。

2013年12月，嘀嘀打车入选"App Store 2013年度精选"。

2014年1月4日，版本2.6，嘀嘀打车正式与微信开启合作，可以用微信支付车费，从此告别找零，当天微信支付超过6000人次，微信支付进入了火爆阶段。

2014年1月6日，嘀嘀打车获得中信产业基金6000万美元，腾讯3000万美元，其他机构1000万美元共计1亿美元的融资，成为首个获得C轮融资的打车软件。

2014年1月10日，嘀嘀打车与微信支付联合推出第一轮活动，乘客用嘀嘀打车后使用微信支付立减10块钱，而司机立即获得10块钱奖励，微信支付活动的推出进一步扩大了嘀嘀打车在全国的知名度及美誉度，市场占有率遥遥领先，打车软件第一品牌的地位不可撼动。

2014年1月22日，受春运出行人数激增的影响，仅早高峰期间使用微信支付的嘀嘀打车订单就超过10万单，造成短信下发通道不畅，嘀嘀打车迅速做出反应，在20分钟后紧急修复了该问题，并对受影响乘客进行赔偿，涉及金额60万元。

2014年2月23日凌晨开始，嘀嘀打车因为微信支付活动火爆，短时间内大量用户涌入，造成嘀嘀打车软件系统出现间歇性不稳定的现象，嘀嘀打车第一时间解决，在当天下午5点左右已经完全修复，并表示将遵守补贴优惠的承诺，对受影响的用户执行每单补偿12块钱的政策。

2014年3月28日，嘀嘀打车宣布入驻手机QQ，用户通过"QQ钱包"下载嘀嘀打车可以实现叫车，使用"QQ钱包"不需要跳转即可在QQ内支付车费。

从2014年1月10日起不到3个月的时间，嘀嘀打车的优势逐渐在营销价值上释放，用户从 2200 万增加至 1 亿，日均订单量从 35 万增长至 521.83 万，实现了规模性突破，取得绝对领先优势，将打车软件行业推向单级格局。嘀嘀打车在过去 77 天里以日均 521.83 万的订单量超过了京东、淘宝移动和美团，成为了国内最大的移动互联网日均订单交易平台。

2014 年 4 月 2 日，速途发布《2014 年 Q1 打车软件市场分析报告》，其显示嘀嘀打车市场份额达 60.2%，其中 2014 年第一季度打车软件活跃用户分布，嘀嘀打车以 88.4%遥遥领先于其他打车软件。

2014 年 5 月 20 日，原"嘀嘀打车"母公司小桔科技有限公司对外宣布，嘀嘀打车正式更名为"滴滴打车"，此前嘀嘀打车的商标已由一家杭州公司注册，对于双方的品牌纠纷，杭州市中级人民法院已经受理，小桔科技即日起将启用"滴滴打车"的品牌标识。

2014 年 12 月 9 日，滴滴打车宣布，公司获得新一轮超过 7 亿美元融资，由国际知名投资机构淡马锡以及国际投资集团 DST、中国互联网领袖企业腾讯主导投资。

2015 年 1 月 17 日晚，由腾讯应用宝、安徽卫视共同主办的"2014 腾讯应用榜样——应用宝星 APP 之夜"在北京工人体育馆举行，滴滴打车获评年度"最具突破出行 APP"。滴滴公司副总裁罗文上台领奖后，当场宣布派发大礼，回馈用户。

1.5 产品优势

出租车拒载已经成为大城市的普遍现象，滴滴打车的最大价值是匹配用户和司机的需求，减少司机的空使，提高效率。

在出租车司机季师傅看来，造成出租车拒载最重要的原因是乘客和司机之间的不理解。"出租车每天都有必去的方向。例如我家在亦庄，交班就必须往那个方向走。每个月要开例会，我也必须去五芳桥方向。""现在乘客一上来，第一句话就是'走吗？'我要是说'走'。乘客马上就上车，不再管你要去哪，是不是要交班。"季师傅说，"所以很多司机如果需要去指定方向时，宁肯空使，看着乘客在路边招手，也不敢过去问。一旦问了，方向不对，拒绝了乘客，就可能会被投诉拒载。"他继续说道，"现在每天有数以万计的出租车，就这样空使在路上。乘客和司机连最基本的沟通都没有了，多说两句话问问'您方便去哪'都做不到。"季师傅强调，出租车司机很多时候并不是挑选路途远的乘客，而是选择合适的方向。

"这就要乘客和司机互相理解,好好沟通。如果方向合适,没有司机愿意拒载。因此需要类似滴滴打车这样的东西,解决需求匹配的问题。"

1.6 市场合作

嘀嘀打车在推广初期,与北京市两大出租车调度中心之一96106达成战略合作,系统互通,并且还为96106定制客户端。

2013年,嘀嘀打车与入口级应用运营商高德地图、百度地图达成合作,开启了与地图类应用合作联运新模式。

2013年12月12日,嘀嘀打车宣布与携程旅行达成战略合作,此次合作主要基于携程客户端,功能支持送机服务及城市打车。

2014年1月6日下午,嘀嘀打车宣布独家接入微信,支持通过微信实现叫车和支付,该功能已在iOS版本中实现,安卓版也在1月8日开通。在接入微信后,用户可以在"我的银行卡"中打开"嘀嘀打车",并完成叫车和微信支付;并且在嘀嘀打车客户端也接入了微信支付,使用微信支付的乘客可立减10元车费,支持微信支付的司机可立享10元奖励。

与腾讯微信的战略合作再次打开移动互联网生活工具类软件的新舞台,将嘀嘀推上历史新高度,作为首款接入微信的移动叫车应用,滴滴带来的变革并不只是简单的出行方式的改变,更多的是移动互联网O2O模式被大众认可和支持。滴滴目前的数据状况显示,新用户从下载注册到呼叫的周期越来越短,二次呼叫频次越来越高,也就是说,越来越多的人会主动了解、安装滴滴打车,首次叫车成功体验过后,便将之纳入实用类生活工具,随之而来的自然是无尽的正向口碑传播。

2015年2月14日,滴滴打车与快的打车进行战略合并。新公司将实施Co-CEO制度,滴滴打车CEO程维及快的打车CEO吕传伟同时担任联合CEO。两家公司在人员架构上保持不变,业务继续平行发展,并将保留各自的品牌和业务独立性。

1.7 滴滴打车接入微信

滴滴打车创始人程维介绍,全国已经有35万个司机使用滴滴打车,北京6.7万辆出租车,已经有5万司机使用滴滴打车。

在接入微信后,用户可以在"我的银行卡"中打开滴滴打车,并完成叫车和微信支付。滴滴打车最大的竞争对手快的打车已经接入了支付宝付款，微信打车和支付功能也成为了阿里巴巴与腾讯在移动支付竞争上新的着力点。

为了防御微信，阿里巴巴已经在移动电商和支付上有了诸多布局，包括刚刚起步的来往，快的打车支付，以及新上线的微博支付，此次微信与滴滴打车的合作成为两大打车软件之间新的竞争点，而背后是腾讯和阿里巴巴两大巨头之间的 PK。

烧钱补贴成为了打车软件竞争的最直接手段，程维宣布，在 2014 年 2 月 10 日之前嘀嘀打车将为每一笔微信打车的订单给司机补贴 10 元，并为乘客减免一定的打车费用，同时从 2014 年 1 月 10 日开始，嘀嘀打车将推出 1 万单免单的活动。

快的打车在 2013 年 6 月完成了阿里领头的 800 万美元 A 轮融资，同时在 2013 年 11 月并购了大黄蜂打车。随着玩家的不断淘汰，打车软件市场的格局逐渐清晰，程维讲到，滴滴打车自己的数据显示滴滴打车已经占到了全国 60%的市场份额，在上海的市场超过了第二名、第三名的总和，在杭州已经追上快的打车。不过程维也表示，滴滴打车追求的一定不是垄断，如果对手做大了，最终市场可以达到四六或者三七的份额比例，但是目前滴滴打车最大的对手是"路边打车"这一召车习惯。

2012 年 9 月，嘀嘀打车获得金沙江创投 300 万美元的投资，2013 年 5 月获得腾讯的 1500 万美元投资，本轮融资为 C 轮，金额为 1 亿美元，投资方为中信产业基金和腾讯等，腾讯投资 3000 万美元。

程维表示，在接受投资后滴滴打车会保持公司的独立性，融资并不意味着滴滴变成土豪。补贴只是短期的营销手段，选择滴滴的司机也不是因为补贴，对滴滴打车而言最根本的还是提升服务。

1.8 盈利方式

第一，大数据的采集。在你使用打车软件的同时，软件会记录你的打车起点和终点，然后汇总每一个人的信息，并分析数据，总结出频率较高的起点和终点，可能会形成一种类似商业地图一样的东西。如果把城市当作一个平面，这些数据就是城市上面的一个个虚拟建筑，有高有低，出现频率越高的地方，虚拟建筑就越高。通常来说，火车站、商业中心以及高校的虚拟建筑较高。比如说在北京的话，国贸肯定会非常高，在太原的话，和信摩尔会非常高。就这样通过这些虚拟建筑的高低，腾讯和阿里获

案例一　滴滴快车和快的打车的竞合关系

取了全国地级以上城市的精确的商业图。有了这些数据，腾讯和阿里就可以分析人们的消费行为以及常用出行路线。

第二，信息的价值。腾讯通过 QQ 和微信知道你每天聊什么，通过打车软件知道你家住哪，你平时去哪买东西，你喜欢去哪里玩，这是覆盖全中国数亿人口的数据，这是多么值钱的一份信息，这也是腾讯不惜花上数十亿元人民币来购买的信息。

第三，商业地产与商业住宅的规划咨询。比如出现了一个与万达竞争的商业地产公司，但是万达有先发优势已经把好地皮给占了，这时腾讯站出来了，你看我这有翔实的信息，然后这个公司就得花钱买腾讯的数据，这就把信息变现了。这还只是其中一种变现方法，以此为基础，腾讯完全可以成立一个极具权威的咨询公司。

第四，实体店与虚拟店的结合。淘宝够强大，是虚拟店铺平台的老大。再看看腾讯打算做什么，利用微信这一神器，腾讯可以将线上和线下打成一片，一个简单的微信号就可以代购，实体店铺有二维码扫一扫便可以微信支付，比起淘宝最大的优势就是便携性和实用性。

第五，市政建设的规划。分析打车频率与常用地点后，腾讯就基本掌握了城市道路的利用效率与堵车节点，由此出发可以给市政建设部门提供数据支持来改善交通，缓解堵车现象，提高城市道路使用率。甚至可以细化到给每一个消费者提供道路规划，告诉你怎么走不挤，怎么走更快。

第六，支付方式的改变。这个感觉最直观，纸币替代金属货币用了好长时间，那么微信支付可以加速电子支付替代纸币的速度，以后出门不用带零钱了。

1.9　融资

2014 年，滴滴打车刚融到 D 轮融资 7 亿美元，由淡马锡、DST、腾讯投资，滴滴打车的估值达到了 35 亿美元。据滴滴打车方面透露，7 亿美元主要用于新业务的拓展，除了已有的租车、专车业务之外，还包括同城物流、移动零售、智能公交等，意在打造一个多端出行平台。

此前，2013 年 12 月，腾讯已向滴滴打车注资 1 亿美元，这是继 2013 年 4 月，腾讯向滴滴打车注资后的第二轮巨额投资。

集群企业的竞合博弈及其案例研究

1.10 广受消费者好评

从滴滴打车的最初尝试，到今日的"无城不滴打"的演变，反映了互联网终端无处不渗透的曲折历程，武汉这座特大城市也概莫能外。

2013年4月1日，一款广受北上广好评的民间召车系统嘀嘀打车在武汉城区上线试运行，这款利用手机语音短信呼叫身边出租车的热门软件正式落地武汉，近200台出租车安装了嘀嘀打车司机端。

通过半月的试运行，2013年4月15日嘀嘀打车的士召车系统在武汉市场正式运行，司机端、客户端全面开放。截至当日，已有超过2300名出租车司机安装嘀嘀打车司机端，根据开发嘀嘀打车软件的北京小桔科技有限公司统计，该软件在武汉市场试运行的14天里，平均每天的呼叫量达千余次，成功率达88%，预约召车成功率达100%，远远超过武汉电召平台66667777召车成功率为48.5%的历史纪录。

再看看北京，目前北京10万名出租车司机有7万多多安装了滴滴打车的软件，6.7万辆出租车里近5万辆安装了滴滴打车的软件。滴滴打车在全国开通近百个城市，安装了48万个司机端，几千万个乘客端。

1.11 发展之困

面对滴滴打车积累的海量用户数据，下一步如何实现盈利？程维表示在3年时间里是不会盈利的，并持续在出行这个领域里面，用互联网的手段给用户提供方便快捷的出行服务。但3年以后，我们相信滴滴打车，会是一个可能对整个中国出行做出改变的企业。

程维认为，有了海量的乘客和司机的数据之后，这些司机和乘客因为滴滴的服务好，黏在里面，那就可以给一部分需要更高服务的乘客提供增值服务，同时也给一些司机提供增值服务，这样可以有一些收入。人们打车的时候，他们可以推荐一些周边更精准的广告，这样又会有一些广告的收入，所以有很多事情可以做。

2 快的打车模式分析

2.1 快的打车简介

快的打车是由杭州快智科技有限公司研发的，便民打车的智能手机应用。该软件为打车乘客和出租司机量身定做，乘客可以通过 APP 快捷方便地实时打车或者预约用车，司机也可以通过 APP 安全便捷地接生意，同时通过减少空使来增加收入。2014 年 12 月，快的打车旗下一号专车宣布进入企业级市场。2015 年 1 月 4 日，快的打车宣布，阿里巴巴集团原副总裁陶然加盟公司，出任公司副总裁；1 月 15 日，快的打车宣布，公司已完成新一轮总额 6 亿美元的融资；2 月 14 日，滴滴打车与快的打车联合发布声明，宣布两家实现战略合并；2 月 25 日，滴滴快的对外发布声明，两家公司合并后，针对乘客的红包补贴和司机的奖励将继续发放；4 月 7 日滴滴快的联合宣布将正式推出代驾业务。2015 年 5 月 12 日，快的打车洛阳办事处被洛阳工商联合执法查封。

2.2 发展历程

2012 年 5 月，成立杭州快智科技有限公司。

2012 年 8 月，快的打车在杭州上线。

2013 年 4 月，快的打车获得阿里巴巴、经纬创投 1 千万美元的 A 轮融资。

2013 年 6 月，快的打车开通全国 30 个城市。

2013 年 7 月，快的打车与去哪儿、高德地图、百度地图、支付宝形成战略合作伙伴，并由这些软件为其打车功能提供服务支持。

2013 年 8 月，快的打车接入支付宝，成为全国唯一一家可以通过支付宝在线支付全部打车费用的打车 APP。

2013 年 8 月底，快的打车在北京召开快的打车 2.0 版本发布会，首创起点精准定位、即时追踪距离、智能推送机制、用户积分等级和 VIP 功能。

2013 年 8 月，快的打车用户下载量超过一千万，司机数量超过 20 万。

2013年9月，快的打车进军香港，成为国内首家进入香港市场的打车APP。

2013年10月，易观国际发布数据显示，快的打车占全国打车APP行业整体市场份额的41.8%，位列行业第一。

2013年11月，快的打车城市数量达到35个，用户量突破2千万，司机数量达到35万，居行业榜首。

2013年11月，快的打车宣布收购大黄蜂打车。同时阿里巴巴宣布，将联合其他财务投资人一起注资近亿美元支持快的打车的发展。

2013年11月底，快的打车与支付宝联合推广线下出租车市场。

2013年12月18日，快的打车旗下大黄蜂打车宣布推出商务车服务。

2013年12月，快的打车城市覆盖数量超过40个，稳居行业第一。

2014年1月10日，快的打车发声明辟谣，并无结束快的打车补贴活动的打算，补贴政策仍将继续。

2014年2月17日下午，支付宝和快的打车宣布，从18日起升级补贴方案：使用快的打车并用支付宝扫码支付的乘客每单返现11元；司机用APP收款，北京、杭州、合肥三地首单奖励50元。快的打车方面同时表示，其打车奖励金额永远会比同行高出1块钱。

2014年3月4日，打车软件的"补贴"大战开始降温。快的打车和支付宝钱包发布了致用户的一封信，宣布从3月4日零点开始调整打车补贴方案，补贴金额从之前的13元降至10元。滴滴打车方面则表示，原有的补贴优惠政策暂时不变，这意味着使用滴滴打车进行微信支付每次仍能随机获得12~20元不等的补贴。

2014年6月11日，快的打车宣布在全国推行"打车返代金券"活动，乘客每次使用快的打车成功打车并完成在线支付后，都将得到一定金额的快的打车代金券，可以在下次打车支付时直接抵扣车费。

2014年12月，快的打车旗下的一号专车宣布进军企业级市场，将上线国内商务租车领域的第一个企业版产品，将专车竞争从C端引入B端。

2015年1月4日，快的打车宣布，阿里巴巴集团原副总裁陶然已加盟公司，出任公司副总裁。

2015年1月15日，快的打车宣布，公司已完成新一轮总额6亿美元的融资，由软银集团领投，阿里巴巴集团以及老虎环球基金也参与了此次融资。

2015年2月14日，滴滴打车与快的打车联合发布声明，宣布两家实现战略合并。新公司实施Co-CEO制度，滴滴打车CEO程维及快的打车CEO吕传伟同时担任联合CEO。两家公司在人员架构上保持不变，业务继续平行发展，并保留各自的品牌和业务独立性。

2015年2月25日，滴滴打车和快的打车对外发布声明称，两家公司合并后，在相当长的时间内，针对乘客的红包补贴和司机的奖励将继续发放，同时将进一步加强优化自身服务和体验体系。

2015年4月7日，滴滴快的联合宣布将正式推出代驾业务，原快的打车副总裁付强出任新集团代驾事业部总经理，直接向快的打车联合创始人赵冬汇报，这也是滴滴快的合并之后第一次对外正式公布的重要人事任命。

2.3 软件平台

快的打车是一款立足于LBS（地理位置）的O2O（线上到线下）打车应用，主要面向日常乘客打车和出租车司机。软件已有iOS版和Android版两个版本，适用于市面上大部分的智能手机。不仅比传统电话叫车、街边打车操作简单，省时省力，还开发出语音对讲发单、电招模式、高峰期加小费、智能算法推送等诸多创新功能。

2.4 核心优势

快的打车简洁清爽的操作界面，完全不受广告侵扰。操作功能一目了然，打车信息发布推送一气呵成，像微信一样简单容易。

35万司机用户，覆盖全国45个城市，60秒应答率80%以上。发布打车需求后，司机一秒接收，乘客最短时间打到车，司机不再满街空跑。

GPS自动定位，智能推荐目的地，拒绝烦琐输入。同时支持语音发单，只需说出要去的地方，软件就会识别要去的位置，定位目前位置，并显示附近出租车信息，随时随地轻松打车。

语音、图片、文字三重交流，双方实时顺畅沟通，还能查看司机位置和预计到达时间，乘客不再被拒载，司机收入更可观。

乘车之后双方互评，完善的信用评价体系，打车出行更放心。

2.5 安全防护

快的打车对所有使用软件抢单的司机都有严格的审核程序，必须提交姓名、电话、出租公司、资格证号和车牌号码，并上传监督证件照片，通过系统审核后才能接单，因此只有正规的出租车司机才能使用。

用户在出行时一旦碰到黄牛车司机，可马上通过"快的小助手"上报给在线客服。客服会立即封禁该司机，彻底清除出行安全隐患。

快的打车 CEO 赵冬曾向媒体表示："作为打车软件行业的领导者，快的打车对黑车的态度一直是非常坚决的，即使真的出现利用正规出租车司机资料证件混进来的黑车，一经确认马上会予以永久封号，这样也能够提高正规出租车司机将自己的信息和证件交给别人注册使用的风险成本，从而杜绝这类情况的发生。"

2.6 其他

那么，以快的为首的打车应用为何具有如此强大的示范效应？

（1）它切入市场足够"尖"，瞄准某个细分领域，开发一款好用的能连接对应的服务者和消费者的 APP 就可以开工。快的打车一开始切的也只是打车市场，甚至只是杭州一城的打车市场，在这个看起来不大的市场迅速做大。什么是平台，一个事情做到极致，捅破天之后就变成平台。在夯实打车市场后，快的打车现在也杀入商务租车等市场。酒快到、饿了吗，都是如此路径。

（2）APP 和手机绑定，而手机目前基本跟人绑定，再跟位置结合，绕开租车公司、电话叫车等相对低效、官僚的机构，按就近原则和方便原则让消费者和服务者自由、高效组合。其实 Uber 模式受到追捧的原因就是它通过上述组合，极大地提高了车辆运转的效率。无论是电商、团购，还是视频，每一波创业浪潮能翻涌，背后的核心原因都是因为新的模式极大地提高了某个领域的社会运转效率。快的打车等打车应用恐怖的地方在于，它有可能解构掉原来的出租车运营"潜规则"，提高单车每日运能，降低空驶率，自然能获得市场的认可。

（3）快的打车等打车软件在短短 2 年多时间里，耗费上十亿元，地铁公交、分众广告、补贴大战，迅速开拓了市场，培养了用户使用打车软件的习惯。这也告诉其他垂直行业，原来看着不太可能的市场，也有可能迅速启

案例一　滴滴快车和快的打车的竞合关系

动,并带来难以想象的红利(阿里、腾讯为争夺 O2O 市场,竞相抢投)。

(4)在移动互联网时代,光讲互联网思维是不够的,还要有强大的 IT 体系作支撑后台,有强大的用户运营能力,如此才能和垂直用户深度互动,才能更好地做生意,构筑自己的竞争壁垒。其实快的打车等打车软件一开始拼的就不是谁的 APP 开发得好,而是拼谁的线下运营能力强——谁能更快地拉到出租车司机来安装应用,并保证活跃度。快的打车核心团队有快消行业的背景和能力,让他们一开始就跟对手拉开距离。

(5)移动互联网时代有一个有意思的特点,那就是很多公司一开始就可以赚钱。比如快的打车,打车应用天然跟"钱"近,打车的人很大一部分是商务人群,跟酒店、机票等成熟的变现业务天然贴近,它们想要赚钱,就是分分钟的事情。所以很多垂直 APP,尤其是在其所在的行业和领域有成熟赚钱模式的,前景更值得看好。

下面看看快的打车这个 O2O 样板公司是怎么用短短的两年时间炼成的。(以下是快的打车联合创始人、COO 赵冬的口述整理)

2.7　创造长期市场价值

我们做快的打车的初衷是什么呢?按照马斯洛的需求层次理论,打车的需求也有层级之分。对于消费者来说,最基础的需求是打到车,继而是更方便地打到车,接下来还希望找一个服务比较好的司机。对于司机来说,他们希望降低空驶率、劳动强度合理以及更加安全。过去降低空驶率的方法是电招模式。杭州和上海出租车的电招很发达,就是出租车上装一个车载硬件,电招台接到订单后推送到车上。司机先把乘客的电话记下来,然后用手机拨打联系乘客。现在我们通过移动应用,让司机接单的步骤更简单了,只需在手机上点一下按钮就可以。2015 年 6 月,我们和小米一起做了一个可以贴在方向盘上的硬件,不需要手伸出去很远点按钮,这个小硬件提升了司机驾驶的安全性。

上面只是一些定性的、从逻辑上考虑的问题,实际上创业者在一开始还要制定一个阶段内要达到的目标。之前我虽然是做销售,但是在公司总部负责全国的渠道,每天都制定计划和目标,以及考虑如何具体执行。

所以我会考虑和估算打车的市场容量是否足够大,到底是不是真实的市场,潜力又有多大。如果只是等一个单子赚一票钱的生意,我可能就不愿意去做,我希望做一件有长期价值的事情。

2013年前全国有110万辆出租车，每辆车每天接30单左右。杭州有1万辆车，每天每辆车的营业额是900元左右，那么杭州出租车一天营业额是900万元。由此推算，全国100多万辆出租车，一天的营业额是9亿元，一年就是3000亿元左右。再来看空驶率：2013年1月，上海交管局发布的数据显示，上海出租车空驶率是31%，估计全国的水平至少在25%以上。这意味着3000亿元的市场，实际消耗了出租车整体运能的75%，还有25%没有实现。这有两种可能，一种是空驶，司机只有空驶才能接到下一位乘客；另一种是停驶。

由此我建立了两个基础假设：一是最大节油假设，二是最高运能假设。最大节油假设是指，假设75%的载客率不变，我们给司机订单，不需要空驶就可以获得足够的订单量，虽然没有带来额外生意，但至少可以节油。一辆车一天的空驶里程差不多是90公里，能省下几十块油钱，这是我们能做到的最低限度。这样算出的市场容量是几十亿元。最大运能假设是指，挖掘剩余25%运能的全部或部分，创造出来的市场价值约有几百亿元。

我们做打车软件之前，杭州的出租车司机每年至少罢工一次。但近两年来他们都非常平静，没人罢工了。这说明司机的劳动强度较为合理，收入水平也提高了。降低空驶率这件事是我们能做到的，但至于能降低多少，是需要考虑优化的事情。

如果空驶率降低5%，每年出租车交易市场的规模将增加200亿元。我们从中抽取20%的佣金，就是40亿元。至于佣金形式是怎样的，当时我还没有仔细考虑，但逻辑摆在这里：如果我创造了市场价值，从中收取一定的佣金是合理的。

上面说的是市场潜力的因素，还有一个因素来自资本市场：2012年3月，美国同类打车软件，像Uber、Get Taxi和Halo，都融资了几千万美元。基于这两个因素，我们决定做快的打车这个产品。

前一段时间，我把以前的市场容量算法给推翻了，因为那种算法只考虑了在管制的出租车牌照和运能下可以满足的市场。即使现在用打车软件，成功率也只有百分之六七十，跟在路边扬招的成功率差不多。所以目前的市场满足了百分之六七十的需求。另外，有的人担心打不到车，转而使用其他交通工具，如果能够随时随地打到车，用车市场的规模会进一步增加。用车市场涵盖了出租车、商务车，甚至是电瓶三轮车和摩托车，还有一些隐性需求。因为目前供给被压制了，当我们有能力生产供给的时候，这些需求就会释放出来。

别人问我们为什么发展那么快，我认为最重要的是站在了风口上。我们2012年成立公司，2013年1月进入上海，7月覆盖全国30个城市，12月全资收购了上海打车软件大黄蜂。目前快的打车已覆盖全国近300个城市。我们在北京、上海和杭州都有近千平方米的办公室。

对于创业企业来说，大家还会关心我们是如何拿到融资的。最初是几个创始人自己掏了几百万元，产品在2012年8月上线。很幸运的是，当年10月我们在杭州就开始有知名度了，虽然司机数量不多。有很多投资人到杭州做项目，他们打车的时候，有些司机会推荐快的打车，一些投资人觉得这个应用不错，就找到我们公司了。最初很多投资人都是出租司机介绍来的，因为最开始使用软件的司机都是种子用户，十分乐意帮我们推广。

再加上那时阿里巴巴投资部跟我们公司只隔一条街，我们也认识阿里巴巴投资的负责人谢世煌，就去见了一下。我们见面的时候也没做PPT，就是靠嘴说。我们从创业到现在都没怎么做过PPT，因为数据会说话。当时市场上还有几家打车软件公司，我觉得投资人可能不太敢投很长时间都没有做起来的公司，宁愿投一家新生的公司。还有我们团队的整体背景都很不错，不是特别草率成立起来的。当时我在做电商，年薪是大几十万元，不是特别缺钱，也有期权。我的浙大同学闻诚之前一直在外企做技术，年薪也不少。CEO吕传伟是从美国回来的，在美国年薪就接近两百万美元。我们三个人都有成功的经历，这不是说创业成功，而是说我们在同龄人中还都是表现不错的，整体上务实、低调、谦虚。我觉得这些都对投资人有一定的影响。

我觉得做产品确实需要找到那些不计利益的种子用户。我们刚上线时没什么人用，也没钱补贴。杭州一家著名车队的队长号召整个车队帮我们推广，他们非常认可快的打车的价值。

当时我们公司就是十来个人，倾巢出动进行地推。北京最大的出租车司机交接点在京密路上，交接时间是凌晨4点到上午9点之间，所以我们在北京推广的工作时间就是4点到9点。

地面推广还离不开宣传语。现在BAT大佬都在农村刷墙，用的都是农民听得懂的语言。我们也要找一条对司机很管用的标语。"早装快的早受益，多接单子多奖励"，这个就完全打到司机的需求点上。司机的诉求就在于订单多、奖励多，就这两点，没有其他的了。这是紧迫式营销，给他

集群企业的竞合博弈及其案例研究

一种压迫感,不装快的打车就没机会了。

再一个是线下司机服务点的设立。打车软件在全国的第一家线下服务点就是我们的,在上海常德路和安远路的交叉口。虽然看起来很破,但称得上是打车行业历史上的一件大事。这家服务店在一家超市内,每天服务的出租车流量在三千辆左右。要知道,常德路这边门店位置十分紧张,没什么空的门店房。一开始我们在一家沙县小吃的门口租了一张桌子做推广,一天给店主 100 块钱。虽然这个地方很小,但流量非常大。后来我们从这家超市买了一块位置,开了门店,算是在那里立足了。

记者:在那场著名的打车大战当中,烧钱烧到最关键的时候,你作为团队的核心,当时是怎样判断形势和做决策的?

赵冬:我的逻辑非常简单。对方先发起补贴,当看到他们订单量剧增的时候,我们就开始马上升级系统,之后马上给补贴。因为我是后启动的,力度就大,他补贴 10 块钱我就补贴 11 块。2014 年 2 月底的时候我们就反超了,很长一段时间都处于领先地位。

我们有一个分析系统,分析模型的输入端是用户活跃数、订单数、成交量等关键指标,输出端就是我们定的政策。当然输出端的政策还要衡量竞争对手的情况。当时的政策变化基本上都是按照这个模型出来的。好在快的打车有一群能打仗的人,兵来将挡、水来土掩。

打仗之前,我们两家的订单量加起来是一百万上下。打仗时,全国的出租车订单量高峰期一天能到 3000 万。整个市场通过打仗被带动了起来。

现在打车支付是整个支付宝移动端支付场景里面活跃度最高的,而且领先第二名很多。滴滴打车的流量中微信大概占 50%左右,而支付宝等第三方渠道在我们的流量占比比较大。

其实整个过程中没有什么判断,只能说对方拳头已经到你脸上了,难道你不挥拳出去吗?打了不知道能不能活下来,但不打一定会死,所以打了再说。

3 滴滴打车与快的打车合并分析

滴滴打车与快的打车的合并又掀起了一股热议的浪潮,这桩被称为是

案例一 滴滴快车和快的打车的竞合关系

中国互联网历史上最大的未上市公司合并案的突然出现，赚到了不少眼球。据传，滴滴打车与快的打车的合并是两家公司很早以前就在策划的事情，但是由于某些原因，未达成共识而拖至如今，当然，两家公司合并后各种问题便接踵而至，两家公司的握手言和是否能够达到"1+1>2"的效果还未可知，如果不能，那么这两家公司的前途应该不会太过美好。

两家公司的合并好处很明显，就是这场无休止的烧钱大战终于可以落下帷幕，滴滴打车和快的打车都成立于2012年，两年间，两个极度相似的打车软件在资本的裹挟下联手掀起补贴大战，仅2014年1月10日至3月底的77天里，滴滴打车就烧掉了高达14亿元人民币来提供补贴，快的打车也支付了数亿元人民币的补贴。正是用这种粗暴、疯狂而不可持续的方式急速膨胀，滴滴打车和快的打车瓜分了绝大部分市场。当然，这两家公司本身是不会有这么多钱投入的，滴滴打车与快的打车分别获得了腾讯和阿里巴巴的大力支持，众所周知，这两家公司是中国互联网中的两大霸主，虽然两年内都已经投入了数亿元人民币，但是两大霸主都毫不示弱，若是继续互掐，相信也不会分出胜负，只会是白白扔钱，不能获取利益。当然还有另外一种可能性，就是腾讯阿里巴巴两大巨头在长时间的烧钱大战后都没有获得利益而放弃了对这两家打车软件的投资，致使它们死于摇篮，而给第三方打车软件，如易到，趁机占领市场的机会。相信这样的结果不管是滴滴打车与快的打车，还是腾讯与阿里巴巴都不愿意看到的，一方是两年的打拼白费了，另一方是巨额的投资打了水漂。基于双方的考虑，合并都应该是一个必然的结果。

当然，两者合并的效果并不会仅仅只是皆大欢喜这么简单，带来更多的是大量的问题与挑战。

第一，从合并的权力结构看，滴滴打车和快的打车合并案使用了少见的Co-CEO二元化共享权力结构，新公司对此给出的解释是有利于避免恶性竞争，又保留了两家公司的优良基因，未来仍然可以平行而独立地开展业务，这纯粹是一个天真的谎言。二元化权力体制过去和将来在中国都不太可能取得成功，中国创业型公司需要的是不打折扣的执行力，Co-CEO带来的只会是公司的混乱与不稳定，松散化管理只能是自取灭亡。并且这样的结构给公司带来的不稳定是肯定的，必须要确定并且稳住管理团队的核心，只有这样才能够保持团队的战斗力不会下降，当然，想要保持团队核心非常困难，要是稍有差池，必然会导致团队破裂，内部紧张。

集群企业的竞合博弈及其案例研究

第二，从用户与出租车司机的角度看，用户的优惠券没有了，司机的补贴也跟着没有了，当消费者每天忙于抢红包、抢打车券时，一旦彻底终止，市场效应会很快冷下来。由于缺乏对行业的深耕，除了软件便利，滴滴打车和快的打车并没有建立起真正的用户黏性与口碑，而且又没有了好处，根本就没有口碑可言，更谈不上什么品牌效应，停止补贴，大量用户便"跑路"。这种花钱买运营数据的模式暴露着重重矛盾，必将陷入两难。甚至，新公司与司机们的对立关系可能更加紧张。

第三，两家公司可以说是相似度极大，不管从管理层、部门、市场、模式各个方面来讲都是重叠的，并不互补，虽然是合并了，但是用户量并不是简简单单的加法运算而已，还有很多重叠用户，合并后，部门与人员的重叠是不可避免的，这就又要面临裁员、降薪等各方面的问题，到底谁去谁留？这又是两者相争的一个问题，就算能够处理好这个问题，那么合并后内部的整合又是一个非常棘手的事情，这样的话，裁员、降薪、内部融合等问题肯定是两家公司都很难消化的困难。

第四，待打车公司合并，且解决好整合之后，又会面临着一个残酷的商业法则，就是"弱肉强食"，很明显，滴滴打车与快的打车若是有了成就，往深一点说，那也是靠腾讯跟阿里巴巴这两个大哥支撑才有的成就，所以到了一定程度之后，这两位大哥会不会直接把这个合并后经过无限挣扎的公司玩于股掌，到了那个时候，就算是滴滴打车与快的打车的创始人的去留都已经不是自己能够决定的事情了，到了这一步，公司的管理团队将会何去何从，相信大部分会选择继续追随创始人，即便不是如此，届时，任一方高管离开，其核心团队将走向何方？无疑最容易流向易到、神州那里，白白给竞争对手增加火力。

第五，在易到、神州等打车软件的竞争下，滴滴打车与快的打车合并后就一定会直接占领市场吗？很显然不会那么容易，即使会，也还有很长一段路要走。并购整合对于中国互联网企业绝非陌生，而强强联合的方式也已经越来越被行业所认可——在有限的市场份额中更可能多地消灭竞争对手，多分一块蛋糕，是每一个行业领军者的愿望。然而回到原点，滴滴打车与快的打车联合，真的是强强联合么？滴滴打车和快的打车的收入究竟是多少？被遗忘问题的答案往往令人震惊，准确的数字是，2014年两家公司的合计收入只有2500万美元左右。打车业务毕竟是个赔本赚吆喝的买卖，转型附加值更高的专车业务才是两公司生死存亡的生命线。然而眼

案例一　滴滴快车和快的打车的竞合关系

下，仅以专车业务而论，一号专车平均每天的订单量在6万~8万，滴滴专车略多为8万~10万。横向对比，这样的日均订单量还无法与Uber、易到用车相比，毫无优势可言，2015年1月上线的神州专车的订单量也已逼近这个水平。实际上，与已经定型的打车市场不一样，滴滴打车和快的打车当下主力发展的专车市场离成熟还很远。近期发布的企鹅智库的资料显示，滴滴打车和快的打车在一线城市和二三线城市中的渗透率排首位。但是就专车市场而言，几家专车服务商的市场渗透率差距并不明显，而且均低于10%。数据只是印证了一个基本事实，滴滴打车和快的打车在业务层面远没有人们想象的那样成功，在专车这个全新的市场，它们也只是刚刚起步。即使滴滴打车快的打车两家合并后，也未必能掌握绝对的竞争优势。有一个例子可以直接印证这种可能性，那就是优酷土豆，2012年优酷和土豆合并，合并前两者市场份额分别为21.8%和13.7%，可以说是视频行业当仁不让的老大。但两年过去，架不住爱奇艺、腾讯视频在内容上的频频出手和深耕细作，优酷土豆的地位一路跌落至22.82%。不过话又说回来，滴滴打车与快的打车的背后毕竟有腾讯与阿里巴巴两个巨头的支持，也并不会太过被动。

第六，当滴滴打车与快的打车合并，并且解决好以上的问题之后，无疑占领很大的市场份额，公司在同行中的重量会越来越大，那么非常敏感的问题就会出现了，那就是"市场垄断"。因为易到用车已经向商务部举报了滴滴打车与快的打车合作垄断市场的事情，虽然商务部目前还没有对易到用车的举报做出正式回应，但一旦立案，漫长的审查将推迟两公司的合并。现在不审查并不代表未来也不会，等新公司长大了，营业额符合条件了，依然可能遭受审查。虽有腾讯阿里巴巴的支持，但事情也不会很顺利，这必然又会是一场巨大的考验。

可见，滴滴打车和快的打车合并应该说有好有坏，虽然合并后不用再继续烧钱，也可能在打车行业创造出一个巅峰，但是，在互联网圈里，企业的兼并结合向来都要历经艰辛，此次滴滴打车和快的打车的合并绝不仅仅是两家公司的简单合并或者合作，其背后是赤裸裸的资本意志。从合并后的举措看，两家公司极尽所能希望让投资人满意、管理团队稳定、用户继续保持信心。然而，上述几方以及出租车司机群体、专车司机群体的诉求怎可能同时满足？混战的局面下，两家同质化竞争的互联网公司除了制造概念，还将在商业模式上进行怎样的整合后创新？资本的握手是否能使

集群企业的竞合博弈及其案例研究

新公司长治久安？对于这些性命攸关的问题，滴滴打车和快的打车现在显然无法给出答案。滴滴打车与快的打车的合并是否能达到"1+1>2"，合并后的公司是否能够克服一切困难成功融合，是喜是忧，我们也只能拭目以待。

4 滴滴打车和快的打车合并前的竞争态势分析

在 2015 年，O2O 在国内发展迅猛，许多线下服务或是通过独立 APP，或是通过其他形式进入到人们的视野，其中又以专车业务最受关注。随着多个城市通过制定相关政策鼓励拼车，以及交通部部长在两会期间鼓励公民小客车合乘的行为，拼车软件大有成为市场下一个"风口"的态势。但不能忽略的是，从目前各家拼车 APP 的情况来看，主要提供的还是信息获取服务，充当中介作用，商业模式尚不明朗，随着滴滴打车等巨头的加入，这一行业会成为下一个硝烟弥漫的新战场。而其中最具有争议性的便是滴滴打车和快的打车。

2014 年伊始，打车软件补贴大战逐步升级。补贴力度之大，竞争升级之快，令人瞠目结舌。经过几轮淘汰战，打车应用市场已经从最初的数十家群雄逐鹿，转变为滴滴打车和快的打车"双雄争霸"的市场格局。正所谓"一山难容二虎"，滴滴打车与快的打车之间的恶战在所难免，随着腾讯、阿里巴巴双方"微信 PK 来往"愈演愈烈，"财付通 VS 支付宝"，"理财通 VS 余额宝"，世纪大战的战火已经延续到"滴滴打车"VS"快的打车"！

4.1 烧钱大战，快的初战告捷

不挣钱的企业是不道德的企业。不烧钱就要挣钱的企业是打酱油的企业。"烧钱"是打车应用的必备属性。用滴滴打车 CEO 程维的话来说，烧钱是市场培育期必须做的事情。就"烧钱圈地"对比看来，目前滴滴打车一共获得三轮融资共 1 亿 1800 万美元投资：2012 年 A 轮，300 万美元，金沙江创投；2013 年 5 月 B 轮，1500 万美元，腾讯；2013 年 12 月 C 轮，1 亿美元，中信基金领投 6000 万美元、腾讯跟投 3000 万美元。快的打车目前公开的融资情况是：2013年4月A轮，800万美元，阿里巴巴投资；2013年11月，阿里跟进投资近亿美元。

通过滴滴打车和快的打车双方的融资情况来看，滴滴打车的融资次数和金额显然要多于快的打车，但双方在市场占有率上相差并不多。此前，快的打车收购大黄蜂，在市场占有率上又得到进一步增长。

4.2 补贴策略，滴滴打车后续给力

起家于杭州的快的打车，在完成对上海、广州、深圳等江浙沪城市布局之后，成功开始大举"北伐"。在北京乘坐出租车时不时就会听到快的打车广告：新用户打车就送30元。与其他大多数打车软件10元的奖励相比，30元的奖励着实让人有点Hold不住。

更疯狂的是，由于快的打车绑定支付宝，司机安装支付宝即可获得50元现金及50元支付宝余额奖励；司机每天使用快的打车软件上线6小时即可获得5元奖励；北京用户看到快的户外广告，拍照并分享到微博上就能得到10元奖励。快的打车此次活动据估算总投入超过1亿元。

补贴的确是一个非常管用的策略，但同时也是一个非常容易被模仿的策略。快的打车在北京抢占市场的同时，滴滴打车在杭州也出台了补贴政策。2014年滴滴打车在杭州每个订单都补贴司机5~10元，上下班高峰期，甚至能抢到补贴高达100元的订单。另外，司机成功推荐一个乘客扫描车内二维码安装滴滴打车软件，又能得到10元奖励。

补贴司机的同时，滴滴打车也用心提升用户端的下载使用量。滴滴打车刚进入杭州的第一周，就采取奖励话费的形式拉用户，杭州用户下载滴滴打车APP，两日内打车无限次报销车费，每次报销10元，次日以话费形式充值到注册滴滴账户的手机号中。杭州本来是快的打车的根据地，近八九成的司机都安装了快的打车软件。但是，自从2013年6月滴滴开始进军杭州市场以来，靠着疯狂砸广告、大力补贴司机、提升用户下载量，拉走了将近一半的司机，市场占有率得到急速提升。

4.3 "打车神器"背后的巨头魅影

不可否认，打车应用市场背后存在着巨大的商业利益。对于出资的腾讯、阿里巴巴来说，"烧钱"背后的本质是移动支付之争。用户倾向于用微信支付还是支付宝支付，在哪里用哪个支付，都关系着腾讯、阿里巴巴

的互联网金融布局。

打车软件作为最容易被市场接受的 LBS 服务之一，不仅是巨头测试其 O2O 能力和渗透率的绝佳工具，也为未来更多 O2O 业务提供了接口。这也是众多打车应用企业不惜放血"烧钱"来疯狂般地占据市场的原因。

滴滴打车和快的打车"烧钱"大战尚在进行时，其背后的金主自然引发关注。滴滴打车背后的腾讯和快的打车背后的阿里巴巴，是互联网领域的两大巨头。近年来，二者进军互联网金融的步伐也在加快。对投资方而言，打车应用市场"光有金矿，无法开采"的现象肯定不是长久之计。这也是上文中笔者所提到的 2014 年打车应用市场"烧钱"会减缓的原因之一。

就使用滴滴打车和快的打车的经历看来，滴滴打车的产品体验要好过快的打车，融入微信支付并大力投入营销成本后，综合考虑已经遥遥领先于快的打车。

5 启示

第一，竞合是一种新型的竞争战略模式，已有众多分属于不同行业的企业将这一战略模式运用到了其管理实践中，但是学术界的研究却相对滞后。到目前为止，学术界甚至尚未对竞争合作关系的本质达成共识，对组建这类关系的内外部驱动因素也没有系统性定论，更缺乏对其进行有效管理以最大限度地调和竞争与合作这一对内在矛盾，创造出最优的经济和知识附加值的权威性学说。

第二，在研究方法上，现有研究成果多为借助于概念模型对竞合关系进行的定性描述，数量方法及案例研究相对较少，数理模型成果则几乎尚未出现。因此，进一步弥补方法上的缺陷，对竞争合作关系进行更为深入和严谨的研究，应成为该领域后续研究的重要方向，以期对管理实践发挥更大的指导作用。

第三，我国市场前景广阔，正在吸引越来越多的外资企业进入，这些企业往往需要通过与国内企业进行合作来获得进入通道，而一旦掌握了市场运作知识，便很可能迅速转化为我国企业强劲的竞争对手，甚至

案例一 滴滴快车和快的打车的竞合关系

引发不利于民族产业发展的竞争格局和产业结构变革。从而，研究竞争者联盟对我国企业有着特殊的重大意义，国内学者应该更多立足于国内现状、有针对性地进行深入研究，以便直接服务于国内企业以及整个经济体系的发展。

第四，以滴滴打车和快的打车的竞合关系为例，在合并前，它们就已经占有了大部分的市场份额，但这两家企业在合并前不断烧钱恶性竞争，最后导致企业的成本上升，这两家企业合并之后，不会再产生恶性竞争，可以降低营销成本，并且可以使两家企业优势互补，形成规模经济，增加企业在市场的竞争力。但也有专家认为，此次联合属于典型的垄断行为，并非技术创新形成的资源垄断，而是用钱砸市场的垄断，而且并非是技术创新造成的资源垄断，也并非两个小公司合并建立竞争优势，而是很明显在网络打车服务市场形成的垄断，因为毕竟两家合并后估值或将达到60亿美元，在市场占有率方面也达到了近100%的份额。

第五，企业间的竞争和合作并不是一成不变的，而是随着环境和市场而变化，当企业间血拼不利于企业的生存发展时，企业就会选择联合或者说合作，而当企业之间的竞争有利于企业发展时，企业就会通过营销等手段与同行业其他企业展开竞争。总而言之，企业间的合作和竞争并不是企业的目的，而只是单个企业为了自身占有市场份额，更好更快发展的手段。

案例二　阿里巴巴与亚马逊的竞合关系

1　引言

　　竞争和合作就像是八卦中"太极"图上的阴阳两极，看似互相矛盾，实则相互融合，缺一不可。竞争是为了为自己增加资本，提高企业内部的自身谈判力，寻求更好的合作伙伴，而合作则是为了将"饼"做大，通过向竞争者学习来增强其自身实力，从而更好地竞争。

　　竞合也可理解为竞争中的合作，实现共存共荣、一起发展，这也是企业竞争所追求的最佳境界。"竞合"不是一味地竞争，而是要在竞争的基础上和在"双赢"的条件下进行合作。

　　在这个拥抱大数据的时代，互联网全球化促使电商行业国际化。愈演愈烈的趋势逐渐从品牌之间蔓延到电商的斗争。例如阿里巴巴的上市与亚马逊收购卓越网显露出国内外电商的竞争悄然开始，然而这种竞争有可能在用户的注意力转移中磨合而产生合作。

　　目前，亚马逊在天猫开设 Kindle 电纸书店，这是合作也是试探，不难看出这是亚马逊为将来的战略抛出的试水石。亚马逊收购卓越后替换自家的数据库，历经 3 年使得亚马逊中国的 IT 系统成为行业最为领先的系统，但面对淘宝和天猫数年积累下的用户数据和占据半壁江山的网购流量，试探性的入驻还是必要的。亚马逊的文化源于贝佐斯，他认为只有当双方的想法碰撞时，真理才会涌现。而或多或少的竞争与合作是可以预见的。

　　阿里巴巴拉开了中美两强主导全球网络空间的新格局，也是中美两国互联网产业竞争与博弈转折的开始。与现在的美国相比，依旧存在明显的

案例二 阿里巴巴与亚马逊的竞合关系

差距与不足，马云认为只要战略得当，就可以在很多方面顺势超越美国，并将形成双方优势互补，各有所长，互相竞合的长期态势。

来维克和波尔克提出一个交往双方信任发展的模型，并将信任划分为三种类型：以合约为基础的信任、以认知为基础的信任和以认同为基础的信任，认为随着交往频度和强度的增加，信任会逐渐地从以合约为基础的信任过渡到以认知为基础的信任，再演变到以认同为基础的信任。企业网络中，由于信任的强化，聚集在一起而彼此接近的企业可以有机会较长时间地密切接触，从而有助于企业建立长期而稳固的合作关系，进而降低交易成本。在企业网络化成长过程中，合作节点之间的交易是基于充分信任的互动合作，合作者必须遵守业已建立的行为规范。

网络内企业的互补性可以延展至产品及业务等各个领域，网络内企业的产品质量可以通过互补性而得到提高，从服务传递到产品设计、后勤、售后等都能体现出互补效应。在实践中，由各个节点组成的网络化企业拥有各类资源，通过企业合理配置，可以使节点间的资源有机会匹配，产生良好的协同效率，从而使各个节点间被闲置的资源发挥最大的效用，促进业务单元或者价值链的垂直和水平合作，增强企业和整个价值链的竞争力。而亚马逊和阿里巴巴的相互合作则可以算是国内外购物及物流上极大化的整合效果，加上亚马逊自己已拥有国外电商的口碑经营，对于国内的消费者而言，可以最大限度地降低海淘带来的未知风险，同时筛选出同类产品的价格优劣。

激烈的良性竞争可以使网络内成员企业更为注重产品及业务的性能价格比，更有效地满足和提高目标客户群的需求与满意度，提升企业网络化成长所带来的智能竞争效应。同时，由于网络内竞争障碍的减少和上位意识的作用，会不断出现强有力的新竞争者，随之而来的是创新思想前向、后向、横向传递的模仿效应，最终对整个企业网络产生重要的影响。

2 阿里巴巴企业简介

2.1 基本简介

阿里巴巴（纽交所，证券代码"BABA"）为全球领先的小企业电子商务公司，也是阿里巴巴集团的旗舰业务。阿里巴巴在1999年成立于中国杭州市，通过旗下三个交易市场协助世界各地数以百万计的买家和供应商从事网上生意。三个网上交易市场包括：集中服务全球进出口商的国际交易市场、集中国内贸易的中国交易市场，以及通过一家联营公司经营促进日本外销及内销的日本交易市场。此外，阿里巴巴也在国际交易市场上设有一个全球批发交易平台，为规模较小、需要小批量货物快速付运的买家提供服务。

2.2 旗下品牌

2.2.1 淘宝网

淘宝网成立于2003年5月10日，由阿里巴巴集团投资创办。淘宝网目前业务跨越C2C（Consumer to Consumer，消费者对消费者）、B2C（Business-to-Consumer 商家对消费者）两大部分。经过6年的发展，截至2009年底，淘宝拥有注册会员1.7亿，淘宝网2009年的交易额为2083亿人民币，2010年达4000亿元人民币，是亚洲最大的网络零售商圈。

2.2.2 天猫（淘宝商城）

2010年11月1日，淘宝商城从淘宝网中分拆并独立。淘宝商城是亚洲最大购物网站淘宝网全新打造的B2C。淘宝商城整合数千家品牌商、生产商，为商家和消费者之间提供一站式解决方案。提供100%品质保证的商品，7天无理由退货的售后服务，以及购物积分返现等优质服务。区别于淘宝网的是由商家企业作为卖家，所以有绝对的品质保证。2012年1月11日上午，淘宝商城正式宣布更名为"天猫"（Tmall）。

2.2.3 一淘网

一淘商品搜索是淘宝网推出的一个全新的服务体验。一淘网立足淘宝网丰富的商品基础,放眼全网的导购资讯。网站主旨是解决用户购前和购后遇到的种种问题,能够为用户提供购买决策,帮用户更快找到物美价廉的商品。目前,一淘已经收录超过 10 亿条商品信息,优质 B2C 商家和团购网站的数量分别超过 5000 家和 600 个,相关购物信息超过 2 亿条,一淘的搜索覆盖的网站包括淘宝网、淘宝商城、亚马逊中国、国美、一号店、Nike 中国及凡客诚品等知名站点。

2.2.4 聚划算

聚划算上线于 2010 年 3 月,是淘宝网旗下的团购平台,主推网络商品团购。2011 年 10 月聚划算分拆为独立公司。

2.2.5 阿里妈妈(淘宝联盟)

一个全新的互联网广告交易平台。主要针对网站广告的发布和购买的平台。2008 年 9 月,淘宝兼并阿里妈妈,2010 年初,阿里妈妈更名为淘宝联盟。

2.2.6 阿里软件(阿里云)

2004 年,阿里(中国)软件研发中心成立,2007 年阿里巴巴软件公司在上海注册成立,进军企业商务软件领域。阿里软件定位用全新的 SaaS 模式为广大中小企业提供全生命周期的软件服务,满足其在电子商务和企业管理方面的需求。2009 年 9 月,阿里巴巴集团宣布成立 "阿里云",阿里云由原阿里软件、阿里巴巴集团研发院以及 B2B 与淘宝的底层技术团队组成,目标是打造以数据为中心的先进云计算服务平台。

在 2013 年双十一,阿里云的小伙伴们接到聚石塔的需求,提前进行了统一的弹性扩容,云主机扩容 30%,RDS 云数据库扩容 80%,带宽扩容 40%。在双十一前夕,再度查看商家的机器负载,给 20 多个商家又扩容一次。同时,阿里云部署在聚石塔上的"云盾"安全软件,也帮商家抵挡了 3 次 DDoS 攻击,最高流量达 19Gbps,使所有的商家平稳度过了战斗的一天。基于阿里云计算的聚石塔的"0 漏单,0 故障",给双十一提供了强有力的技术保障。

2.2.7 淘花网

淘花网成立于 2010 年 6 月 29 日,由华数淘宝数字科技有限公司(以下简称:华数淘宝)创办,淘花网的使命是做"中国领先的数字内容交易平台"。淘花网数字内容种类主要包括视频、文档、电子书、网络小说、音乐和图片等形式。

2.2.8 中国雅虎

中国雅虎是雅虎于1999年9月在中国开通的门户搜索网站。2005年8月，中国雅虎由阿里巴巴集团全资收购。

2.2.9 口碑网

淘宝网旗下网站，致力于打造生活服务领域的电子商务第一品牌。网站为消费者提供评论分享、消费指南，是商家发布促销信息，进行口碑营销，实施电子商务的平台。

2.3 国内收购

2.3.1 万网

中国万网成立于1995年，是中国领先的互联网应用服务提供商。万网致力于为企业客户提供完整的互联网应用服务，服务范围涵盖基础的域名服务、主机服务；企业邮箱、网站建设、网络营销、语音通信等应用服务；高端的企业电子商务解决方案和顾问咨询服务，以帮助企业客户真正实现电子商务应用，提高企业的竞争能力。

深圳市一达通企业服务有限公司成立于2001年，注册资本1350万元，公司员工从最初的不足50人发展至今，人数超过500人，到2011年12月一达通已经拥有企业客户5000家，分布在进口和出口领域的各行各业，2012年实现进出口总额30亿美元，跻身深圳进出口大户行列。

2.3.2 海外收购

2010年6月，阿里巴巴收购美国电子商务SaaS（软件及服务）提供商Vendio Services（以下简称"Vendio"），这是阿里巴巴第一次在美国市场上进行的收购活动。Vendio自称拥有8万用户，开设包括横跨eBay、Amazon等多个B2C平台的网店，每年市场交易金额超过20亿美元。通过收购美国Vendio，阿里巴巴"全球速卖通平台"将直接获得美国本土市场超过8万优质买家和潜在采购客户群，进而带来数十亿美元的采购商机。从而进一步充实"海外淘宝"速卖通平台的竞争实力。对阿里巴巴而言，美国市场是阿里巴巴全球供应商的首要买家市场。

2.3.2.1 收购高德

2014年2月11日，受阿里巴巴集体全资收购影响，前一夜在美国上市的高德软件（NASDAQ：AMAP）股价暴涨24.37%，收报20.57美元，创下3年多新高。

案例二 阿里巴巴与亚马逊的竞合关系

2014年2月10日，阿里巴巴集团披露的收购要约显示，拟以每股美国存托股票21美元的价格，对高德公司股票进行全面收购，涉及总资金额约为11亿美元。该项交易完成后，阿里巴巴所持高德公司股份比例将从28%上升至100%。2013年5月，在马云卸任CEO前的最后一夜，阿里曾耗资2.94亿美元购买高德软件公司28%的股份。

此前，阿里巴巴已将旗下淘宝本地生活等服务平台分别引入了高德地图和导航的应用。2013年8月，在高德宣布免费战略前夕，百度提前宣布地图导航等服务免费，引发了一场地图"免费大战"。

有分析表示，一旦收购获得通过，高德地图将正式成为阿里巴巴O2O的入口，高德地图与百度地图的恩怨也将上升为阿里巴巴与百度的移动入口之争，未来双方在地图上的大战将升级。

2.3.2.2 收购UC

2014年6月11日消息，阿里巴巴宣布，UC全面融入阿里巴巴集团，将组建UC移动事业群，UC董事长兼CEO俞永福担任事业群总裁，并进入阿里巴巴集团战略决策委员会。

2.4 合作伙伴

2.4.1 与美国雅虎的合作关系

2005年10月，阿里巴巴集团与美国雅虎达成了长期战略合作伙伴关系。阿里巴巴收购美国雅虎在中国的全部资产，并获得雅虎在中国的运营权，美国雅虎投资10亿美元成为阿里巴巴集团的战略股东。从股份情况看，美国雅虎在阿里巴巴的经济利益是40%，拥有35%的投票权，阿里巴巴占据2席，美国雅虎占据1席，软银亚洲占据1席。

阿里巴巴集团与美国雅虎的合作，将互联网搜索加入阿里巴巴集团的电子商务业务群，帮助阿里巴巴集团成为中国最大的互联网公司之一，占领中国B2B、B2C、C2C、在线支付、网络软件解决方案、即时通信、搜索等电子商务相关产业的领导地位。在这一合作中，阿里巴巴集团得以使用到美国雅虎的世界领先级互联网搜索技术和全球资源，更好地为中国和全世界的电子商务用户服务。

2.4.2 合作企业伙伴

美国南加利福尼亚的圣弗南多谷不仅是世界上的又一个娱乐中心，也是航天业、金融服务、医疗和高科技制造业聚集的一个地方。VITA是由一群投入该地区事业发展的专家和学者在 1979 年创办,其目的是响应关注国际贸易中的本地组织需求。

国际贸易联合会(FITA)成立于 1984 年,它具有国际使命,旨在通过加强美国、墨西哥和加拿大各国、区域和全国各个协会的作用推动国际贸易。FITA 由超过 450 个独立的国际协会组成,包括世贸俱乐部、包含区域/双边利益的商会、关注国际物流的协会、支持国际贸易的协会、支持出口商的协会和专业协会。

NEXCO 于 1965 年成立于纽约市,它的使命是为国际贸易团体提供有关关系网建立、商业解决方案和促进贸易的动态论坛。通过与国际贸易中心协会的合作,NEXO 期待在纽约市的贸易基础结构重建中发挥作用。

Kobiline 是土耳其领先的电子商务平台,它旨在指引中小企业接纳信息化时代,并且通过电子商务充分发挥它们的经济潜力。

Kobiline 提供的内容和服务有助于通过降低成本、提高收入和更快速的信息搜集提高中小企业的盈利能力。该动态平台可以使人们只通过一个来源完成所有与业务相关的任何服务,而且还是为土耳其市场引入应用服务提供商(ASP)和远程学习服务的首家门户网站。

自从 Kobiline 于 2001 年成立以来,它已经成为 2 万余个中小企业和企业家的基本立足点和一站式商店。该平台得到了战略合作伙伴的支持,即微软土耳其公司、Kobank、DünyaGazetesi、Andersen、Ko Bryce、Logo Business Solutions 和惠普土耳其公司,它们在网络服务、电子商务、网上银行业务、咨询和信息技术领域拥有丰富的经验。

AICE 是一家非营利企业家协会,它 50 多年来一直致力于推动意大利与世界其他各国之间的商业关系。AICE 代表主要从事国外商业活动(贸易、出口、进口、柜台贸易、采办办事处、出口管理、中小企业等)及其相关服务的意大利公司。

世界华商网络是联系世界各地华人企业和管理人员的广泛性商业资讯网站。该双语在线人际网网站可提供 120 余个国家和地区的华人企业资讯。世界华商网络于 1995 年 12 月由新加坡中华总商会首创,1999 年 10 月则以新面貌在澳洲墨尔本举行的第五届世界华商大会上推出。

2.5 网站概况

阿里巴巴是全球企业间(B2B)电子商务的著名品牌,是全球国际贸易领域内最大、最活跃的网上交易市场和商人社区,目前已融合了B2B、C2C、搜索引擎和门户。公司总部位于中国东部的杭州,在中国大陆地区拥有16个销售和服务中心,在中国香港和美国设有分公司。截至2006年12月31日,公司拥有超过3500名的专职雇员,成为全球首家拥有超过800万网商的电子商务网站,遍布220个国家和地区,每日向全球各地企业及商家提供810万条商业供求信息,被商人们评为"最受欢迎的B2B网站",其次是中国制造网(Made-in-China)、环球资源等。

杰出的成绩使阿里巴巴受到各界人士的关注。WTO首任总干事萨瑟兰出任阿里巴巴顾问,美国商务部、日本经济产业省、欧洲中小企业联合会等政府和民间机构均向本地企业推荐阿里巴巴。

阿里巴巴两次入选哈佛大学商学院MBA案例,在美国学术界掀起研究热潮;连续五次被美国权威财经杂志《福布斯》选为全球最佳B2B站点之一;多次被相关机构评为全球最受欢迎的B2B网站、中国商务类优秀网站、中国百家优秀网站、中国最佳贸易网;被国内外媒体、硅谷和国外风险投资家誉为与Yahoo、Amazon、eBay、AOL比肩的五大互联网商务流派代表之一。2013年6月7日,对冲基金公司Myriad资产管理公司首席投资官哈腾罗彻尔说,2014年底前,阿里巴巴集团在首次公开募股(IPO)后的市值可能达2000亿美元。

2.6 网络平台

阿里巴巴网站包括两个相连的市场:

阿里巴巴国际站领先的网上B2B交易市场,全球买家和进口商在此寻找来自中国和其他制造业国家的供应商。截至2007年6月30日,阿里巴巴国际站拥有来自200余个国家和地区超过360万的注册用户。

阿里巴巴中国站是中国领先的B2B网上交易市场。截至2007年6月30日,阿里巴巴中国站在中国地区拥有超过2100万的注册用户。

2.6.1 网站优势

(1)新版的网页服务机制与贴切的体验价值吸引客户与买家。

(2)多年的海外买家与供货商建立逐渐成熟的买卖关系。

(3)号称最大的B2B平台,效果也比较明显。

(4)平台上的中国供应商以中小企业为主。大多数供应商投资这样的平台是划算的,其续签率也非常高。

2.6.2 网站劣势

(1) 不利于后来进入市场竞争者切入与改变买卖生意关系。
(2) 同质化供货商饱和，竞争激烈，利润薄弱。
(3) 客户过于庞大往往不重视个别小企业的基本服务。
(4) 泛滥式的大量垃圾邮件造成卖方与买方极度的反感。
(5) 适合多样少量订单，不大容易比价杀价，利润低。
(6) 广告费与广告效果不成比率，太昂贵不易回收。
(7) 内行与外行纷纷模仿抄袭加入传统 B2B 市场，竞争更激烈。

3 亚马逊简介

3.1 公司发展

3.1.1 成立

亚马逊公司是在 1995 年 7 月 16 日由杰夫·贝佐斯（Jeff Bezos）成立的，一开始叫 Cadabra，性质是基本的网络书店。然而具有远见的贝佐斯看到了网络的潜力和特色，当实体的大型书店提供 20 万本书时，网络书店能够提供比 20 万本书更多的选择给读者。

因此贝佐斯将 Cadabra 以地球上孕育最多种生物的亚马逊河重新命名，于 1995 年 7 月重新开张。该公司原于 1994 年在华盛顿州登记，1996 年时改到德拉瓦州登记，并在 1997 年 5 月 15 日时股票上市。代码是 AMZN，一股为 18 美元（截至 2012 年 10 月 12 日收市，股价为 242.36 美元）。

亚马逊公司的最初计划原本是在 4~5 年之后开始有盈利，2000 年的网络泡沫造成了亚马逊公司平稳成长的风格成为独树一帜的佳话，在 20 世纪 90 年代有相当多的网络公司快速成长，当时亚马逊公司的股东不停抱怨贝佐斯的经营策略太过保守和缓慢，而网络泡沫破裂时，那些快速成长的网络公司纷纷结束营业，只有亚马逊还有获利，2002 年的第四季度，亚马逊的纯利约有 500 万美元，2004 年则成长到 3 亿多美元。

3.1.2 现状

DVD、图书、软件、家电、厨房项目、工具、草坪和庭院项目、玩具、服装、体育用品、鲜美食品、首饰、手表、健康和个人关心项目、美容品、乐器等应有尽有。

在2004年1月，亚马逊更推出总统候选人特别活动，鼓励顾客捐赠5美元到200美元给他们心目中理想的美国总统候选人，做为竞选活动经费。1999年贝佐斯因经营策略得法、成为了时代杂志的年度人物。

2009年7月8日，亚马逊官方网站曾被封锁。政府没有对封锁给出任何理由说明。亚马逊旗下网站IMDb如今可以登录。

2010年3月15日，已拥有23大类、超过120万种商品的网上商城卓越亚马逊发布了"网络购物诚信声明白皮书"，主要就消费者网购普遍关心的"正品"和"退换"问题，针对售前和售后的诚信保证做出具体阐释。卓越亚马逊认为，网购诚信主要分为售前诚信和售后诚信。售前诚信是指消费者对于网络商城品牌的信任度以及每件商品是否是"正品"。

对此，卓越亚马逊对消费者推出了"天天低价、正品保证"的承诺。卓越亚马逊总裁王汉华解释说："作为全球商品品种最多的网上零售商亚马逊在中国的站点，卓越亚马逊在软件数码、家电3C、玩具礼品等各类商品都有正品保证。"

亚马逊中国发展迅速，每年都保持高速增长，用户数量也大幅增加。已拥有28大类，近600万种的产品。

2012年9月6日，亚马逊在发布会上发布了新款Kindle Fire平板电脑，以及带屏幕背光功能的Kindle Paperwhite电子阅读器。

2013年3月18日，亚马逊已经制作了一系列大预算的电视剧集，这些剧集仅可通过互联网观看，原因是这家公司正在与Netflix展开"战争"，竞相利用人们对于在智能手机、平板电脑和互联网电视上观看电视节目的兴趣，以扩大自身在流媒体播放服务这一领域的占有率。

由于亚马逊提供的亚马逊云服务在2013年来的出色表现，著名IT开发杂志SD Times将其评选为2013 SD Times 100，位于"API、库和框架"分类排名的第二名，"云方面"分类排名第一名，"极大影响力"分类排名第一名！

2014年5月5日，推特与亚马逊联手，开放用户从旗下微网志服务的推文直接购物，以增加电子商务的方式保持会员黏着度。

2014年8月13日，亚马逊推出了自己的信用卡刷卡器Amazon Local Register，进一步向线下市场扩张。

2015年1月20日，亚马逊旗下电影工作室开始拍电影。这些电影将首先在电影院上映，然后才在亚马逊Prime视频流服务上看到。

2015年3月6日下午，亚马逊中国（Z.cn）宣布开始在天猫试运营"Amazon官方旗舰店"，于2015年4月正式上线。该旗舰店首期将主推备受消费者欢迎的亚马逊中国极具特色的"进口直采"商品，包括鞋靴、食品、酒水、厨具、玩具等多种商品。

3.2 收购

1998年4月，亚马逊收购了IMDb（互联网电影资料库公司）。

1998年8月，亚马逊以1.86亿美元收购Junglee（数据挖掘公司）。

1998年8月，亚马逊以9300万美元收购Planetall（社交网络公司）。

1999年6月，亚马逊以2.5亿美元收购了Alexa。

2003年4月，亚马逊收购了其在线音乐商店的竞争对手en：CD Now。

2004年8月，亚马逊以7500万美元收购了中国的卓越网（卓越当时是一家网上书店）。

2005年7月，亚马逊收购了CustomFlix（DVD制作商）。

2006年2月，亚马逊收购了Shopbop（女性时尚购物网站）。

2007年5月，亚马逊收购了Dpreview（数码相机测评网站）。

2008年3月，亚马逊以3亿美元收购了Audible（有声读物网站）。

2009年7月，亚马逊以12亿收购了Zappos（在线鞋店）。

2010年6月，亚马逊以1.1亿美元收购了Woot（团购网站）。

2010年10月，亚马逊称其将收购欧洲在线购物服务网站BuyVIP.com以扩大在这个地区的市场份额。这笔收购交易的金融条款没有披露。亚马逊负责欧洲零售的副总裁Greg Greeley说，收购BuyVIP.com对于亚马逊欧洲业务是一个极好的补充，为亚马逊客户寻找和发现独特的和诱人的产品提供了另一条独特的途径。

2010年11月，亚马逊以5.5亿美元收购了Quidsi。

2011年7月，亚马逊收购了The Book Depository（网上书店）。

2011年，亚马逊还收购了Lovefilm，Pushbutton。

2012年3月，亚马逊收购了自动化机器人公司Kiva Systems。

2013年3月，亚马逊在欧洲超越了当地其他在线零售商，并成为欧洲最受欢迎、访问量最大的网络零售商。

2014年4月11日，亚马逊收购数字漫画公司comiXology。

2014年5月16日，亚马逊宣布以2000万美元投资入股上海美味七七，开启中国市场的生鲜战略部署。

2014年8月26日，亚马逊宣布以9.7亿美元的现金收购视频游戏流媒体服务Twitch。

3.3 中国网站

亚马逊中国是全球最大的电子商务公司亚马逊在中国的网站。亚马逊中国为消费者提供图书、音乐、影视、手机数码、家电、家居、玩具、健康、美容化妆、钟表首饰、服饰箱包、鞋靴、运动、食品、母婴、运动、户外和休闲、IT软件等32大类上千万种的产品，并通过"送货上门"服务以及"货到付款"等多种方式，为中国消费者提供便利、快捷的网购体验。

李岩川2011年10月加入亚马逊中国，现任亚马逊中国副总裁，全面负责公司消费电子产品线，包括手机、电脑、相机、数码电子、办公等品类的产品引进、销售与管理等业务。

在越来越激烈的中国电商市场大战中，亚马逊中国如今逐步改变了以往低调的作风，无论在线下推广方面，还是在线上促销、营销方面，都越来越积极地参与到激烈的短兵相接中。

继2012年4月底颇具中国特色的店庆大促之后，亚马逊中国又在5月发布了中国手机分地区购买情况报告，开始发力传统电商最重视的消费电子品类。

3.3.1 中国仓储

亚马逊中国拥有业界最大最先进的运营网络之一，目前有16个运营中心，分别位于北京（2个）、苏州（2个）、广州（2个）、成都（2个）、武汉、沈阳、西安、厦门、上海、天津、哈尔滨、南宁，总运营面积超过70万平方米。其主要负责厂商收货、仓储、库存管理、订单发货、调拨发货、客户退货、返厂、商品质量安全等。同时，亚马逊中国还拥有自己的配送队伍和客服中心，为消费者提供便捷的配送及售后服务。

通过亚马逊中国的不懈努力和消费者的大力支持，亚马逊中国每年都保持高速增长,用户数量也大幅增加。在未来的发展中,亚马逊中国将进一步丰富产品种类,加强用户体验,力争以最丰富的选品、最具竞争力的价格和最优质的客户体验成为中国消费者的首选网上商城。

3.3.2 设立总部

2014年8月20日,美国电商巨头亚马逊宣布,将在上海自贸区设立国际贸易总部,通过"跨境通"平台,实现美国货物直邮中国。这意味着海淘族不用再绕道国外借助第三方物流,可以直接在美国或欧洲等境外亚马逊网站上购物,商品一律同款同价,并用人民币结算。

3.4 直邮中国

2014年10月29日,亚马逊中国宣布,即日起开通海外六大站点直邮中国的服务,消费者可享受到来自亚马逊美国、德国、西班牙、法国、英国和意大利在内的共计8000多万种国际选品。在"11·11"之前,亚马逊中国"海外购"服务也将开始试运营,全面拉开"海淘"攻势,开启国际品牌战略。

据介绍,此次开通直邮中国的六大亚马逊海外站点,汇聚了8000多万种能够直邮到中国的国际选品,包括来自美国亚马逊的2500万种选品、德国亚马逊的1200万种选品、西班牙亚马逊的1200万种选品、法国亚马逊的1000万种选品、英国亚马逊的1000万种选品,以及来自意大利的800多万种选品。开通直邮的品类都是各个站点最具本地特色以及备受中国消费者喜爱的选品,如鞋靴、服饰、母婴、营养健康及个人护理等。

亚马逊海外直邮可以帮助消费者快速处理清关手续,并提供三种(标准、加快、特快)可选配送服务。而亚马逊美国站点大幅调降了直邮中国的国际运费并缩短直邮配送时间,平均运送时间缩短为9~15天,最快3个工作日就可以送达消费者手上。

此外,为了让更多的消费者能够方便地开展"海外购",亚马逊中国将在"11·11"期间开始试运营亚马逊中国"海外购"服务。消费者登录亚马逊中国网站时,部分消费者将会有机会访问"海外购"商店,享受与美国亚马逊时时同步的价格,体验全中文本地化的购买方式和本地售后支持。

除了中文界面外,对于关税和售后服务,亚马逊中国也做出调整。亚马逊中国方面表示,在消费者下单购买海外购商品时,亚马逊中国将为消费者代收进口关税,如果关税实际金额与代收金额不符,亚马逊中国将把多收的金额退还至消费者的账户,少收部分则无须消费者补交,实行"多退少不补"。另外,消费者在"亚马逊海外购"商店所选购的产品均可享受中国本地售后服务支持。

亚马逊海外购商店首期上线的 8 万个产品主要来自亚马逊美国,包括 BornFree、Christian Dior、Calvin Klein 等知名品牌。

4 阿里巴巴和亚马逊的合作

中国的电商江湖从来也不会消停,一波未平一波又起。2015 年 2 月 14 日,滴滴打车与快的打车经过 1 年搏杀之后在西方的情人节宣布合并震惊业内,而在中国版的情人节元宵节到来的时候,有人在天猫网站里意外地发现了亚马逊的官方旗舰店。电商集中化趋势越来越明显,行业格局固化。

当然,天猫和亚马逊的联合还处在业务层面,甚至还只是在国内业务层面,这个合作与滴滴快的的合并并非一个问题。但如果放到更大的角度去衡量,两者也有相似点。

如今的互联网已经进入到了强强联合的时代,不管是资金控制还是业务战略合作,巨头之间的联盟与合作成为了主旋律。由此,也明白了马化腾为何在人大会议发言时反对 4 亿元以上的并购需要商务部批准这一规定的真实动因。

在中国市场上,亚马逊并不算是行业巨头,处在天猫与京东的阴影下差异化生存,而且,亚马逊与京东比较类似,属于典型的 B2C,既销售自家进货的产品,也引厂进店做平台,但天猫基本上算是电商平台,基本没有自家产品生产,虽然最近两年天猫也生产了盒子,未来也可能兜售属于自家身份的魅族手机等。

此前,国美已经入驻天猫、当当了,至于亚马逊中国,如果仅仅作为一家中国电商来看,在天猫开店也是其理所应当的抉择。毕竟,面对淘宝和天猫数年来积累下的用户数据和占据半壁江山的网购流量,没有一家企业不会心动。

我们完全可以这样想，亚马逊中国经历了几年的顽强拼搏之后，仅仅靠自己的流量创造已经增长乏力，不得不开始依靠阿里系这棵大树。入驻天猫，对亚马逊中国并非天塌下来，因为两者的直接竞争关系并不是太大，相反，亚马逊入驻天猫会对京东造成压力。事实上，当当自从入驻天猫之后，其经营状况的改善是显而易见且是系统性的。但是，如果仅仅是这样想，那可能就把问题想得太简单了，毕竟阿里巴巴与亚马逊算是全球市场对手，亚马逊中国也不会脱离这个大背景去任性而为。开店是阿里巴巴与亚马逊展开全球合作的起点，但不会改变竞争态度。

亚马逊 Kindle 旗舰店入驻天猫，同时 Amazon 官方旗舰店在天猫上线，将其跨境电商当中的"进口直采业务"部分搬到天猫旗舰店当中，算是实现了从重要性和产品品类上的双上升。不过，这次"巴马合作"上线较为突然，也并无大肆推广，甚至还很低调。作为这个世界上最受人关注的两家电商企业，亚马逊和阿里巴巴具有不同地域上的优势，其行业互补的前景其实十分广阔。即便在未来的全球竞争中，两家公司的合作机会也远远超过殊死搏斗。

亚马逊在中国市场于天猫开店，那天猫会不会在美国的亚马逊上开店呢？从两家公司的业态上看，亚马逊有自营，其在天猫开店算是开拓渠道，天猫几乎不卖自己的产品，在亚马逊开店意义并不大。可是，如果天猫把自己定位为中国电商的代表企业和网购标准的事实制定者和执行者，那么，继承阿里巴巴 B2B 的逻辑，在亚马逊开店销售，将中美电商销售平台打通，从原理上也说得通。

"巴马合作"强化了淘宝与天猫已经成为中国电商标准的事实，但吉凶难料。亚马逊入驻天猫，在一定程度上大大强化了天猫作为 B2C 头牌的地位，随着国美、当当及亚马逊等的用脚投票，天猫的优势地位更加巩固，这样就威胁到了京东的位置。天猫等于是构成了一个产业链和开放的大生态环境，京东却因为自身的物流建设和自成一体的业务结构而被孤立。当然，与亚马逊的合作将提振阿里巴巴最近低迷的股市价值，为阿里巴巴走出前阶段工商总局风波带来最好的话题。如果在亚马逊与阿里巴巴合作正式公布的时候还有其他内容，显然会为全球的投资者带来信心。

可以说，这样的电商入驻电商平台，就更加强化了淘宝和天猫的电商地位，甚至真的变成了一统江湖。只是，越大的平台就越有风险，太大的平台会变成超商业化的社会价值综合体，淘宝已经如此，难道阿里巴巴真

案例二 阿里巴巴与亚马逊的竞合关系

的也希望天猫走上这条路吗？

谈到阿里巴巴和亚马逊的合作，我们更多想到的应该先是上面的竞争关系，因为两者擦枪之势大于互拥之态，先给大家看几组数据，2014年，阿里巴巴和亚马逊的 Sales Growth 分别是 50.91%和 21.55%；阿里巴巴和亚马逊的 Gross Margin 分别是 74.54%和 27.23%；阿里巴和亚马逊的 Operating Margin 分别是 47.55%和 1%；阿里巴巴和亚马逊的 Working Capital 分别是 4896\$和 1645\$。网上查的这些数据可能不是很完善地概括了阿里巴巴和亚马逊的一些实力方面的比较分析，但还是可见一斑的，可见尽管阿里巴巴和亚马逊在一定方面存在着差距，但两者还是存在着很大的合作空间的。因为两者之间都有很多优势是值得对方学习的。如我们知道，在整个2013财年（时间可能会比较晚），亚马逊的全年总营收是 744 亿美元，净利润为 2.74 亿美元，而阿里巴巴 2013 年全年总营收是 79.52 亿美元，净利润为 35.61 美元，我们不禁问，为什么亚马逊相比于阿里巴巴利润相差会那么大？

在这里我们就要看到其实亚马逊不是没有利润，而是它把大量的利润用于研发和产品创新。亚马逊对仓储物流下硬功夫，优化流程，小到一个集装箱子设计，都申请相应的专利。亚马逊看上去盈利不高，但是市盈率则相当高。亚马逊做的事情，放长线，甚至超长线钓大鱼。这些经过大量资金投入的硬功会在未来显示极度超越性，这不是哪个公司临时有钱就能沉淀下来。把新钱热钱加上极具战略的眼光，利用时间作为催化剂，把它沉淀下来，这才是公司最核心的竞争力。亚马逊在中国电商圈子属于异类，不完全按照京东、阿里巴巴那个游戏规则玩，毕竟亚马逊是全球型公司，战略布局大于短期局部市场效应。就拿 Kindle 系列来说，中国哪个电商能从自身平台，衍生出如此有影响的产品。阿里手机、京东手机，那些产品昙花一现，不具有竞争力。Kindle 系列一个分支电子书，在很大程度上影响了不少人的阅读习惯。多少人力推 Kindle 电子书为神器，Kindle 平板系列，虽没有 iPad 那种耀眼的光芒，但是在平板市场也有一席之地。

阿里巴巴 40%的高利润在一定程度上是非正常的事情。曾经就有人精辟地总结过，阿里淘宝体系，不断地像采摘韭菜一样，从一批批中小商家吸血，让他们不断地提供低价商品，最后离去，然后换一批新的血液。中小商家在做着电商是未来趋势的梦，进入阿里巴巴平台，却发现这个平台从群雄逐鹿已经到了有固化的顶层天花板，很难从中真正做大和变强。

· 155 ·

集群企业的竞合博弈及其案例研究

两者的优势和劣势非常明显,我们知道通过两者在某一方面的合作,双方都会达到更高的高度,在 2015 年 3 月 9 日,亚马逊入驻了阿里巴巴旗下的天猫扩展新的销售渠道。亚马逊将会在天猫及淘宝上销售千种进口商品,包括鞋类、食品、饮料、厨房用品还有玩具。购买通道已经开放多天。我们知道,当双方确定合作的时候,两家公司的股价都上升了。

阿里巴巴发言人说:"我们欢迎亚马逊进入阿里巴巴,亚马逊的加入可以增加我们的商品种类,提升中国顾客在天猫上的购物体验。"据统计,天猫和淘宝上的活跃消费者数量已经达到 3.34 亿人。

亚马逊中文版网站与天猫竞争的同时选择与天猫合作有以下几个原因:

首先,中国市场很大,亚马逊希望扮演更重要的角色。阿里巴巴的规模远超亚马逊在中国的份额,其网站覆盖将近 80%的中国人口,而亚马逊只覆盖 10%的中国人口。

其次,亚马逊与天猫并不是在所有层面都存在竞争。天猫只是一个市场平台,商户需要自己想办法将商品运送到客户手中,而物流和后勤恰好是亚马逊的强项,并且亚马逊已经在中国市场建立了完善的运送网络,能够在中国 1400 个城市提供当日送达和次日送达服务,此外还建立了 5000 多个自提点。

但亚马逊在天猫上销售产品未必会有很好的效果。因为可选择的种类很有限,并且价格也相对较高。例如蓝钻石牌杏仁在亚马逊网站上的售价为 38 元人民币,到了天猫售价则变为 44 元人民币。

偏高的价格表明了亚马逊将竞争中所产生的费用转嫁到了顾客身上。阿里巴巴发言人证实,亚马逊要和其他商户一样给付费用,包括佣金和技术服务费用。通常,商户为了占据有利的销售位置还要另外给付费用。

亚马逊也会参与天猫的一些折扣优惠活动。同时,在亚马逊和天猫上都可以使用支付宝。

对亚马逊来说,加入天猫可以使其面向更多的中国顾客,在更大的平台上研究他们的消费习惯。目前,亚马逊在天猫上开设了 Kindle 电纸书店,很有可能利用这些数据来进行下一步的拓展决策。

有人认为,市场是固定的,竞争对手是固定的,竞争对手之间就是输赢的关系。这是传统的观念。我们要针对消费者需求,看看各自的任务是什么。我们要在市场上给消费者提供各种各样的服务。虽然说阿里巴巴和亚马逊目前只是处于这样的初期浅显的合作状态,但我们相信它们在合作

案例二 阿里巴巴与亚马逊的竞合关系

的这条道路上一定会走得越来越远。

5 阿里巴巴与亚马逊市场之争

阿里巴巴与亚马逊两大世界级的电商企业,一个是商对客平台,一个是自营商对客,一个主要聚焦中国市场,一个立足全球市场,本来井水不犯河水,但阿里巴巴自上市以来的全球化进程不断深入,加上亚马逊对中国市场的重视度也不断提高,双方的竞争不断加剧,特别是针对一些新兴的市场。

5.1 中国本土市场竞争

阿里巴巴的迅速崛起得益于我们中国潜在的巨大的电子商务市场,阿里巴巴集团从1999年开始创立,首先建立了淘宝个人电子商务网站,后来不断发展了其他的平台,而亚马逊公司在2004年宣布收购中国电子商务网站卓越,从而正式进入中国市场。

亚马逊主要的竞争力在于其物流,在中国市场它还没有与美国一样的先进的物流;在中国的电商网购市场,淘宝等平台根据顾客的消费习惯以低价成功成为中国第一大的平台。亚马逊也不断调整自己在中国市场的战略,现在顾客一进入亚马逊商城的页面,迎面而来的也是各种低价打折的商品,这也是亚马逊为了迎合中国的消费习惯而做出的改变。

5.2 美国市场竞争

2014年9月,阿里巴巴集团在美国成功上市,这也暗示着阿里巴巴集团将进军美国市场,开拓国际市场。对于如何进入北美市场,阿里巴巴则通过收购美国的电商公司来曲线应战。2015年,阿里巴巴在美国建立了名为11 Main 的电商公司,正式在北美向亚马逊宣战。11 Main 由阿里巴巴收购的两家美国电商控制,分别是 Auctiva 公司和 Vendio 公司。借助美国本土电商,阿里巴巴就可以在一定程度上避免与亚马逊之间的文化冲突。同时阿里巴巴与亚马逊及微软一样在西雅图积极招募人才,为阿里巴巴在美国市场打开一片更加广阔的市场。

5.3 国际化市场之争

5.3.1 云计算领域之争

随着科技的日益发展，新的领域也不断被发现和占领，云计算领域就是一个很好的例子，本已竞争激烈的场面也将进一步升温。亚马逊、微软和谷歌统占这一领域，目前来看亚马逊最为成功，领先其他。但是现在新的挑战者出现，那就是阿里巴巴。

阿里云计算于 2009 年 9 月创立，现为云计算与数据管理平台开发商，其目标是打造互联网数据分享第一服务平台，并提供以数据为中心的云计算服务。阿里云计算致力向淘宝系平台卖家以及第三方用户提供完整的互联网计算服务，包括数据采集、数据处理和数据存储，以助推阿里巴巴集团及整个电子商务生态系统的成长。

从眼下来看，虽然说阿里云在美国的业务量才刚刚开始，但是全球云计算老大亚马逊 CEO 贝佐斯始终把阿里云当成最大的竞争对手，不仅仅只是因为亚马逊中国败给了淘宝而不敢小觑阿里巴巴，更多的还是因为阿里云本身的实力。

第一，目前阿里云已经成为了国内公有云领域基础设施（即 IaaS 服务）市场最大的厂商，同时也是世界上第一个对外提供 5K 云计算服务能力的公司。阿里云美国数据中心支持包括云服务器 ECS、负载均衡 SLB、关系型数据库服务 RDS、云盾、云监控在内的 5 种云服务，从技术的角度来说，阿里云已经完全可以与亚马逊 AWS 同台 PK。

第二，阿里云和亚马逊云的发展壮大有着相同的基因。亚马逊云是借助为亚马逊电商服务而发展起来，而阿里云同样也是在为淘宝、天猫巨大的交易量提供支撑而迅速得到业界的认可。就拿大家都熟知的火车票网站 12306 来说，在与阿里云达成合作之前，12306 出现宕机、不稳定是常有的事情，尤其是在春节期间。而与阿里云达成战略合作之后，2015 年的春节期间，12306 平平稳稳地度过了春运售票高峰期。

第三，不管是对于亚马逊，还是对于阿里巴巴来说，云计算是支持它们电商全球化的基础所在，阿里巴巴电商全球化的加速必然也会带动阿里云在全球的进程。美国硅谷只是阿里云国际化战略的开始，阿里云未来将会在北美、欧洲、日本、中东等全球各地选址建立更多新的数据中心。

5.3.2 电子信息领域之争

为了与亚马逊的电子阅读器 Kindle 对抗，阿里巴巴也在积极进军电子信息领域。2014 年 6 月，中国手机浏览器品牌 UC 已被阿里巴巴收入囊中，7 月阿里巴巴也开始入股美国手游公司 Kabam。

阿里巴巴的 B2B 平台将中国厂商与来自全球逾 240 个国家和地区的买家联系在一起。C2C 零售平台通过淘宝网和 B2C 平台天猫上架 10 亿件商品。阿里巴巴已经在考虑通过国际市场扩大其业务，它在美国的增长计划包括知名度不太高的 11Main.com 网站。

5.3.3 全球网上购物之争

亚马逊集团 1995 年开始创办，最初是以经营书本为主，后来扩展到零售领域，并且比较早地开拓国际市场，在国际市场有一定的信誉，特别是亚马逊经典的物流模式令顾客一直称好。而起步比它晚的阿里巴巴集团在旗下的电商淘宝、天猫稳固中国的市场之后，借阿里巴巴赴纽约上市之际开始真正在全球范围与亚马逊进行竞争。阿里巴巴集团为此也做了一系列的准备，从物流到跨境平台跨境支付。

5.3.3.1 物流建设

对于电商的全球化来说，物流是至关重要的一个环节。目前，对于跨境购物来说，最让消费者诟病的就是昂贵的物流费和漫长的送货时间。亚马逊的物流在世界上已经是很先进的，紧跟科技发展更新物流系统，2014 年亚马逊采用机器人拣货，提高发货速度节省成本，近期亚马逊开始在美国一部分地区实行无人机送货，从新闻来看效果很不错，不管能否在全美乃至全球实行起来，这都是一个技术与生活商业紧密结合的壮举。面对亚马逊如此先进的物流系统，阿里巴巴集团也做了许多工作来完善提高自己的物流系统。2014 年，马云密集访问了韩国、美国、法国、意大利等多个国家，并与新加坡邮政、巴西邮政、澳洲邮政、中国邮政等签署了战略合作，开始了菜鸟物流的全球化布局。

目前，菜鸟网络已经建立了覆盖全球 5 大洲的海外仓储网络和航空干线资源能力。针对中国香港、中国台湾、新加坡等区域买家的网购习惯，菜鸟网络还推出了 8000 个境外自提点，将物流服务和网络延伸至最后一公里。此外，菜鸟网络的中央物流信息系统，达成了对物流过程的数字化。通过这个信息系统，全球的买家、卖家、服务商、转运商、海关商检、仓储企业等信息，可以实现无缝协同对接，实现全程可视化追踪。而与菜鸟物流达成战略合作的顺丰、申通、中通、圆通等也已分别开展海外仓储、跨境转运、海外自提等业务。

5.3.3.2 推出三大跨境购物平台

针对跨境购物，阿里巴巴推出了天猫国际、淘宝海外、速卖通三大平台。目前已有英、法、意等国的大量品牌商入驻了天猫国际，速卖通更是与220多个国家和地区的买家达成了交易，并成为全球最大的跨境在线交易平台。

5.3.3.3 完善跨境支付

对于跨境购物来说，线上支付的打通也是一个不小的挑战。阿里巴巴集团的支付宝自2007年以来已经分别与欧美、日本、澳大利亚、中国香港、中国台湾等全球多个地区的300多家B2C公司达成合作，为国内消费者海外购物提供支付支持。

目前，支付宝已宣布联合韩国、中国香港、泰国、新加坡和中国澳门等地20万个商家门店，在春节期间推出了跨境O2O促销活动，从线下拓展和巩固支付宝全球业务。

此外，在与AEON、DBS、东亚、大新、永亨等众多境外银行达成了快捷支付合作之外，支付宝还在与更多的国外银行展开合作，拓展跨境支付业务。

6 启示

企业之间过分合作和过分竞争都是不利的，过分合作可能会导致其失去自身优势，甚至还可能会培养更强大的竞争对手。更有甚者会导致过分的路径依赖，从而忽视自身核心能力的培养。而过分强调竞争，将会降低企业之间的凝聚力，分散资源，从而导致整体利益受损。因而需要在这两种极端力量之间进行权衡，只有当冲突着的力量处于某种平衡状态时，往往才是获取双赢或者多赢的最佳途径。经济全球化的发展迫使企业摆脱过去孤立发展的局面，通过建立各种战略联盟来实现资源互补，增强自身的竞争实力。

竞争和合作是一对相互矛盾的力量，也是两种不同的基本战略。而竞

案例二 阿里巴巴与亚马逊的竞合关系

合是有机统一的矛盾体,竞合之间并非相互冲突、相互替代,而是相互影响,相互转化。竞合和竞争、合作一样,都可以视为一种基本战略。通过亚马逊与阿里巴巴的竞争和合作可以看到,企业间的合作行为对绩效的显著影响,以及竞合战略相对于偏竞争战略的优越性。亚马逊的入驻让天猫能够学习到亚马逊的全球供应链管理模式,同时入驻也给天猫带来更加丰富的国际商品,天猫能够通过亚马逊走出去。亚马逊的销量也实现了超预期的增长。

本案例的启示主要表现在以下几个方面:

(1)企业应基于互惠互信的准则和良好的愿望出发,寻求长期、有效的合作关系,从合作中建立经营优势,增进企业效益。

(2)在增进合作的同时,不放弃对企业之间竞争所导致的冲突可能性的关注。企业应充分认识到与其他参与者可能存在的利益冲突,并采取有效措施防范和化解冲突,确保合作的顺利进行和企业的正当利益。

(3)企业应根据不同的时间、空间、对象以及自身需要不断对竞合战略进行灵活调整,从而确保各方多赢、整体共赢的结果,因此竞合关系是一个长期的过程。

案例三 腾讯与京东的竞合关系

1 引言

1.1 选题背景

1.1.1 电商外部环境变化[①]

(1) PC端网购增长放缓。艾瑞咨询[②]数据显示,2013年中国网络购物市场交易规模达到1.85万亿元,增长了42.0%,与2012年相比,增速有所回落。根据商务部最新预测的2013年全年社会消费品零售总额数据,

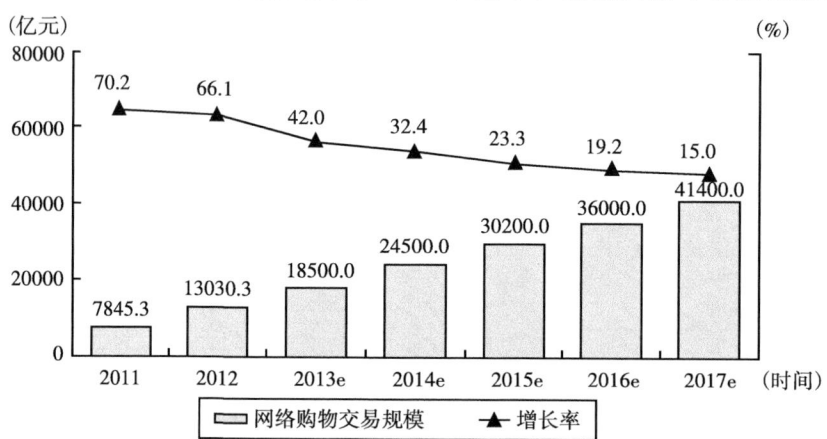

图1 2011~2017年中国网络购物市场交易规模

---

① 电商竞争优势分析: http://www.qianzhan.com/analyst/detail/329/140318-20c8d25f_2.html。
② 艾瑞网: http://news.iresearch.cn/zt/225528.shtml。

2013 年网络购物交易额占社会消费品零售总额的比重达到 7.8%，比 2012 年提高 1.6 个百分点。

（2）移动购物成为新增长点。移动购物高速发展并逐渐成为网民购物的首选方式之一，主要由于以下原因：①随着 PC 端网络购物增速的逐渐放缓，移动市场逐渐成为电商企业新的增长点，为争夺抢占移动购物市场，各电商巨头纷纷注重移动端用户使用习惯的培养，并优化用户体验，加大移动端促销的力度；②我国网络覆盖系统的日趋完善，为手机、平板电脑用户利用碎片时间上网提供了更为便利的网络基础，移动网购成为用户填补碎片时间的一大选择。

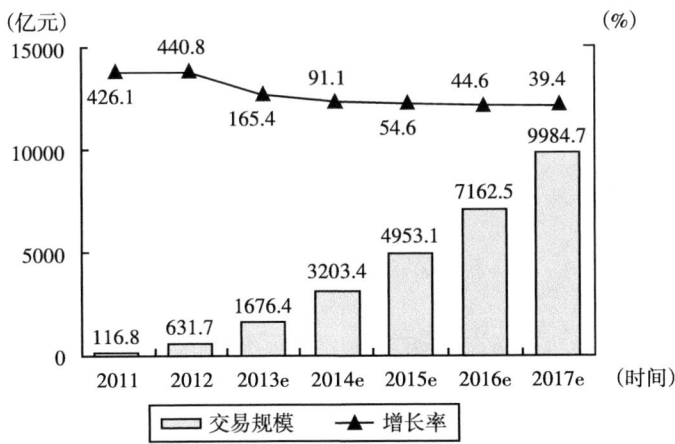

图 2　2011~2017 年中国移动购物市场交易规模

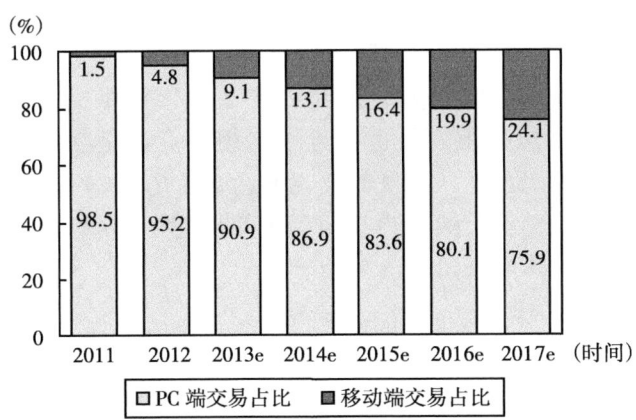

图 3　2011~2017 年中国网购交易额 PC 端和移动端占比

以上一升一降，外部环境变化明显，移动电商前景不容置疑，在这种条件下，阿里巴巴能否延续 PC 端的强势，京东和腾讯能否成功逆袭，首先要看各自的竞争优势。

（3）在移动购物环境下三家公司核心资源的对比。2013 年移动购物企业份额中，手机淘宝占比为 76.1%，京东占比为 5.2%，腾讯电商占比为 1.5%，三家企业占比总和为 82.8%，继续领跑移动购物市场。

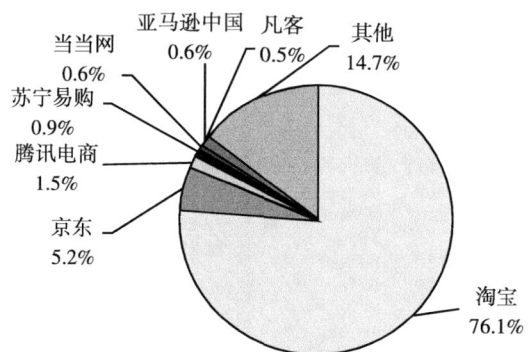

图 4　2013 年中国移动购物企业交易规模市场占比

就现状来看，淘宝处于垄断地位，第二的京东和第三的腾讯电商所占的份额过小，对行业的影响力有限，没有话语权。所以腾讯入股京东进行战略合作是形势所迫。

1.2　选题意义

（1）阿里巴巴的竞争资源。阿里巴巴最大的资源是客户，早在 2010 年支付宝的用户规模已经破 3 亿，到 2013 年支付宝手机支付用户超过 1 亿，其移动平台支付钱包的用户数也接近 1 亿规模。截至 2013 年 7 月 10 日，余额宝用户数超过 750 万，存量资金规模达 275 亿元。

因此，我们要说宏大的用户规模是阿里巴巴的最核心资源，而且这个资源优势在短期内其他公司无法撼动。

（2）京东的竞争资源。

京东最引以为傲的，是其供应链体系。京东在华北、华东、华南、西南建立了四大覆盖全国各大城市的物流中心；在天津、苏州、杭州、南京、深圳、宁波、无锡、济南、武汉、厦门等 40 余座重点城市建立了配送站。快递人员超过 3 万人。

如果品牌商自己做 B2C 的电子商务平台，自建物流、配送和货到付款的支付体系的话，后台体系的成本是销售额的 12%~18%。京东商城却能把成本压到 6%左右，这对于品牌供应商有着极大的吸引力。正因为如此，后台成本超过 5 个百分点的降低成为打动供应商的理由。

而且在京东商城，库存周转的周期是 12 天，而国美苏宁这一类实体店面竞争对手通常达到了 40~60 天。这对于更新速度极为快速的电子产品行业（京东最主要的业务范围）来说，供应链速度快一天，就能在产品过时掉价之前多卖 1 天，也就能多获得 1 天的利润，所以，这也凸显了京东强大的竞争力。

（3）腾讯的竞争资源。用户数量大，且全部是移动端用户。据腾讯内部人员透露，微信用户数量目前已经突破 6 亿，其中海外用户超过 1 亿，国内用户超过 4 亿。海外用户数量则处于快速增长时期。2013 年 4 月，微信的海外用户为 4000 万，到 2013 年 8 月则已超过 1 亿。如果说阿里巴巴拥有庞大的用户规模，微信的用户规模更为恐怖，所不同的是微信用户转化为网购用户，中间要加一些引导。

（4）资源优势比较。资源按照其重要程度分为：突破性资源、核心资源、基础资源、外源资源。

从以上资源层次定位可以解释现阶段阿里巴巴、腾讯、京东在竞争格局中所处的位置。

从理论上，腾讯和京东战略合作后，京东将获得突破性的资源，但这个资源是能够转化成竞争优势，并最终表现为竞争力，还需要执行力来保证。同时作为互联网企业的典型竞合类型，将对其他互联网企业竞合带来一定的借鉴意义。

1.3 研究方法

文献研究法：收集腾讯京东合作协议及相关竞争合作方面的案例，了解双方竞合的背景及发展趋势。

对比研究法：在研究腾讯京东内部关系时，也从同行业如阿里巴巴、亚马逊、当当等角度分析，深入了解竞合的合理性及客观性。

1.4 研究思路

重点分析腾讯京东竞合的案例。从竞合背景及前后发展入题，对腾讯京东竞合关系进行剖析，相应地与同行互联网竞争企业案例进行比较。然后总结腾讯京东竞合的得失，并提出竞合成功的三大要素：贡献、亲密、远景。

1.5 创新点

目前各种类型的电商处于爆炸式出现并迅速淘汰的阶段中，如果在用户群、盈利模式等方面稍有漏洞即有可能陷入连年亏损甚至被淘汰的局面。本案例将通过"通过腾讯京东竞合关系"分析业内互联网企业的竞合可能性，以便在以下研究中有所创新。

（1）深入了解腾讯京东的合作协议，了解腾讯京东合作背景，合作前后的状态对比，剖析竞合带来的实质性变化，也为其他互联网企业竞合提供借鉴价值。

（2）为腾讯京东竞合提供了新思路，本案例着重分析介绍竞合成功的关键三要素，对腾讯京东竞合进行分析进而得出现代企业的发展方向——竞合。

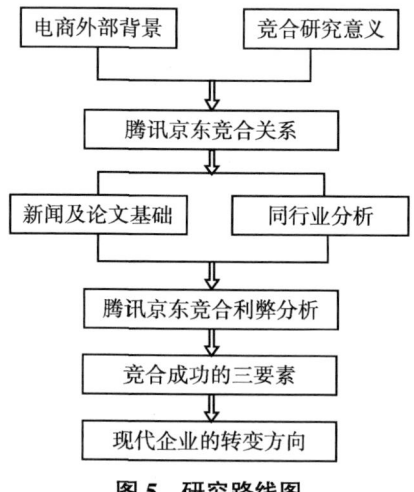

图 5 研究路线图

案例三 腾讯与京东的竞合关系

2 案例陈述

2.1 双方简介

2.1.1 腾讯公司简介及概况

2.1.1.1 腾讯公司简介

腾讯公司成立于1998年11月，是目前中国最大的互联网综合服务提供商之一，也是中国服务用户最多的互联网企业之一。目前公司主要产品有IM软件、网络游戏、门户网站以及相关增值产品。2004年6月16日，腾讯公司在香港联交所主板公开上市（股票代号700）。2010年1月初，腾讯市值折合约400亿美元。这一数字高于同日纳斯达克收盘时雅虎市值的203.35亿美元、eBay市值的281.7亿美元、Google市值的1451.86亿美元，跃居全球网络股的亚军。腾讯用户群数量之大，资产之巨可见一斑。

2.1.1.2 腾讯的电子商务

目前，腾讯以"为用户提供一站式在线生活服务"作为自己的战略目标，并基于此完成了业务布局，构建了QQ、腾讯网（QQ.com）、QQ游戏以及拍拍网这四大网络平台，同时财付通在线支付应用和服务平台，业务覆盖B2B、B2C和C2C等领域。微信作为时下最热门的社交信息平台，也是移动端的一大入口，正在演变成为一大商业交易平台，其对营销行业带来的颠覆性变化开始显现。在满足用户的交易需求方面，C2C电子商务平台——拍拍网已经上线，并完成了和整个社区平台的无缝整合。截至2009年6月30日，腾讯即时通信工具QQ的注册账户总数已经达到9.900亿，活跃账户数达到4.480亿，最高同时在线账户数达到6130万。腾讯网（QQ.com）已经成为了中国浏览量第一的综合门户网站，电子商务平台拍拍网也已经成为了中国第二大的电子商务交易平台。

电子商务业务是腾讯为互联网用户提供的在线交易和支付的整合服务，是腾讯公司"在线生活"战略在电子商务领域的重要业务布局。该业务不仅为互联网用户提供了方便、自由的网上交易平台和互动社区，还为个人和企业提供了安全、专业的在线支付服务。

2.1.2 京东商城简介

京东商城是中国 B2C 市场最大的 3C 网购专业平台，京东商城同时也是中国电子商务领域最受消费者欢迎和最具影响力的电子商务网站之一。

2.1.3 京东 SWOT 分析

2.1.3.1 优势

（1）增速快。自涉足电子商务领域以来，京东商城作为初创企业一直保持高速成长。

（2）物流配送体系完善。京东商城 2009 年初，仓储总面积达到 50 万平方米；并在超过 130 座重点城市建立了城市配送站，为用户提供物流配送、货到付款、移动 POS 刷卡、上门取换件等服务。

（3）获得多项荣誉。2011 年 8 月商务部发布"电子商务示范企业名单"公告，京东商城等 83 家企业为商务部电子商务示范企业；2011 年 7 月京东商城被授予"最佳客户服务奖"；2011 年 6 月京东商城在"2010~2011 年艾瑞新经济奖"（电子商务类）评选中荣获"中国最佳 B2C 网络购物平台" 奖项。

（4）融资速度快，规模大。2012 年 10 月，京东完成第六轮融资，融资金额为 3 亿美元，并非外界传说的 4 亿美元。该笔融资由安大略教师退休基金领投，京东的第三轮投资方老虎基金跟投，两者分别投资 2.5 亿美元和 5000 万美元。2013 年 2 月，京东完成新一轮 7 亿美元的融资，投资方包括加拿大安大略教师退休基金和沙特阿拉伯亿万富翁阿尔瓦利德王子控股的王国控股集团以及公司一些主要股东跟投。

（5）自建信息系统效率高。京东商城自创立之初就自建信息系统，对产品进行信息化管理，充分利用电子商务的高效率，使得平均库存周转只需 12.6 天，平均账期只有 20 天，优势显而易见。

（6）正品率高，配送快，服务优吸引并维持大量用户。2013 年 4 月 23 日上午，京东宣布注册用户正式突破 1 亿 。

2.1.3.2 劣势

（1）顾客适应度低。顾客往往希望一站式购物，以便节省时间和运输费用，因此流失了很多的潜在客户；并且涉足 3C 以外的领域，缺乏一定的消费者基础，很难有大的销售量。

（2）缺乏沟通聊天工具。京东商城缺乏类似如阿里旺旺的即时聊天工具，不利于与客户的沟通，影响客户体验；另外，售后服务方面很多时候都不能使顾客得到应有的服务，极大地影响顾客满意度。

（3）用户群地域局限性。京东的自有物流体系决定了它的客户群大多集中在一线城市这类交通便利交易量大的地方，普通的二线城市完全无法体会到诸如当日到的物流服务。我国地域的复杂性导致很多偏远地区的消费者需求并没有得到满足，这也制约了京东商城进一步扩大规模。

（4）资金运转紧张。由于大批量购地措施，以及本身商业模式的低毛利，使得京东巨额亏损，资金链紧张，被迫融资上市，管理层与投资方内讧等一系列问题。

2.1.3.3　机会

（1）网购规模高速发展。日益增长的网购用户基础下，对于电子商务的发展是极好的契机。

（2）政策的支持、经济的发展、网络技术的提升，为电子商务提供了优势环境。

（3）作为自营物流第一家，在媒体和市场上占足了地位。

2.1.3.4　威胁

（1）电商企业开始逐步自建物流，并且其他的一些电商企业也在探索新渠道来解决物流配送上的问题。这就使得京东商城的物流不再具有独特的优势。

（2）由于众多的B2C企业开始进军，尤其是阿里巴巴所具备的固有规模，网上产品种类的不断增多，广大用户常常面对"该如何选择合适产品的问题"，因此"比价购物"日趋盛行，这会影响到京东商城的低价策略，使得优势地位减弱。

（3）网络投诉问题日益严重，给予电子商务企业极大的威胁和挑战。

（4）国内经济虽然发展迅速，但很多基础配套设施都还不健全，不能像信用体系十分健全的美国那样，仅数年电子商务就能走出低谷，而且发展势头强劲。当前国内的许多配套环节不健全，尤其是目前我国的诚信制度不是很完善，会限制电子商务的快速健康发展。

2.2 腾讯京东合作协议

根据《腾讯控股有限公司股份认购协议》①的相关规定以及一些条款条例,我们对腾讯公司与京东公司(以下简称为京东)之间的竞合关系有了更深层次的了解。

由协议书可知,腾讯控股有限公司(以下简称为腾讯)旗下附属公司购买京东公司 15%的股份,共 214661998 美元。并且腾讯将其 QQ 网购、拍拍网并入京东、微信为京东开放一级入口,同时,京东获得易迅少数股权和收购易迅剩余股权的权利。腾讯与京东的这场资本恋爱,将会显著改变互联网及移动互联网时代的电商竞争格局,阿里巴巴股份有限公司与腾讯双方对垒的战线也日益明晰。

下面,我们将具体对《腾讯控股有限公司股份认购协议》进行细致的分析,以便更进一步地了解腾讯与京东之间这场竞合关系中的爱恨情仇。

(1)协议书重新肃清或交换了京东与腾讯的结构体系,双方均达到了瘦身并健身的目的。协议书中写道:2014 年 3 月 10 日,本公司与京东,由双方自身或通过其各自的一家或多家附属公司或连属公司,签订股份认购协议、战略合作协议、京东经修订及重述之股份协议、首次公开发行股份认购协议、认购期权协议、上海易迅股东协议及其他交易文件。由此可知,腾讯与京东之间的合作关系,并非是强强联合,合并为一家更大的企业,而是以腾讯入股京东的形式实现的合作,腾讯将自身的弱势——互联网购物平台交给京东负责,通过京东之手将其发扬光大。而京东则是通过腾讯获得大量的流量支持以及移动互联网时代的入口。这是一场双赢的战斗,双方因此弥补各自的短板,实属一石二鸟之举。

其实,很早以前作为互联网巨头的腾讯就把互联网金融作为自己未来发展的重要部分,并不断为之付出努力,由此创造出了 QQ 网购、拍拍网以及易迅等产品。但是,由于腾讯公司在消费者心目中始终是以一个即时通信工具的身份存在,所以当其互联网金融工具推出的时候,市场发展并不乐观。

Enfodesk 易观智库数据显示,截至 2013 年,在 B2C 领域,天猫的市场份额达到了 49.08%,京东以 18.16%的份额牢牢占据着第二名的位置,而

---

① 《腾讯控股入股京东公告》:http://b2b.toocle.com/detail--6159131.html。

案例三 腾讯与京东的竞合关系

腾讯的 B2C 业务只占市场份额的 5.68%，可见其并不成功。然而移动互联网方面，却占据着两大重要优势——流量和入口，在移动互联网时代，顾客已经从过去的"去购物"转变为了现在的"在购物"，用户随时随地在购物，购物的场景发生了天翻地覆的变化，而这些，正是腾讯的强项。另外，因为腾讯掌握着大量的用户，一旦为京东敞开入口，将会极大地推动互联网金融的发展。因此，在面对互联网金融不断发展和自身互联网金融产品停滞不前状况下，腾讯适时让出产品，主攻自己的优势产业，一是甩掉了鸡肋般的 QQ 网购和拍拍网，而保留了真正具有价值的易迅，利用这次交易整合了自己的电商业务；二是借这笔交易以及京东的高估值，变相抬高了微信与手机 QQ 的价值；三是京东还可以为微信支付带来稳定的订单，以抗衡阿里巴巴，不失为一个明智之举。

（2）协议内容以双方利益为立脚点，以自己的竞争优势为发力点，在考虑自身处境的基础上，以成本最低化达成了互利合作。协议书中写道："据董事会所有合理查询后所深知，尽悉及确认，京东及其最终受益股东是本公司的独立第三方，与本公司及其关联人士并无关联。"由此可知，并非是腾讯拥有京东的 15%股份，享有股东的权利，而是腾讯下属公司。因此腾讯和京东仍然以两家不同的公司存在，并不存在着合并关系。彼此之间各自为政，并无其他关联。而且，腾讯公司并非将其在互联网金融中的王牌——易迅转让到京东旗下，而是继续独立运营，从这一点可以看出，腾讯绝对没有放弃互联网这块肥肉，因为它深知，在未来，互联网金融将会更多地被消费者所依赖，互联网金融所带来的巨大利润是超乎想象的。因此，腾讯公司为今后的企业发展，为自己留了一条安全的退路。

而京东方面，虽然貌似在这场交易中并不占有太多的好处，但是腾讯助其渡过难关并有借此弯道超越之势。

1）力图通过腾讯注资挽救 IPO 局面。此前有多名华尔街投行人士称，正在进行 IPO 预路演的京东遭遇了美国市场的冷遇。有消息称，京东在美国进行的多场与投资者见面沟通会都没有取得预期效果，美国投资机构对京东估值较低，京东 IPO 局势比较被动。因此，继续一个更好"故事"的京东，启动 IPO 的 B 项选项，选择一个有足够市场概念的合作者从而使投资者给予"合理化的市场想象"，并对其资产进行更有利的定价，也就是情理之中的选择了。

2）对外抗争阿里巴巴。现如今，阿里巴巴公司在互联网金融行业一头独大,并几乎包揽了市场的一半份额,稳居半壁江山,对京东的市场发展本身就是一个限制,而且苏宁易购等公司也在为分得互联网金融一杯羹而在不断发展,要想使京东更加快速地发展并超越他人而不被他人超越,迫切需要其他公司的支持,选择腾讯公司,是其明智之选。

3) 借助舆论效应抢夺市场。互联网金融市场由于发展时间短,并未将市场完全瓜分,仍然存在着许多的市场空白,趁着市场尚未瓜分完成,抢夺消费者在这一时期变得至关重要。通过联合使得腾讯公司和京东公司在消费者心中的地位提升,并且,合作的新闻形成公关效应,使得两家公司被更多人所知,更加有益于其未来的市场争夺战。

4) 京东借助微信建立移动端活跃用户群。

(3) 协议明确确立了战略合作的方向和内容,但是暗藏竞争。在协议书中,是这样定义两家公司的战略合作的:"协议定下协议各方对于本公司与京东之间有关以下事项的战略业务合作的理解:①在电商业务领域的总体业务合作;②本公司的若干移动应用及其他平台的合作;③本公司与京东之间支付解决方案的合作;④京东作为本公司在若干业务领域中的优先合作伙伴;⑤不竞争承诺,在该承诺下,本公司保证不从事若干电商业务。尤其是,本公司将通过在微信、移动 QQ 上向京东提供一级接入点以及其他重要平台的支持,来促进京东在实物电商业务方面的发展。本公司与京东将就网上支付服务展开合作,以改善用户网上购物体验。"

战略合作中明确指出了腾讯公司与京东公司之间的合作方向,即在互联网金融领域,腾讯公司将为京东公司提供支付方式业务,也就是微信支付业务的支持,并且保证不参与某些电商业务的竞争,在微信、移动 QQ 上为京东公司提供一级接入口。战略合作的提出标志着两家公司在电商业务方面达成了共识,要强强联合电商业务将其发展壮大,以对抗阿里巴巴公司的一头独大状况。

当然,总体来看,这份协议书凸显了很多腾讯与京东之间的合作,但是,在合作中仍然存在着竞争,比如前面提到的,腾讯公司并没有完全放弃电商业务,而是将其电商支柱——易迅保留下来独立经营,从这一点就可以看出来,其实,这两家公司还存在着竞争。众所周知,京东是一家专攻互联网金融以及电商交易平台的公司,其主营业务就是电商业务,现在,腾讯公司推出相关产品,在一定程度上,肯定会对京东造成一定的顾客损失,二者的竞争关系也由此展开。在协议书中,并没有明确规定腾讯

案例三　腾讯与京东的竞合关系

公司的易迅转移到京东旗下,而是特别强调了该协议书是在除上海易讯公司外的电商范围,在协议书中,有这样一段话:"于认购齐全协议签署当日,上海易讯、腾讯电商、上海易讯的股东以及本公司或京东若干其他附属公司或联属公司订立上海易迅股东协议,当中载列订约各方有关上海易迅若干事宜的权利和义务。上海易迅股东协议证明,未经上海易迅以及腾讯电商全体股东的事先书面同意,上海易迅公司不得转让上海易迅公司任何股权。上海易迅股东协议亦载列有关上海易迅股权转让的惯常优先购买权限及跟授权。"

笔者认为:腾讯公司与京东公司的合作背后,还是不乏竞争的。上海易讯公司将是腾讯公司未来在电商业务领域与其他各大电商公司竞争的王牌,同样地,也将是腾讯公司未来发展的火力集中点。

对于腾讯公司在电商领域为自己留有后路的做法,京东公司并非没有发现,但是,目前京东发展受到限制,为了获得更大的流量和平台,也只能屈就同意腾讯的这一做法。因此,腾讯和京东这一次与其说是合作关系,不如说,它们之间是竞合关系。竞合关系也将会在将来的逐步修正改进中发挥想象不到的推动力。

2.3　合作协议签订后的活动现状

2.3.1　战略合作[①②]

(1)在电商业务领域的总体业务合作,本公司保证不从事若干电商业务。通过此次与腾讯在移动端、流量、电商业务等方面的战略合作,京东将在互联网和移动端向更广泛的用户群体提供更高品质、更快乐的网购体验,同时迅速扩大京东自营和交易平台业务在移动互联网和互联网上的规模。

(2)本公司的若干移动应用及其他平台的合作,双方资产将进行整合,腾讯支付2.14亿美元现金,并将QQ网购,拍拍网的电商和物流部门并入京东。易迅继续以独立品牌运营,京东会持易迅少数股权,同时持有其未来的独家全部认购权。

(3)本公司与京东之间支付解决方案的合作,本公司与京东将就网上

---

① 战略合作:http://www.investide.cn/news/92682.html。
② 协作公告:http://tech.qq.com/a/20140310/005903.htm。

支付服务展开合作，以改善用户网上购物体验，更好地发展京东的各项电子商务服务业务，如支付、公众账号和效果广告平台，为腾讯平台上的所有电商业务创造一个更繁荣的生态系统。

（4）京东作为本公司在若干业务领域中的优先合作伙伴，本公司将通过在微信、移动QQ上向京东提供一级接入点以及其他重要平台的支持，来促进京东在实物电商业务方面的发展。

与京东的战略合作关系，将扩大腾讯在快速增长的实物电商领域的影响力。

事实上，在此次交易中，最具价值的恐怕便是腾讯的微信入口。

此次联姻意味着腾讯和京东两大电商平台将互通，用户在购买选择以及支付体验上多了选择，比如可以通过微信买京东商品并支付，京东用户也可以在易迅平台上购买商品。对商家来说，腾讯会在手机QQ和微信开放移动入口输出流量，京东在产品组合、线上营销和物流配送方面可提升规模效应，进一步降低成本。商家可通过京东实物电商入口和微信公众账号入口，多渠道获得用户。

腾讯正式与京东展开战略合作，并且将旗下电商业务与京东进行供应链、物流仓储等资源的全面整合，通过微信进行移动入口流量支持和支付工具支持，并将获得来自京东和微信支付的大量线上交易基础数据，从而完成继大众点评之后在电商领域第二笔合作战略布局，全面进军线下与线上电商，将引发中国电商市场格局改变。

2.3.2 合作事例

事件一：支付方式。

腾讯京东都有自己独特的支付方式，维持自己客户信息和营销信息相对隐私化，但又有对方的移动支付端口，真正形成竞合关系，由于支付利益链中各方利益难以达到平衡，完整的移动支付体系需要终端客户、移动运营商、应用提供商、设备提供商、系统集成商、商家以及金融机构等多方参与，缺一不可，腾讯和京东有着自己的支付利益链，而双方合作伙伴的利益不可避免地存在相互矛盾，同时也很难同时利益最大化，这样往往导致相对能达成利益共识的参与方形成自己的排他性支付体系[①]，所以腾

---

① 李杰.移动支付的应用现状及前景困局剖析［J］.网络安全技术与应用，2014（12）.

案例三 腾讯与京东的竞合关系

讯和京东还依然保留着自己独有的支付方式，京东的支付方式分为货到付款、在线支付、公司转账、邮局付款四大类。满足消费者的多重消费习惯，为移动支付提供更多可能的支付方式，两家公司的支付服务在竞争中共同发展进步，实现优胜劣汰。

图6 京东独特的支付方式

京东在线支付方式（其中有京东旗下的独有快捷支付，也有微信终端支付方式）。

同时在京东的移动支付方式中又有微信终端支付，微信支付是目前最流行的移动支付工具之一，移动支付最大的问题就是存在一定的安全隐患：一是移动终端操作系统的自身安全漏洞，如安卓系统开源平台隐患、用户自行越狱刷机带来的系统漏洞隐患。二是近场支付使用的无线信号可能被窃听或转发，甚至模拟信号基站来达到窃听的目的。三是接入网络设备不够安全，木马程序可以通过侵入接入网络的路由端口等技术手段拦截接收的验证信息。而微信有五大安全保障为用户提供安全防护和客户服务①。一是技术保障，微信支付后台有腾讯的大数据支撑，海量的数据和云计算能够及时判定用户的支付行为是否存在风险。基于大数据和云计算的全方位的身份保护，最大限度保证用户交易的安全性。同时微信安全支付认证和提醒，从技术上保障交易的每个环节的安全。二是客户服务，7×24小时客户服务，加上微信客服，及时为用户排忧解难。同时为微信支付开辟的专属客服通道，以最快的速度响应用户提出的问题并做出处理判断。三是业态联盟，基于智能手机的微信支付，将受到多个手机安全应用厂商的保护，如腾讯手机管家等，将与微信支付一道形成安全支付的业态联盟。四是安全机制，微信支付从产品体验的各个环节考虑用户心理感受，形成了整套安全机制和手段。这些机制和手段包括：硬件锁、支付密码验证、终端异常判断、交易异常实时监控、交易紧急冻结等。五是赔付支持，如果出现账户被盗被骗等情况，经核实确为微信支付的责任后，微信支付将在第一时间进行赔付；对于其他原因造成的被盗被骗，微信支付将配合警方，积极提供相关的证明和必要的技术支持，帮用户追讨损失。这一整套的机制将对用户形成全方位的安全保护，使消费者可以更放心地网购而且通过自己的微信账号直接进入京东的界面进行网购，方便快捷。

而且微信支付通过消费则高频使用通信功能的黏着力以及内嵌小型游戏、双十一京东抢红包等促销引导消费者使用微信支付。特别是通过只支持各自移动支付的打车平台补贴大战，让移动支付快速进入消费者生活场景中。使消费者养成移动支付的习惯。在合作中谋求更好的共存方式。

---

① 微信支付：http://www.wm23.com/wiki/102073.htm。

案例三 腾讯与京东的竞合关系

图 7 京东与多支付平台合作

腾讯与京东合作，腾讯帝国将会越来越发展壮大，京东在电商方面将会建立自己的 O2O 帝国，这无疑是一次很成功的战略合作与强强竞争。

事件二：朋友圈变身购物圈，化身新型人际营销模式。

事件三：红包大战背后[1]，绑定了新的微信支付用户，腾讯为京东提供了更大的潜在客户群，正面对抗支付宝对京东设立的支付屏障。

事件四：腾讯发展微店，从另一个细分市场试水电商，看似是与京东的电商竞争，实则是在助力京东，以新的电商模式刺激京东获得客户群，并为京东旗下的拍拍微点提供经验积累。

3 案例分析

商场是一个无硝烟的战场，其间的集团割据不亚于一个战国时代的盛宴，丘吉尔曾说过："没有永远的敌人，只有永远的利益。"而今在这个电商平台一超多强的局面下，竞争对抗是毫无疑问的，在竞争夹缝中生存的合作亦是各大集团之间雄图霸业战略的一部分。或强强联合自身强化、或交叉合作谋求互利、或入股分红资源互补……所有的抉择都只有一个目的：我们生，他们死！腾讯与京东的合作也正是在这激烈战场拼杀得来的

---

[1] http://tech.sina.com.cn/i/2015-03-04/doc-icczmvun6443086.shtml.

统一战线。对于它们来说，为了自己的发展，为了有更广阔的天地，合作又何妨，只是这条利益的纽带到底有多强韧呢，是否可以是一把利刃向外所向披靡的尖刀，一举突破重围，分享到最后胜利的果实？利益让它们走在了一起，双方能否走远取决于双方的态度，对面对的利弊是否已经做好准备接受。腾讯与京东的合作无疑是为了从中国电商中占一席之地并希望其发展壮大。

我们在对京东、腾讯竞合关系的优劣性分析中，势必要考虑到其最强大的竞争对手阿里巴巴。

3.1 京东、腾讯进行竞合的背景

对内实现两者利益最大化，对外实现竞争最强化。从集团割据来看，腾讯与京东的合作有一定的必然性，就割据中国的几大电商分析，阿里巴巴[①]作为电商一霸，中国电子商务领头羊，经营多元化的互联网业务，致力为全球创造便捷的交易渠道；自成立以来，集团建立了领先的消费者电子商务、网上支付、B2B网上交易市场及云计算业务，积极开拓无线应用、手机操作系统和互联网电视等领域。集团以促进一个开放、协同、繁荣的电子商务生态系统为目标，旨在对消费者、商家以及经济发展做出贡献。集团由私人持股，服务来自超过240个国家和地区的互联网用户；集团及其关联公司在中国、印度、日本、韩国、英国及美国70多个城市共有20400多名员工。旗下业务更是日益繁荣，大有占据中国大部分电商领域席卷全球的趋势。阿里巴巴国际交易市场、全球速卖通、淘宝、天猫、聚划算、支付宝等都给予中国电商行业很大压力。阿里巴巴的优势很明显，首先，其具有品牌知名度。在国内，阿里巴巴是最大的B2B网站，只要一提起电子商务，人们首先想到的就是阿里巴巴。而且阿里巴巴还拥有各类商业模式。另外，中国的出口企业大部分都集中在江浙地区，阿里巴巴在这两个地区做得尤其知名。其次，阿里巴巴对电子商务有透彻的了解。阿里巴巴做了这么多年电子商务，其对电子商务的了解再加上对用户的了解，足以使它在电子商务领域引领风骚数年。另外中国其他电商如苏宁易

---

① http://baike.baidu.com/link?url=kfHWbo-46z2qvy6Z8GmnFvdZNuy9ZYAy-6Bbpw710bbqw89fox XtgA6fHRD5ViW7nowtogTCg0SVUH7LgiHjOP0wq3mkcUWeTS8rXzFuSWkqXV4H-o7IQm1lVewRWRnCFK oXudWByvg3i4hF4F0Mj7wADGFSdUIqUdzIsDG0tZa.

购、唯品会、亚马逊、凡客诚品等都或多或少占据各块领域的一部分。京东 2004 年开始做电子商务至今 12 年，慢慢地完善产品服务，包括网购平台、商品种类；完善部门结构，创立自营快递；并拆分集团：两个子集团、一个子公司、一个事业部。在 B2C 的 3C 平台上占据较大份额，可以与其他电商一较高下，但是仍无法撼动阿里巴巴的绝对优势。腾讯方面深入人心的是它是一个社交平台、网页游戏等，而在电商模块，虽有 QQ 网购、易迅等，但不是消费者的主流选择，再者卖的产品人们熟悉的是 Q 币、各种钻等虚拟物品，所以在电商领域难以进一步发展。但是其注册用户或者说用户流量是一个很大的交易信息通道，正如与京东合作后 QQ 网购、拍拍网、微信入口等提供给京东就是一个很好的说明。综上可见，腾讯与京东合作后，将重新调整未来的电商份额板块，有可能和阿里巴巴抗衡，一场电商之间的竞技将空前浩大，无论是学者、顾客、各电商董事会都极大关注这方面消息，从一些腾讯与阿里巴巴之间的小较量就可以闻到浓浓的硝烟味。相关数据表明，双方合作后，"腾讯+京东"将占据天猫市场份额的一半，牢牢占据市场第二位。再从整个互联网态势分析，腾讯先后与搜狗、大众点评、京东携手，试图打造一个品类丰富的 O2O 生态圈，赶超阿里巴巴。很明显"腾讯+京东"联姻剑指阿里巴巴，双方的"军备竞赛"不亚于当年苏联和美国的态势。但是电商格局的改变很有可能使客户成为竞赛的受伤者，增加了客户的选择机会成本。

3.2 从腾讯角度看竞合

3.2.1 竞合之前

（1）腾讯电商① 多次尝试未果，亏损巨大。腾讯从做社交起家，一直想染指各行各业，无奈心有余而力不足，作为互联网三巨头之一，从社交切入市场是很明智的选择，社交聚集用户，再以此为通道顺利推广，顺其自然，合情合理。腾讯可以称得上是一个覆盖 IT 全领域的"帝国型"企业，但唯独电商业务是其"软肋"，尤其是实物电商方面。根据港股公告，腾讯 QQ 网购以及 C2C 拍拍业务，截至 2013 年 9 月 20 日的财务资料为亏损 7100 万元，而这两个业务在 2012 年亏损 2000 万元、2011 年亏损 16200 万元。易迅的亏损数额更大，2013 年前 9 个月亏损 4.37 亿元，2013 年亏

---

① 腾讯电商之路：http://www.donews.com/net/201403/2722962.shtm。

损 3.15 亿元，2011 年亏损 1.72 亿元。

（2）腾讯全面展开移动端"线上生活"服务，全面不精的现象已经很严重。腾讯触手太多，所顾方面太多将难以控制平衡，从 2013 年 9 月开始战略入股搜狗，2014 年 2 月入股大众点评。2014 年 3 月大手笔入股京东更是表明了腾讯的强势态度，不再所有业务都自己做，而是寻找优秀的企业合作，更好地服务客户，提升自己的领域竞争力。

3.2.2 竞合之后

（1）抛掉了实物电商这一软肋，在摊薄成本，拓展名义业务方面实现显著效应。腾讯入股京东合作公告并不像之前外界所传，易迅将并入京东，而是京东获得易迅小部分股份，并保留其收购其余股份的权利，也就是说京东随时可以并购易迅。有业内人士指出，这是一次"双赢"的战略合作，对于腾讯来说，实际上是甩了长期以来的大包袱。众所周知，北京时间 3 月 18 日下午消息，腾讯控股发布截至 2014 年 12 月 31 日的第四季度及 2014 年全年财报。第四季度腾讯营收 209.78 亿元（人民币，下同），同比增长 24%；基于通用会计准则，净利润 58.6 亿元，同比增长 50%；基于非通用会计准则，净利润 67.23 亿元，同比增长 49%。腾讯 2014 年全年业绩摘要：每股基本盈利为人民币 2.579 元，每股摊薄盈利为人民币 2.545 元。电子商务交易，本公司电子商务交易业务的收入较 2013 年第四季度下降 87%，至 2014 年第四季度的人民币 4.46 亿元。该项减少主要反映于 2014 年 3 月与京东进行战略合作后将流量转移至京东，以及易迅业务由自营重新定位为交易平台，导致电子商务自营业务的收入下滑。说到底，腾讯是将自己的软肋扔给了京东，希望入股京东可以平摊易迅所带来的亏损，并希望通过入股京东抬高自己的估值。2014 年 3 月与京东进行战略交易后，腾讯的电子商务交易业务进行了战略转型。将流量转移至京东致使电子商务收入、成本及亏损大幅减少。展望未来，这次战略转型将使腾讯通过持有行内顶尖的电子商务公司（京东）的重大股权，以及通过实现来自电商广告主的效果广告收入，更有效地受益于中国电子商务的成长。

（2）将电商业务交给以前的竞争对手，以退为进，实际是希望自己的电商业务获得未来的潜在发展机会。为了染指电商建立起 O2O 生态圈需要承担风险，万一失败，腾讯将接受主要的电商平台拍拍、易迅等覆水难收的后果。

3.3 从京东角度看竞合

3.3.1 竞合之前

(1) 急于寻找资本帮助自己在上市时间上领先阿里巴巴。对京东来说搭上腾讯就是为了上市，腾讯入股京东对京东上市的估值是很有好处的。为了比阿里巴巴提前上市，京东很早就开始计划上市并做好上市前准备。并于2013年1月30日递交IPO招股书，计划赴美上市①，最高融资15亿美元，但是此时京东并不被看好，甚至被认为是错误的选择、愚蠢的表现，在利润方面，京东的财报并不被看好，路演并不如想象中那般良好。

(2) 亟须拓展用户量对抗第一竞争对手阿里巴巴。京东曾经的思路是"供应商"思路，简单理解就是别人供货京东提供全面服务，反观天猫的思路是为零售商搭建平台，后续服务由供货商完成。二者模式和属性决定着这场竞技需要在新的维度展开，即移动端用户数量。

3.3.2 竞合后

(1) 京东估值获得提高，成功上市，获得与微信的优先合作地位。腾讯入股后，京东获得的价值不仅仅是账面上的，公告中称腾讯将与京东在电商方面有一系列的合作，并重点指出将在微信和移动QQ上给予京东接入点。此外，腾讯数码、腾讯电商、腾讯广州、易迅物流的潜在价值也应该计算进去。腾讯入股京东后的想象空间将有助于京东IPO，另外微信一级入口直接推高京东的估值，所以说京东为了提前上市是勒紧腰带铆足了劲向上冲。腾讯入股虽然提高了估值，令上市更加容易，但上市后股票下跌很大部分原因是提前将腾讯带来的冲击用掉，股票的下跌会影响京东内部的低沉情绪甚至给股民不好的反响。最重要的是和阿里巴巴的面对面竞争直接曝光，需要承受巨大压力。

(2) 与腾讯的合作获得了潜在的用户群，足以弥补自身短板，正面对抗阿里巴巴。如果没有腾讯的加入，京东想要PK淘宝天猫仍然有不确定因素，合作后全面接管易迅、拍拍、QQ网购、微信电商的业务，大力发展POP的开放平台业务，以微信的用户基数，流量导过来之后，京东势必会出现一个流量迅速膨胀的过程。就像京东在POP上的发力，越来越多、越来越广的用户接触界面，会让京东有更多的机会和视野形成思考和切

---

① 赴美上市：http://finance.ifeng.com/a/20140131/11587725_0.shtml。

换，天猫最强势的品类是服装，为了稳固与阿里巴巴的对抗阵营，京东从服装切入是很好的选择。腾讯给京东在服装品类对接新资源或者并购提供了机会。腾讯和京东战略合作后，腾讯流量改入，如果注册用户登记账号可以通用，使用京东就将拥有和阿里巴巴媲美的潜在客户规模，再加上原有的供应链，资源等级上升为突破性资源，将比阿里巴巴的网购用户规模核心资源更高一筹，很有可能成为其日后的竞争力。

3.4 共同的影响

3.4.1 优势

（1）社交圈与电商平台的结合抓住了人际关系对交易的巨大带动作用。我们知道消费者进行消费的重要信息来源就是人际圈，且这样的影响力度大且持久。

（2）为对外竞争阿里巴巴实现资源重整与联合。

（3）二者的合作将双方推向了媒体舆论的风尖，较大的媒体关注度有助于推动后续的合作活动。

3.4.2 劣势

（1）体系混乱化，合作关系鉴定不明晰。以微店体系为例，现有的拍拍微店、京东微店、微信小店在名称上基本无法区分。在现有的资料中，笔者整理出如下关系：拍拍是腾讯电商体系中的重要部分，腾讯与京东签订合作协议建立竞合关系后，京东协议购入拍拍。此后，微信推出的微信小店形成C2C的模式，用户既是供应商又是采购者。利益驱动下京东也开始尝试微店模式，并且借用合作优势获取微信支付及微信入口的使用权。如此形成的三类微店，互相连接打通，用户反而混淆自己所处的界面究竟是腾讯所管还是京东所管，这样的管理反而更加混乱。由此形成的品牌忠诚度薄弱现象不利于微信的持久发展。

（2）在普通客户眼中微信仍旧是一种社交平台，而不是电商，微信用户的高流量是机遇，但其如何提高用户转化率又是一大难点。

3.5 前景

（1）腾讯的线上生活圈布局会带来新的移动端生活方式。

（2）销售方式社交化。首创社交平台与零售平台的结合，非常有可能冲击人际交易形成的朋友圈代购现象，在预测中朋友圈与购物圈的重合现象也会推动口碑营销的发展。

（3）对阿里巴巴产生明显冲击。

4 启示

合作竞争是一种高层次的竞争，合作竞争并不意味着消灭了竞争，它只是从企业自身发展的角度和社会资源优化配置的角度出发，促使企业间的关系发生新的调整，从单纯的对抗竞争走向一定程度的合作。

竞合成功的三大要素[①]：贡献（Impact）、亲密（Intimacy）和远景（Vision）。

4.1 竞合成功的要素——贡献

贡献是指建立合作竞争关系后能够创造的具体有效的成果，即能够增加的实际生产力和价值。贡献是合作竞争成功要素中最根本的要素，是成功的合作竞争关系可以存在的原因。在腾讯与京东的竞合关系中贡献主要来源于三个方面。

4.1.1 减少重复与浪费

京东是电商模式稳定的企业，其自营物流体系和用户口碑建立已经在电商环境中获得一席之地，而腾讯多次尝试电商未果，拍拍网和易迅网的电商体系对其公司主体来说如鸡肋，食之无味弃之可惜。电商既是腾讯互联网帝国体系的重要组成部分，又需要大量成本才能获得缓慢现金流入的部分。此时，腾讯将自己的资金投入京东并将自己的电商系统归入京东着实能够将自有电商成本降低。

腾讯作为互联网行业多年来的领军者，积累了大量的原始资金和稳定活跃的用户群，并且通过微信占领移动端社交平台，作为打入互联网移动端的先行计划。京东作为赚取销售价与采购价之间差价为主要获利渠道的自营电商，要想盈利必须拥有极大数量的客户群，然而"低盈利大规模"

---

① http://baike.baidu.com/link?url=MNAPlhPEz-CrywBJxu7LrVx4Qmt3cWCQ3ONNWh2Wba-sjt-gauNDVZV8-rMUF8THACdAIgMvNCRHm4aQ39yExT_.

模式中,奋斗6年京东仅获得800万注册用户。对比微信拥有的6亿用户,微信拥有的潜在用户群极富吸引力,可以省去京东大量宣传成本,大大缩短与淘宝等直接竞争对手的实力差距。

由此可见,两者合作,能在电商平台及物流体系运作,宣传扩展用户群方面省掉极为巨大的成本。

4.1.2 借助彼此的核心能力

腾讯的优势是微信已成最大O2O入口,劣势是O2O服务品类不全,微信支付需要丰富交易场景发展,入股京东可全力布局生活类O2O,其中腾讯负责经验丰富的线上部分的O(线上商务),京东负责擅长的线下的O(线下商务)。

对京东来说,京东除自主APP持续性优化外,未有较大突破。通过与腾讯合作,京东基于微信平台及微信支付,对移动端以及O2O等业务的创新都有更强底层支持与想象基础,这无疑在很大程度上弥补了京东在移动端的短板。

4.1.3 创造新的行业机会

微信移动电商领域最大空间并非商品交易,而是生活服务类,因为移动端LBS、碎片化,京东如无微信资源,只能在现有资源上向移动端延伸,但在打通微信资源后,京东应该顺延到本地生活领域,这样京东就会迎来更广阔的空间。

对于京东来说,随着京东整合腾讯资源,京东与天猫份额差距缩小,尤其是互联网从PC端向移动端转移,电商格局依然会有变化,这给了京东向阿里巴巴弯道超车的机会。腾讯将继续通过公众号体系,把基础电商能力赋予商家(包括O2O商家),构建新的移动电商生态圈,并联合京东的电商平台优势为商家提供更全面和多渠道支持。腾讯也将继续经营虚拟商品电商业务,并全力布局生活服务类O2O业务。

对于腾讯来说,腾讯"电商生态圈"也悄然"全面合拢",周边有搜狗、大众点评、京东、艺龙、同城网等各细分领域内领先企业"拱卫"。其生态圈更加完整,在C2C、B2C、团购、生活服务、第三方支付、移动支付、移动电商、O2O等领域都有实力与阿里巴巴展开竞争。

总体来看,腾讯的目标是互联网移动端做全做大全网覆盖,而京东则是在电商领域做精做细,二者在短期内的目标上不会有较大冲突且有多种合作可能性。

4.2 竞合成功的要素——亲密

成功的合作竞争关系超越了一般的交易伙伴,具有一定的亲密程度,这种亲密是在传统的交易模式下不存在的。要建立这种亲密的关系,企业必须做到以下几点:一是相互信任,相互信任是建立合作竞争关系的核心;二是信息共享,促使信息和知识的快速流动,降低信息收集和交易成本;三是建立有效的合作团队。

在腾讯与京东的竞合关系中,我们能够看到双方进一步加强了合作的意向。

(1)京东带领从腾讯处购得的子公司拍拍网寻觅新的合作机会。2015年3月23日,WPP全资子公司上海库费拉电子商务有限公司(以下简称库费拉)与京东集团全资控股公司——中国领先的移动社交电商平台拍拍签署战略合作协议,双方将致力于为国际一流品牌在中国本地进行移动社交电商业务的拓展。此举也标志着全球最大的营销服务集团WPP与中国最大的自营式电商企业京东正式建立合作关系。

它们签订的合作协议包括:库费拉为客户提供营销推广整体解决方案,包括交易服务、店面管理、品牌推广和顾客关系管理(CRM)。库费拉还可以使用拍拍网的广告流量,包括拍拍网的自然流量以及拍拍网在微信、QQ等社交平台的入口流量。拍拍网则为客户提供运营拍拍平台店铺所需的所有支持和资源,包括流量支持、技术解决方案及运营人员等。

(2)腾讯为京东开绿卡运营新的朋友圈模式,转型购物圈。腾讯推出"购物圈"一方面可以提高用户的黏性,另一方面可以满足他们的分享诉求,激活用户的参与感,促进多频次消费。如果用户在"购物"里买了某样东西觉得还不错,自然乐意分享给其他的好友,倘若这次分享不仅能得到大家的赞美,还能赢得佣金,那么"购物圈"就发挥了它应有的价值了。

另外,用多维社群驱动单向社交。"多维社群"指的是当A用户和B用户买了同一件商品或A用户买了某商品分享到"购物圈"引来B用户的购买,这时大家就会由某件产品形成了一个共同的话题,而分享的该用户可能就会变成达人,利用自己的好友关系促成达人经济。

这样的改变正是抓住了口碑营销的优势,极大地提高了微信用户向京东用户转化的概率。

我们看到双方均进行了极大的形式转变以应对合作的局面，并且积极寻求进一步合作的可能性，这是良好的合作关系。

4.3 竞合成功的要素——远景

远景是建立合作竞争企业的导向系统，它描绘了合作企业所要共同达到的目标和如何达到目标的方法，激发员工的工作热情和创造性，成为建立合作竞争关系企业的活力源泉。远景要能正确地发挥作用，必须能评估伙伴的潜能、发展伙伴关系、进行可行性分析等。

总体来看，腾讯的目标是互联网移动端做全做大全网覆盖，而京东则是在电商领域做精做细，二者在短期内的目标上不会有较大冲突且有多种合作可能性。并且在外部阿里巴巴的竞争压力下，二者的合作必将更加紧密，最终与阿里巴巴形成二元竞争的局面甚至实现弯道超越。

在良好远景的引导下，二者竞合关系势必发挥更大作用。

在腾讯和京东的竞合关系中，我们看到竞合关系确实能为企业带来双赢的效果，竞合使得腾讯发挥移动端用户数量大且资本充足的优势，通过资源重整合理分配，实现了重整结构、降低成本的目的；同时也使京东发挥物流体系优势和先进的电商经验，通过自有平台获取新的发展机会；对外获得了与阿里巴巴竞争的突破性资源。且二者在电商、支付领域的针对细分市场的竞争也是点到为止，互相刺激却不失和气。

纵使两大巨头可能出现单纯为维护自身利益而保留实力的现象，但至少在目前的发展中仍然处于"亲密状态"。

竞合关系作为一种高资源利用率的关系，势必会成为现代企业的转变方向。

参考文献

[1] Asheim T. Location, Agglomeration and Innovation: Towards Regional Innovation Systems in Norway? [J]. European Planning Studies, 1997, 5 (3): 299-330.

[2] Amaldoss W., Staelin R. Cross-function and Same-function Alliances: How Does Alliance Structure Affect the Behavior of Partnering Firms? [J]. Management Science, 2010, 56 (2): 302-317.

[3] Acs Z. J., Audretsch D. B., Feldman M. P. R&D Spillovers and Recipient Firm Size [J]. Review of Economics and Statistics, 1994, 7 (62): 336-340.

[4] Brandenburger and Nalebuff. Co-opetition: A Revolutionary Mindset that Combines Competition and Cooperation [M]. Harper Business New York: 1996.

[5] Coase. R. H. The Nature of the Firm [J]. Economic, 1937 (11): 390-391.

[6] Cook and Schienstock. Structural Competitiveness and Learning Regions [J]. Enterprise and Innovation Management Studies, 2000, 1 (3): 265-280.

[7] C. Lee, K. Lee and J. M. Pennings. Internal Capabilities, External Networks and Performance: A Study on Technology-based Ventures [J]. Strategic Management Journal, 2001, 22 (6): 615-640.

[8] C. Lawson and E. Lorenz. Collective Learning Tacit Knowledge and Regional Innobative Capacity [J]. Regional Studies, 1999, 33 (4): 305-317.

[9] Dagnino and Padula. Coopetition Strategy: A New Kind of Interfirm Cynamics for Value Creation [M]. Stockholm: EURAM, 2002.

[10] D'Aspremont and Jacquemin. Cooperative and Noncooperative R&D

in Duopoly with Spillovers [J]. American Economic Review, 1988 (78): 1133-1137.

[11] D'Aspremont and Jacquemin. Cooperative and Noncooperative R&D in Duopoly with Spillovers: Erratum [J]. American Economic Review, 1990 (80): 641-642.

[12] Garcia C. Q. and Velasco C. B. Coopetition and Performance: Evidence from European Biotechnology Industry [R]. Innovate Research in Management, Stockholm, Sweden, 2002.

[13] Gnyawali. Impact of Co-opetition on Firm Competitive Behavior: An Empirical Examination [J]. Journal of Management, 2006 (32): 507-531.

[14] James F. Moore. The Death of Competition: Leadership and Strategy in the Age of Business Ecosystems [M]. New York: HarperBusiness, 1993.

[15] K. Preiss, S. L. Goldman and R. N. Nagel. Cooperate to Compete: Building Agile Business Relationships [M]. New York: Van Nostrand Reinhold, 1996.

[16] Luo etl. The Simultaneous Role of Cooperation and Competition within Firms [J]. Journal of Marketing, 2006, 70 (1): 67-80.

[17] Michael E. Porter. Clusters and the New Economics of Competition [J]. Harvard Business Review, 1998 (6): 132-136.

[18] Maria Bengtsson and Soren Kock. Coopetition in Business Networks-to Cooperate and Compete Simultaneously [J]. Industrial Marketing Management, 2000 (29): 411-426.

[19] Mark Granovetter. Economic Action and Social Structure: The Problem of Embeddedness [J]. American Journal of Sociology, 1985, 19 (3): 481-510.

[20] Maria Bengtsson and Soren Kock. Coopetition in Business Networks-to Cooperate and Compete Simultaneously [J]. Industrial Marketing Management, 2000 (29): 411-426.

[21] Markusen A. R. Sticky Places in Slippery Space: A Typology of Industrial Districts [J]. Economic Geography, 1996 (72): 293-313.

[22] Maria Bengtsson and J. Eriksson. Co-opetition Dynamics-an Outline for Further Inquiry [J]. Competitiveness Review, 2010 (20): 194-214.

［23］Maria Bengtsson and Soren Kock. Cooperation and Competition in Relationships between Competitors in Business Networks［J］. Journal of Business & Industrial Markting, 1999（14）: 178-193.

［24］Maria Bengtsson and Soren Kock. Coopetition in Business Networks-to Cooperate and Compete Simultaneously［J］. Industrial Marketing Management, 2000（29）: 411-426.

［25］P Maskell, H. Bathel and A. Malmberg. Building Global Knowledge Pipelines: The Role of Temporary Clusters［J］. European Planning Studies, 2006, 14（8）: 997-1013.

［26］Porter M. E. Cluster and the New Economics of Competition［J］. Harvard Business Review, 1998（11/12）: 77-92.

［27］Porter M. E. The Competitive Advantage of Nations［M］. New York: The Free Press, 1990.

［28］Padula G. and Dagnino G. B. Untangling the Rise of Coopetition: The Intrusion of Competition in Cooperative Game Structure［J］. International Studies of Management and Organization, 2007, 37（1）: 32-53.

［29］Tsai. Social Structure of Co-opetition within a Multiunit Organization: Coordination, Competition and Intraorganizational Knowledge Sharing［J］. Organization Science, 2002, 13（2）: 179-190.

［30］王缉慈. 创新的空间: 企业集群与区域发展［M］. 北京: 北京大学出版社, 2001.

［31］陆蓉. 我国工业园区集群优势及集群发展研究［D］. 东华大学硕士学位论文, 2005.

［32］仇保兴. 发展小企业集群要避免的陷阱——过度竞争所致的"柠檬市场"［J］. 北京大学学报（哲学社会科学版）, 1999（1）: 25-30.

［33］翁智刚. 产业集群理论模型与实证研究［M］. 成都: 西南财经大学出版社, 2011.

［34］徐菱涓. 产业集群: 园区经济发展的战略选择［J］. 中国科技论坛, 2004（5）: 25-28.

［35］陈柳钦. 基于交易费用视角的产业集群成因分析［J］. 中国石油大学学报（社会科学版）: 2007（4）: 12-16.

［36］孟芳, 臧良运. 产业集群分析与评价［M］. 哈尔滨: 哈尔滨工程

大学出版社，2011：42-45.

[37] 甄翠敏.产业集群形成机理与运行机制 [M].北京：光明日报出版社，2012.

[38] 张国亭.产业集群持续竞争优势研究 [D].山东大学博士学位论文，2009.

[39] 肖立新.产业集群效应促进区域经济发展的途径研究 [J].湖北社会科学，2013（2）：65-68.

[40] 张克.园区规模经济 [M].大连：大连理工大学出版社，2004.

[41] 向世聪.基于产业集聚的园区经济研究 [D].中南大学博士学位论文，2006.

[42] 张永军，郑少锋，谢毅.园区经济发展模式：提升农村工业化水平的高效路径 [J].西北工业大学学报（社会科学版），2006（26）：23-27.

[43] 刘争波.园区经济与区域经济互动发展研究 [D].长沙理工大学博士学位论文，2010.

[44] 薛为昶.园区经济的理论、实践与创新发展研究 [J].淮海工学院学报（人文社会科学版），2012（10）：50-54.

[45] 仝恩.浅析长三角园区经济的可持续发展 [D].上海海事大学硕士学位论文，2006.

[46] 赵斌.沿海地区园区经济发展的基本经验与启示 [J].产业与科技论坛，2009（12）：250-253.

[47] 高天禹.中关村高新技术园区经济增长决定因素实证分析 [D].北京交通大学硕士学位论文，2012.

[48] 王棉.产业集聚优势在园区经济发展中的作用 [J].中北大学学报（社会科学版），2008（S1）：22-24.

[49] 田海宽.产业集群：构筑园区经济新优势 [A].京津走廊经济崛起与工业园区产业集群研究——纪念廊坊开发区建立十五周年暨工业园区产业集群专题征文研讨活动论文集 [C].2007.

[50] 刘衡，王龙伟，李垣.竞合理论研究前沿探析 [J].外国经济与管理，2009（9）：1-8.

[51] 陈菲琼，范良聪.基于合作与竞争的战略联盟稳定性分析 [J].管理世界，2007（7）：102-110.

[52] 吴晓伟，楼文高.基于社会网络分析的企业合作竞争研究及其实

证分析[J]. 情报理论与实践, 2010 (5): 52-57.

[53] 魏后凯. 对产业集群与竞争力关系的考察[J]. 经济管理, 2003 (6): 4-11.

[54] 张秀生, 陈立兵. 产业集群、合作竞争与区域竞争力[J]. 武汉大学学报（哲学社会科学版）, 2005 (5): 294-299.

[55] 曹休宁, 戴振. 产业集聚环境中的企业合作创新行为分析[J]. 经济地理, 2009 (8): 1323-1327.

[56] 余秀江, 王秀娟. 发达地区集群企业的合作创新: 珠三角11个镇样本[J]. 改革, 2010 (6): 111-117.

[57] 金潇明. 产业集群合作创新的螺旋性知识共享模式研究[D]. 中南大学博士学位论文, 2010.

[58] 黄晓, 胡汉辉, 吉敏. 以园区为载体的产业集群空间转移: 模式比较与案例分析[J]. 科技进步与对策, 2013: 1-5.

[59] 杨皎平, 李庆满, 金彦龙. 竞争环境、企业合作与集群创新绩效[J]. 科技进步与对策, 2011 (24): 59-64.

[60] 徐建忠. 供应链间竞争机制及行为绩效研究[D]. 湖南大学硕士学位论文, 2009.

[61] 钱震杰. 产业集群的竞争优势: 创新优势与合作行为分析[D]. 清华大学硕士学位论文, 2004.

[62] 刘华容, 曹休宁. 产业集群中集群企业的合作创新问题研究[J]. 科技进步与对策, 2009 (12): 97-100.

[63] 张惠琴, 邵云飞, 李梨花. 集群企业竞合行为与技术创新绩效关系研究[J]. 中国科技论坛, 2011 (9): 110-115.

[64] 魏后凯. 对产业集群与竞争力关系的考察[J]. 经济管理, 2003 (6): 4-11.

[65] 宋迎春, 梁军. 中小企业竞合战略及其产业组织方式选择[J]. 新疆社会科学, 2006 (4): 22-27.

[66] 余秀江, 王秀娟. 发达地区集群企业的合作创新: 珠三角11个镇样本[J]. 改革, 2010 (6): 111-117.

[67] 刘志杰, 胡振华. 产业集群企业竞合行为博弈分析[J]. 社会科学家, 2010 (5): 47-49.

[68] 苏涛. 产业集群内企业间的合作与竞争博弈研究——以宝鸡市煤

化工产业集群为例 [D]. 西安建筑科技大学硕士学位论文，2012.

[69] 王莹. 集群企业竞合关系演化过程的自组织研究 [D]. 郑州大学硕士学位论文，2010.

[70] 杨蕙馨，冯文娜. 合作性竞争对市场结构的影响：基于全球汽车产业的经验研究 [J]. 中国工业经济，2010 (6)：126-136.

[71] 任新建. 企业竞合行为选择与绩效的关系研究 [D]. 复旦大学博士学位论文，2006.

[72] 邓邦教. 基于产业集群的企业竞合关系对企业绩效的影响研究 [D]. 南华大学硕士学位论文，2011.

[73] 侯吉刚，刘益，杨倩. 基于竞合的产业集群技术创新研究 [J]. 现代管理科学，2009 (4)：53-55.

[74] 陈景辉，赵淑惠. 集群内企业竞合效应分析 [J]. 大连海事大学学报（社会科学版），2010 (1)：38-41.

[75] 张阁. 产业集群竞合行为及竞争力提升研究 [D]. 西安科技大学硕士学位论文，2009.

[76] 段姗，池仁勇，郭元源，陈瑶瑶. 集群网络中的创新竞合 [J]. 经济论坛，2005 (11)：58-60.

[77] 余浩，蔡晓琼. 产业集群竞合创新研究——以移动通信产业为例 [J]. 工业技术经济，2008 (9)：104-107.

[78] 邓爱民，陶宝，马莹莹. 基于企业竞争合作行为的产业集群可持续发展模型构建 [J]. 价值工程，2013 (1)：15-19.

[79] 窦娜娜. 区域经济发展中的产业集群模式研究 [D]. 中国海洋大学硕士学位论文，2007.

[80] 高峰，朱景丽，王学真. 基于垂直供应链的农业产业集群竞合博弈分析 [J]. 科技管理研究，2008 (12).

[81] 张孝锋，蒋寒迪. 产业集群理论与有机硅产业集群的实证研究 [J]. 湖南大学学报（社会科学版），2004，18 (6)：65-78.

[82] 朱秀春，蒋寒迪，吴玮. 有机硅产业集群的形成与启示 [J]. 南昌航空工业学院学报（社会科学版），2004 (2)：21-24.

[83] 谢奉军. 江西工业园区企业网络发展研究 [D]. 南昌大学博士学位论文，2006.

[84] 池仁勇等. 区域中小企业创新网络评价与构建研究：理论与实证

[R]. 北京：中国农业大学, 2005.

[85] 许萧迪, 王子龙, 徐浩然. 基于合作创新的企业集群竞争优势研究 [J]. 软科学, 2005, 19 (6): 87-89.

[86] 李辉, 张旭明. 产业集群的协同效应 [J]. 吉林大学社会科学学报 [J]. 2006 (5): 43-50.

[87] 翁君奕. 竞争、不确定性与企业间技术合作创新 [J]. 经济研究, 2002 (3): 53-61.

[88] 杨皎平, 李庆满, 金彦龙. 竞争环境、企业合作与集群创新绩效 [J]. 科技进步与对策, 2011 (12): 61-66.

[89] 邵云飞, 范群林, 唐小我. 产业集群创新的竞争扩散模型研究 [J]. 科学学与科学技术管理, 2010 (12): 43-49.

[90] 徐建忠. 供应链间竞争机制及行为绩效研究 [D]. 湖南大学硕士学位论文, 2009.

[91] 柯颖, 王述英. 模块化生产网络：一种新产业组织形态结构 [J]. 中国工业经济, 2007 (8): 75-82.

[92] 张治栋, 韩康. 模块化：系统结构与竞争优势 [J]. 中国工业经济, 2006 (3): 92-99.

[93] 胡宇辰. 产业集群效应的经济学分析 [J]. 当代财经, 2004 (11): 76-80.

[94] 张国亭. 产业集群持续竞争优势研究 [D]. 山东大学博士学位论文, 2009.

[95] 魏守华. 集群竞争力的动力机制以及实证分析 [J]. 中国工业经济, 2002 (10): 27-34.

[96] 任新建. 企业竞合行为选择与绩效的关系研究 [D]. 复旦大学博士学位论文, 2006.

[97] 王亚伟. 产业集群内企业间竞合机制研究 [D]. 南华大学硕士学位论文, 2010.

[98] 宋迎春, 梁军. 中小企业竞合战略及其产业组织方式选择 [J]. 新疆社会科学, 2006 (4): 22-27.

[99] 黄玮强, 庄新田, 姚爽. 产业集群广义创新合作网络演化 [J]. 东北大学学报（自然科学版）, 2012 (4): 592-596.

[100] 项后军. 产业集群中竞合关系的演化与核心企业创新 [J]. 科学

学与科学技术管理, 2011 (2): 71-77.

[101] 郝世绵, 赵瑾. 产业集群周期竞合关系演变对集群企业技术创新的影响 [J]. 石家庄经济学院学报, 2011 (4): 68-91.

[102] 李健, 金占明. 战略联盟内部企业竞合关系研究 [J]. 科学学与科学技术管理, 2008, 29 (6): 129-133.

[103] 赵玮, 王韬. 基于产业集群的企业竞合关系研究 [J]. 云南师范大学学报 (哲学社会科学版), 2007, 39 (3): 9-11.

[104] 郑小勇. 产业集群内企业的竞合: 回顾与展望 [J]. 经济纵横, 2007 (8): 50-53.

[105] 梁丹. 产业集群内供应链企业的合作创新研究 [D]. 山东大学硕士学位论文, 2011.

[106] 纪玉俊. 产业集群的网络组织分析 [D]. 山东大学博士学位论文, 2009.

[107] 陈宇科, 喻科, 孟卫东. 基于价值网的纵向合作创新网络建设——以重庆企业产业为例 [J]. 科学学与科学技术管理, 2009 (2): 55-60.

[108] 吴德进. 产业集群的组织性质: 属性与内涵 [J]. 中国工业经济, 2004 (7): 14-20.

[109] 李刚, 刘文彬. 产业集群内的合作创新: 基于中间组织理论的博弈模型 [J]. 湖北经济学院学报, 2006, 6 (3): 99-105.

[110] 倪明, 皮敏娟. 基于SDN的产业集群动态合作研究 [J]. 科技进步与对策, 2011 (3): 50-54.

[111] 黎继子, 刘春玲. 集群式供应链的竞合关系分析研究 [J]. 财贸研究, 2006 (5): 99-104.

[112] 黎继子, 刘春玲, 蔡根女. 全球价值链与中国地方产业集群的供应链式整合 [J]. 中国工业经济, 2005 (2): 121-125.

[113] 钟胜. 供应链企业合作竞争策略分析 [J]. 中国管理科学, 2006, 14 (1): 50-55.

[114] 张定方. 基于价值网的企业集群供应链竞合关系管理探究 [J]. 学术交流, 2010 (3): 101-104.

[115] 刘兆丰. 基于竞合战略的中国汽车行业供应链优化模式探究 [D]. 上海外国语大学硕士学位论文, 2010.

[116] 胡宪武,滕春贤.非完全信息下供应链竞合博弈分析[J].工业技术经济,2010（7）：118-122.

[117] 张保志.供应链网络下集群企业合作创新问题研究基于太原市装备制造业集群的实证分析[D].太原科技大学硕士学位论文,2011.

[118] 杨小凯.经济学：新兴古典与新古典框架[M].北京：社会科学文献出版社,2003.

[119] 赵剑冬.基于Agent的产业集群企业竞争模型与仿真研究[D].华南理工大学博士学位论文,2010.

[120] 杨树旺等.基于交易费用的产业集群发展研究[J].管理世界,2006（11）：54-55.

[121] 柴国荣,龚琳玲,李振超.产业集群合作创新中信任关系的演化博弈分析[J].科技管理研究,2011（2）：36-39.

[122] 刘洪君.共生理论视角下高技术产业集聚发展的机制研究[D].宁波大学博士学位论文,2011.

[123] 张威,刘妍伶.基于生态演化观点的企业竞合分析模式[J].研究与发展管理,2007,19（2）：1-7.

[124] 唐华.产业集群论[D].四川大学博士学位论文,2004.

[125] 黄中伟.产业集群的网络创新机制和绩效[J].经济地理,2007,27（1）：47-51.

[126] 张新杰.产业集群的网络是创新机制研究：综述、分析与展望[J].经济学动态,2009（2）：88-91.

[127] 曹路宝,胡汉辉,陈金丹.基于U-I关系的高技术产业集群创新网络分析[J].科学学与科学技术管理,2011（5）：28-33.

[128] 庞俊亭,游达明.基于复杂网络视角的集群创新网络特性研究[J].统计与决策,2012（2）：52-55.

[129] 任道纹.中小企业集群创新网络国际竞争力的形成机理[J].广东社会科学,2012（1）：74-79.

[130] 蔡宁,吴结兵.产业集群的网络是创新能力及其集体学习机制[J].科研管理,2005,26（4）：22-29.

[131] 蒋石梅等.产业集群产学研协同创新机制——基于保定市新能源及输变电产业集群的案例研究[J].科学学研究,2012,30（2）：207-212.

[132] 范如国,李星.产业集群内多企业动态合作创新博弈分析 [J].学习与实践,2011 (12):35-43.

[133] 冯文娜,杨蕙馨.合作性竞争行为与合作性竞争绩效的关系:联盟结构的中介效应分析 [J].中国工业经济,2011 (12):78-88.

[134] 邓邦教.论衡阳市输变电产业集群内企业竞合关系的现状及对策 [J].南华大学学报(社会科学版),2011,12 (1):10-15.

[135] 陈景辉,赵淑慧.集群内企业竞合效应分析 [J].大连海事大学学报(社会科学版),2010,9 (1):38-41.

[136] 李健,金占明,陈旭.基于竞合关系的产业集群生命周期研究 [J].华东经济管理,2009,23 (1):53-58.

[137] 蔡玮.工业园区集群网络结构对企业绩效影响机制研究 [D].中南大学博士学位论文,2010.

[138] 张克.园区规模经济 [M].大连:大连理工大学出版社,2004.

[139] 俞林根."园区"是推进工业集约发展的好形式 [EB/OL].2008-05-06,http://overseas.tt91.com/wenzhang_detail.asp?ID=87213&sPage=1.

[140] 南宁国家高新技术产业开发区课题组.工业园区与城市经济社会发展研究——基于南宁市园区经济发展现状的分析,2004.

[141] 董继斌,刘光辉.关于园区经济的几个问题 [EB/OL].2003-11-20/2008-05-06,http://www.jxjmw.com/user/jxgjl/index.php?langtype=cn&pageid=cn_10&add=view&id=55.

[142] 刘傲洋.我国园区经济发展问题探析 [J].青海社会科学,2004 (6):33-36.

[143] 郝磊.我国工业园区发展中地方政府角色转型研究 [D].上海交通大学硕士学位论文,2007.

[144] 陆立军,裘小玲.中国工业园区发展:工业园区·技术创新·国际竞争力 [M].北京:中国经济出版社,2003.

[145] 柯武刚.史漫飞.制度经济学:社会秩序与公共政策 [M].北京:商务印书馆,2000.

[146] 薛为昶.园区经济的理论、实践与创新发展 [J].淮海工学院学报(人文社会科学版),2012 (12):50-54.

[147] 刘衡,王龙伟,李垣.竞合理论研究前沿探析 [J].外国经济与

管理, 2009, 31 (9): 1-9.

[148] 徐亮等. 竞合战略与技术创新绩效的实证研究 [J]. 科研管理, 2009, 30 (1): 87-96.

[149] 罗炜. 企业合作创新理论研究 [M]. 上海: 复旦大学出版社, 2002.

[150] 胡婉丽, 汤书昆, 胡长颂. 合作创新三阶段博弈模型: 合作程度对 RJV 的影响分析 [J]. 运筹与管理, 2004 (5): 71-75.

[151] 刘卫民, 陈继祥. 内生溢出与 R&D 竞争、合作的激励问题 [J]. 管理工程学报, 2006 (3): 1-5.

[152] 徐伟民, 施青青. 企业研发的竞争与合作行为研究 [J]. 上海经济研究, 2008 (11): 99-106.

[153] 吴志军, 赵立昌. 自主创新还是合作创新——一个扩展的 AJ 模型及其在中国互联网产业中的应用 [J]. 经济管理, 2011 (12): 141-149.

[154] 陈菲琼, 范良聪. 基于合作与竞争的战略联盟稳定性分析 [J]. 管理世界, 2007 (7): 102-110.

[155] 吴晓伟, 楼文高. 基于社会网络分析的企业合作竞争研究及其实证分析 [J]. 实践研究, 2010 (5): 52-57.

[156] 孙钰, 李竞成. 产业集群核心竞争力分析 [J]. 西北工业大学学报 (社会科学版), 2006 (9): 14-18.

[157] 代吉林, 张书军. 集群企业网络结构的个案分析与实证检验 [J]. 科技管理研究, 2010 (3): 182-185.

[158] 耿帅. 集群企业竞争优势的共享性资源观 [J]. 经济地理, 2006, 26 (6): 988-992.

[159] 吴晓波, 耿帅. 区域集群自稳性风险成因分析 [J]. 经济地理, 2003 (11): 726-730.

[160] 王子龙, 谭清美, 许箫迪. 集群企业生态位协同演化模型研究 [J]. 工业技术经济, 2005 (9): 52-54.

[161] 陆小成, 罗新星. 基于资源整合的产业集群生态位协同演化模型及其 K-R 策略研究 [J]. 安徽农业科学, 2007 (7): 92-97.

[162] 李勇, 郑垂勇, 杨国才. 企业集群竞争协同演进模型研究 [J]. 科技管理研究, 2007 (6): 208-211.

[163] 黄新建. 我国卫星式中小企业集群共生的模型分析 [J]. 南昌大

学学报，2005（9）：51-54.

［164］张卫国，青雪梅.竞合战略趋势稳定性机理与中国企业选择［J］.改革，2012（7）：34-45.

［165］王子龙等.基于生态位的集群企业协同进化模型研究［J］.管理科学研究，2005（10）：34-36.

［166］刘小铁.产业集聚效应对企业竞合行为的影响［J］.江西社会科学，2012（7）：60-64.

［167］胡雅蓓.基于竞合关系的产业集群网络治理机制研究——以南京化学工业园区为例［J］.江淮论坛，2012（5）：41-48.

［168］胡宇辰，吴群.基于产业集群发展的政府职能分析［J］.经济问题探索，2004（11）：19-22.

［169］黄红华.商会的性质［J］.中共浙江省委党校校报，2005（5）：13-18.

［170］孙国强.网络组织的治理机制［J］.经济管理，2003（4）：39-43.

［171］洪银兴.地方政府行为和中国市场经济的发展［J］.经济学家，1997（1）：42-51.

［172］焦爱英等.高新技术产业开发区产业集群竞合关系研究［J］.科技进步与对策，2010（2）：50-54.

［173］吕文栋，张辉.全球价值链下的地方产业集群战略研究［J］.中国软科学，2005（2）：119-124.

后　记

本书是在我的博士论文的基础上修改而成的。

转眼间，我离开江西财大已整整 3 年光景，本科、硕士、博士期间的生活和学习得到许多良师益友的悉心指点，有太多的感激之情无以言表。在我成长的青春岁月里，特别是在攻读博士学位的这 3 年中，成长的过程既充满痛苦焦虑又充满快乐感激。人生漫漫，作为江财学子，唯有秉承信而达礼、敏而好学、廉而知耻、毅而弥坚的人生信条，以更加努力和乐观的人生态度、更加勤奋和积极的行动来回报社会、师长和家人。以此，致我终将逝去的青春、我人生的另一个启航！

此书的写作过程，不仅凝聚了老师、亲人、朋友的智慧和心血，也令他们为我牵挂、为我担忧。在专著付梓之际，内心的歉意和感激之情自然一言难尽，回顾 10 年来的求学历程，我要对那些爱我、关心我、帮助过我的人表达内心最诚挚的感谢。

首先，我要感谢的是我的导师李良智教授和季萍师母。老师和师母视我为家人，在生活和学习上给予了太多的关心和帮助，令我永生难忘！李老师为人低调，处事睿智，治学严谨，学问深厚，尤其是朴实无华的师德风范，是我们学习的楷模。在论文写作过程中，充满着老师的鼓励、启迪和指导，凝聚了老师的辛勤汗水和深邃智慧，一日为师，终身为父，李老师的恩情将永远铭记于心。季萍师母温柔贤淑，不仅在学习中给了我很多鼓励，在生活上给予我无微不至的关照，同时也教会了我许多为人处事的道理。在此，我向她表示深深的敬意和谢意！

其次，我要感谢江西财经大学工商管理学院院长胡宇辰教授，胡教授的深刻洞见，治学严谨、慷慨激昂的教学在我博士学习期间，不仅传授给了我丰富的管理学知识，在我的博士论文开题、写作等方面给予了很多提点和指导，并且还让我参与国家自然科学基金项目的研究。还要感谢工商管理学院的张孝峰教授，张教授谦逊、孜孜不倦的事业追求精神以及开拓创新的学术风格，让我深受感染，在科研方面给予了我莫大的帮助和鼓励。此本专著的诞生，也凝聚了张教授的心血。感谢我的硕士生导师蒋岩波教授，蒋老师的睿智和严谨的治学在我跨学科的知识学习、积累和融会贯通上给予了我思想上的启迪和升华；师母周俊萍老师热情善良，在我攻读硕士、博士期间对我生活上的帮助和照顾让我感激不尽。还要感谢江西财经大学副校长吴照云教授，在传授专业知识的同时，多角度多方法地提高我们的逻辑思维能力，培养我们树立更正确的人生观、价值观。

再次，我要感谢整个学习期间教授我的任课老师们，是他们把各学科的知识毫无保留地传授给我，帮助我建立了一套完整的知识体系结构。衷心感谢江西财大书记廖进球书记、胡建华副书记、统计学院院长罗良清教授、金融学院院长吕江林教授、工商管理学院习勤副院长、李良贤博士、研究生院陶春海副院长等，感谢你们在我本硕博攻读期间对我学习和生活上的无私帮助和关心。

复次，衷心感谢出现在我生命中的同学们，是你们让我在学习的路途中勇往直前。我要特别感激我的父母和家人。我的爸爸妈妈永远是我身后最坚强的后盾，他们的谆谆教诲和鼓励关怀也是我成长岁月中无法缺少的温暖阳光。已到而立之年的我，却从未减少对他们的挂念和神伤，父母日益老去，他们的养育之恩、他们的爱和包容是我穷尽一生也无法报答的，这也是我对他们最大的歉疚！我还要感谢我的爱人刘勇，陪伴在我身边并给予我巨大的支持和帮助，温暖的爱和体贴照顾才能让此本专著的撰写得以顺利完成；谢谢我的两个天使，你们的降临给我们家庭带来了无限的欢乐，也带给了我更多的勇气和坚持。感谢我的婆婆吕林群女士，在我读书和工作期间无私地照顾孩子；感谢黄深根先生和梁恩情女士待我如己出，给予我莫大的帮助和鼓励，感谢我所有的家人对我的支持和关怀，感谢所有爱我和我爱的人，祝愿你们身体健康、幸福快乐！

最后，我要感谢我所在单位广西大学商学院的阎世平院长、林西平书记、杨克斯书记（已退休）、梁运文副院长等领导对我的工作给予的支持和生活上的关心，他们厚德、博学、包容的师德师风将继续作为我人生前行的推动力。我将更加积极乐观地生活，争取人生中更大的进步！

谢品于广西南宁
2016年5月1日